高校师生法律关系研究

GAOXIAO SHISHENG FALÜ GUANXI YANJIU

姚建涛/著

中国政法大学出版社

2018・北京

图书在版编目（CIP）数据

高校师生法律关系研究/姚建涛著. —北京:中国政法大学出版社,2018.10
ISBN 978-7-5620-8680-2

Ⅰ.①高… Ⅱ.①姚… Ⅲ.①高等学校—师生关系—法律关系—研究—中国 Ⅳ.①D922.164

中国版本图书馆 CIP 数据核字(2018)第 238967 号

出 版 者　中国政法大学出版社
地　　址　北京市海淀区西土城路 25 号
邮寄地址　北京 100088 信箱 8034 分箱　邮编 100088
网　　址　http://www.cuplpress.com（网络实名：中国政法大学出版社）
电　　话　010-58908586(编辑部)　58908334(邮购部)
编辑邮箱　zhengfadch@126.com
承　　印　固安华明印业有限公司
开　　本　880mm×1230mm　1/32
印　　张　8.5
字　　数　210 千字
版　　次　2018 年 10 月第 1 版
印　　次　2018 年 10 月第 1 次印刷
定　　价　46.00 元

摘　要

ABSTRACT

2014年10月，党的十八大提出了全面推进依法治国的基本方略。高校要落实这一基本治国方略就是要全面推进依法治校，将依法治国思想融会到提升高等教育治理能力和治理现代化过程中去。依法治国是依法治校的法治保障，依法治校是依法治国的推动力量。

要实现依法治校，就要处理好各种法律关系。就高校内部而言，存在许多法律关系。其中，高校师生法律关系是高校内部诸多法律关系中最基本关系之一，它是依法治校的基础，是高校发展状况的重要指标，是高校健康状态的温度计、风向标。师生法律关系和谐与否对教育教学活动能否顺利开展、能否促进学生身心健康全面发展、能否提高高等教育质量构建和谐校园，以及实现法治中国具有重要的意义。

高校师生法律关系是法律关系的一种形式，是受教育法律法规调整的，是高校教师和学生之间、在教与学、管理与被管理、服务与被服务等过程中所产生的权利义务关系，是学校教育中最基本人际关系之一，它贯穿于教育的全部过程，是一切教育活动的基础。它既有一般法律关系特征，又有自己独特特征：就法律关系主体而言，高校教师和学生既是一般主体即普通公民，又是特殊主体即教师与学生，身份具有双重性；就法律关系性质而言，高校师生法律关系的性质呈现宪法法律关系、民事法律关系、刑事法律关系、行政法律关系等多元性特征；就师生纠纷而言，纠纷复杂，性质多样，专业性强、社会性强，证据复杂；就纠纷解决依据而言，呈现复合性特征；就纠纷解决方式而言，呈现诉讼与非诉讼、校内与校外相结合的综合性特征。

近年来高校师生法律关系出现了问题，师生之间出现了矛盾、分歧和不和谐，使得师生法律关系发生扭曲、对抗、破裂，导致纠纷发生。主要表现为师生关系性质模糊、师生关系异化以及师生冲突。这些冲突既有实体方面也有程序方面，且有愈演愈烈趋势。影响师生法律关系的原因是多方面的，既有法治思维缺失原因，也有制度体系不健全原因，既有主体自身法律自觉、道德自觉缺失原因，也有纠纷解决机制不健全、媒体介入缺少规制因素。

分析问题、探究原因的目的是为了正确解决纠纷。如何解决纠纷？他山之石可以攻玉。我们可以借域外发达国家和地区的成功经验，来探究解决师生法律关系问题的对策。经过几百年的发展，目前域外发达国家如美国、德国、俄罗斯、日本和我国台湾地区已经建成了相对较为健全的教育法律法规体系，其对师生权利规定相对具体明确，其救济体系较为完备，程序相对正当，建立了权利救济的明示制度，教育判例发挥了重要作用。这些成功做法为我们提供了辩证的经验借鉴。

要依法合理有效解决高校师生法律关系问题，必须充分考虑高校师生纠纷的特殊性，采取符合师生纠纷特点的原则和对策。就原则而言，要坚持事前预防、事中稳妥解决、事后快速跟进相结合原则，德治与法治相结合原则，坚持解决问题与修复关系相结合原则，司法的法律效果与社会效果相统一原则，公正与效率相结合原则，诉讼与非诉讼、校内与校外纠纷解决机制衔接协调原则，诉讼方式与非诉讼方式衔接协调原则。就解决对策而言：一是要用法治思维、法治方式化解纠纷；二是建立健全制度体系，包括法律法规体系和高校规章制度体系；三是提升主体道德自觉与法律自觉；四是完善多元纠纷解决机制，包括校内和校外、诉讼与非诉讼纠纷解决机制；五是规制媒体介入。

总之，解决师生法律关系问题，需要充分认识其特殊性，需要国家、高校、法律关系主体以及社会共同努力，需要用法治思维和法治方式化解矛盾，只有这样，才能预防问题再度发生，回复本真的师生法律关系。

CONTENTS 目 录

第一章 引言

党的十八届四中全会明确提出要全面建设社会主义法治国家。高校作为国家繁荣富强和经济社会发展的“引擎”，全面落实依法治国的任务，就是要勇担历史责任和使命，落实和推进依法治校。而落实和推进依法治校，就需要处理好校内外各种法律关系。就校内关系而言，师生法律关系是重要法律关系之一，它是依法治校的基础。师生法律关系和谐与否，不仅影响大学生健康成长，影响高等教育质量，影响依法治校的实现，也影响法治中国、中国梦的实现。本文以依法治国基本理论为基础，运用法治思维和法治方式分析高校师生法律关系存在问题、根源，寻求解决对策，力求使师生法律关系回复本真。

本章属于本书的引言部分，将着重介绍选题背景及意义、研究概况、研究方法与思路。

第一节 选题背景及意义

一切科学研究都源自于“问题意识”。“问题意识”是我们从事科学研究的动力，它既彰显出科学研究的意义，又昭示着科学研究的路向。把高校师生法律关系作为问题研究同样源于“问题意识”，因为，它一直是理论界和实务界关注的热点问题之一。随着依法治国方略的实施，教育部《全面推进依法治校实施纲要》的颁布，以及近年来高校接二连三发生的师生互相侵权案件，高校师生法律关系问题再次引起人们的关注，引起学界思考。

一、选题背景

2014年以来，接连发生了一系列涉及高校师生关系、令高校师生尊严蒙羞的事件。先是“诱奸门”“强吻门”，后又爆出“不正当性关系门”的丑闻。高校师生关系再次成为人们讨论的话题。如何防范与治理此类事件引起了人们很多的思考，也成为学者们探讨的热点。学者们从不同的视角对高校师生关系展开了研究，成果大多集中在教育学、哲学、社会学、文化学等领域，也有个别学者尝试从法学视角进行探讨。但总起来说，从法学视角进行探究的广度和深度还远远不够。事实上，高校师生关系实质上是一种权利义务关系，师生关系存在问题，整体上说是师生之间权利义务关系不明确造成的，因此，有必要从法学视角加以探讨。另外，在全面推进依法治国背景下，高校的任务就是实行依法治校，实现高校治理的法治化、民主化、科学化。要实现依法治校，处理好师生法律关系是关键。本书之所以选择高校师生法律关系问题进行研究，具体缘由如下：

1. 解决高校师生法律关系问题是实现依法治校的要求

目前，随着教育改革的不断深化，高校正面临着发展环境、理念、方式的深刻变化，出现了许多新情况、新问题和新矛盾，迫切需要推进依法治校。这既是深化教育体制改革需要，也是全面提高人才培养质量的重要保障。早在2012年11月22日，教育部以教政法［2012］9号印发《全面推进依法治校实施纲要》。2016年5月14日又颁发了《依法治教实施纲要（2016~

2020年）》。要实现依法治校，学校必须坚持依法办学，依法维护师生的合法权益，要建立健全权利保障和救济机制，不断提高学校管理者、教师的法律素质。教师要依法执教，不断提升运用法治思维和法律手段解决问题的能力。学生要树立正确的权利义务观，做到理性思考、理性维权。同时，学校要正确处理好内外部法律关系。其中，学校内部的各种法律关系中，高校师生法律关系是最基本的关系之一，它是依法治校的基础。因此，要实现依法治校，就必须处理好高校师生法律关系，有效化解师生矛盾，解决师生纠纷，只有这样，才能真正实现依法治校。

2. 解决高校师生法律关系问题是现实需要

高校师生法律关系是高校教师和学生在教与学、管理与被管理、服务与被服务过程中所形成的权利义务关系，它是学校内部最基本、最核心的人际关系之一，是一切教育活动的基础。和谐师生法律关系能使师生互相欣赏，互相激励，双方更加专注于教与学的活动，有利于顺利完成教育教学任务，提升人才培养质量。但是近年来受市场经济发展的影响，教育领域的社会关系发生了很大变化。其中变化之一就是师生法律关系出现了问题，师生之间纠纷经常发生，冲突不断。老师们抱怨学生不懂得师道尊严，没有强烈的求知欲；学生们则抱怨教师不尽职责，自己的主体地位没有得到尊重。师生之间法律冲突时有发生，出现了不和谐的现象，例如，中山大学博士生控诉导师虐待事件、华东政法大学“反革命门”事件、中央音乐学院“性交易门”事件等，2007年6月29日，成都理工大学女老师赵某被学生杀死在厕所里，2004年11月2日，长沙河西某高校外语老师陆某被学生杀死于出租屋内[1]，厦门大学吴某明教授

〔1〕“文明教育的悲剧”，载 http://www.jcrb.com/，访问日期：2008年10月30日。

“诱奸门”、四川美术学院王某箭副教授“强吻门”尘埃未定，又爆出北京大学余某里副教授“不正当性关系门”的丑闻[1]，以及近期发生的河西学院陆某侮辱殴打伤害学生案，等等。接连发生的师生冲突事件，不得不引起我们对高校师生法律关系进行重新审视和思考。高校师生法律关系怎么了、到底出了什么问题、根源是什么，如何有效化解、如何回复本真的师生法律关系等，诸如此类问题，急需学者们作出探讨并予以回答。

3. 解决高校师生法律关系问题是理论研究的需要

长期以来，师生关系问题一直是人们探究的重点。高校师生关系是高校教育活动中最基本的关系之一，也是学者们青睐的研究领域之一，对此问题学者们从未停止过探讨。党的十八届四中全会提出要全面落实依法治国方略，作为高校就是要实行依法治校，为此，教育部先后发布了《全面推进依法治校实施纲要》和《依法治教实施纲要依法治校（2016~2020年）》，依法治校再次成为人们研究热点。当下，随着高校人才培养目标多元化的要求，高校师生法律冲突有何表现、与其他法律纠纷相比有何特殊性、冲突的根源是什么、采用何种思维与方式预防减少纠纷发生、如何解决问题与修复关系等，一系列的问题急需学者们作出探讨并给予回答。但是，目前学者对此问题的关注大多是从社会学、哲学、教育学、心理学等视角探讨的，从法学视角进行的探究还远远不够。高校师生法律关系的现状急需理论研究者从法学视角做一探讨并提供理论指导。

二、选题意义

随着高等教育改革的不断深入，高教领域出现了一些新问

---

〔1〕刘尧：“净化师生关系需制度‘过滤’”，载《中国教育报》2014年11月24日。

题和新矛盾，尤其是高校师生关系出现的新变化、新特点，亟须学者们关注和研究。另外，党的十八大强调要努力办好人民满意的教育，对教育工作提出了更高的要求。进一步改善和加强学校管理，提高治理的法治化水平，全面提高教育质量和办学水平，满足人民群众上好学的要求，已成为高等教育改革发展面临的主要任务。马克思说过："问题就是时代的口号，是它表现自己精神状态最实际的呼声。"因此，在法治国家背景下探究高校师生法律关系具有重要的理论意义与现实意义。

1. 现实意义

（1）有利于实现依法治校。要实现依法治校就必须处理好高校内外部各种法律关系。在高校内部的各种法律关系（如高校与教师、高校与学生、高校师生之间）中，师生法律关系是最基本的关系之一，它是依法治校的基础。师生关系是否和谐影响教育教学效果，影响人才培养质量，也影响依法治校落实。要实现依法治校，就学校而言必须尊重大学章程、依法依规依纪办事，建立健全学校规章制度，保证办学宗旨、教育活动与制度规范符合社会主义法治理念的基本要求。学校要保障师生的合法权利，形成符合法治精神的育人环境。就教师而言要做到依法执教，为人师表，积极维护学生合法权益，增强运用法治思维和法律手段解决问题的能力。就学生而言，要尊敬师长，遵纪守法，努力学习，正确处理权利义务关系，做到理性思考一切问题、理性维权、理性处理各种关系。因此，研究高校师生法律关系，有利于保障师生合法权益，做到依法治理、依法育人，从而实现依法治校目标。

（2）有利于构建和谐师生关系。高校师生法律纠纷由来已久，近来更是纠纷不断，矛盾升级。既有一般的民事、行政侵权，也有严重的刑事犯罪。如厦门大学"诱奸门"、四川美术学院“强吻门”、北京大学“不正当性关系门”、华东政法大学“反革命门”以及“泼水门”、中山大学博士生控诉导师虐待事件、中央音乐学院“性交易门”事件、河西学院侮辱殴打伤害学生案等。一系列矛盾纠纷的发生，原因是多方面的，既有国家、高校层面原因，也有社会、师生主体层面原因。其中最根本原因是师生之间权利义务关系不明确，部分师生缺乏法律自觉和道德自觉，混淆合法与非法界限，不能理性维权。因此，本书有利于明确师生法律地位，强化师生权利义务意识、规则意识、程序思维，明确合法非法界限，树立正确的法治理念。一方面有利于预防和减少纠纷发生，另一方面对于已发生的师生纠纷能够依法有效化解，既能解决问题，又能修复师生关系，使师生法律关系回复本真。

2. 理论意义

有利于丰富和完善高校师生关系的理论。研究师生关系问题是教育理论和实践中一个历久弥新的话题，随着时代的发展，其内涵应不断丰富、充实和完善。目前学界关于高校师生关系的理论研究主要集中在教育学、社会学、哲学、心理学等领域，也有向交叉学科发展的研究趋势，如教育哲学、教育社会学等。以往学者的研究成果为我们在法学视角下探讨师生关系提供了非常好的研究基础，但从目前研究成果看法学视角的研究不足，成果偏少。虽有部分学者进行了法学视角的探讨，但研究的深度、广度有待于进一步深入。因此，在法治背景下研究高校师生法律关系将给高校师生关系理论研究增添新内容、提供新的思路，有利于丰富高校师生关系的理论研究体系。

第二节　文献综述

国内外学者关于高校师生关系的研究成果颇多，研究主要集中在师生关系本质、特点、存在问题、影响因素以及构建对策等方面。关于师生法律关系的研究成果相对较少，成果集中在师生法律关系概念、特点以及性质方面。研究视角由教育学、社会学、伦理学等单一学科向教育法学、教育哲学、教育社会学等交叉学科发展的趋势。

一、国内文献综述

（一）关于高校师生关系的研究

问题的提出与研究离不开对已有研究成果的回溯与梳理。为了更全面客观地了解相关资料，笔者充分利用中国知网、超星数字图书馆等国内大型数据库以及学校图书馆，对资料进行资料收集、筛选与汇总。目前高等教育界学者对高校师生关系的研究投入了极大的精力，成果颇多。不同领域的学者们从不同学科角度进行了探究。与本书的研究主题关系密切的成果集中在以下方面：

1. 关于高校师生关系本质的研究

关于高校师生关系的本质，学者们认为是它一种特殊社会关系，其本质是教育性。学者方跃平等认为：“师生关系的最大功能就是教育功能，师生关系的本质是教育性，它是教育过程中两主体间的交往关系，主体间性是其本质属性。”〔1〕濮岚澜等认为：“权力是推进教与学过程的基本动力，师生建立互动关系的本质就是导师权力运用和学生对于导师权力反作用的配套机制。”〔2〕李以庄认为：“师生关系是反映社会政治、经济、道德、

---

〔1〕 方跃平等：“对高校师生关系本质体系的思考”，载《经济研究导刊》2009年第12期。

〔2〕 濮岚澜、赵伟：“高校师生关系：一般理论及应用分析”，载《清华大学教育研究》2001年第4期。

文化等关系的一种特殊社会关系，这种关系是一种最基本、最主要的关系。”〔1〕李瑾瑜则认为：“师生关系是在教育教学活动中，师生通过相互认知和情感交流而形成的人际关系，它包括教学关系、心理关系、个人关系、道德关系，是一个由多层面关系构成的关系体系。”〔2〕

2. 关于高校师生关系特点的研究

关于高校师生关系的特点，学者们分别从主体、教学环节等方面进行了探讨，认为师生关系具有学术性、模糊性、单向性、等级性、差异性、秩序性、冲突性、民主平等性等特点。学者黄值认为：“以学术为纽带的学术追求是高校师生关系区别于社会其他群体人际关系的一大特点。以学术为桥梁构架关系是高校师生关系独有的特点。”〔3〕李学书、李嘉讳是从和谐师生关系角度进行探讨，认为“模糊性是和谐师生关系的时代特征”。〔4〕马炳光从课堂方面探讨高校师生关系的特点，认为“课堂教学具有单向性、师生角色标定等级性、教学活动的秩序性特点”。〔5〕贺撒文认为高校师生关系因教育者与受教育者在年龄、知识水平和阅历方面不同而表现出差异性特点。〔6〕刁丽英认为师生双方在情感期待上具有互动性、在价值观念评价标准

〔1〕 李以庄：“论新型师生关系”，载《西南民族学院学报》2002 年第 4 期。

〔2〕 李瑾瑜：“论师生关系及其对教学活动的影响”，载《西北师范大学学报（社会科学版）》1996 年第 3 期。

〔3〕 黄值：“论高校和谐师生关系的构建”，兰州大学 2010 年硕士学位论文。

〔4〕 李学书、李嘉讳：“试论和谐师生关系的特点”，载《河北帅范人学学报》2010 年第 6 期。

〔5〕 马炳光：“浅析中美师生关系特点之差异”，载《中共济南市委党校学报》2008 年第 1 期。

〔6〕 贺撒文：“当前高校师生关系特点及启示”，载《咸宁学院学报》2009 年第 12 期。

上具有冲突性。[1]李爱珍认为："高校师生关系是一种民主、平等、情感交融的关系，是在党的领导下，在教学相长的原则下建立起来的民主、平等的关系。"[2]

3. 关于高校师生关系问题的研究

关于高校师生关系现状大多数学者认为师生关系总体上是好的，师生之间较为融洽，但也存在着异化、甚至扭曲现象。学者胡卫萍认为，我国高校师生关系呈现出机械化、冷漠化、利益化、世俗化的特点，疏远而淡漠。功利化、感情淡漠化、矛盾过激化是当前师生关系的新问题。郝占辉等认为："高校师生关系不和谐表现在师生之间情感的疏离性、师生之间交往的功利性、师生之间关系的消极性和师生之间地位的不平等。"[3]李壮成认为师生感情沟通的大门在缩小、对新型师生关系的认识不一、良好师生关系建立具体途径迷茫。[4]也有学者认为，当前我国高校师生关系总体状况良好，同时也存在着诸如关系淡漠、情感交流缺乏、关怀缺失等问题，有的甚至出现紧张、对立冲突局面。高校师生关系出现失衡、对话被动、情感淡漠、道德关系弱化等问题。卫芳、马昊星认为学生对老师没有敬畏感，且缺少信任尊重，老师对自己的职业缺乏神圣感。[5]王红玲认为："目前高校师生关系还存在着不和谐、不民主、不平等

---

〔1〕 刁丽英："高校师生关系特点、现状及对策研究"，载《齐齐哈尔师范专科学校学报》2005年第2期。

〔2〕 李爱珍："依法治校背景下高校师生法律关系研究"，江西师范大学2009年硕士学位论文。

〔3〕 郝占辉、田英、苑芳强："高校师生和谐关系状况调查"，载《教育与职业》2010年第7期。

〔4〕 李壮成："大学师生关系现状及原因分析"，载《达县高等师范专科学校学报》2004年第7期。

〔5〕 卫芳、马昊星："构建融洽大学师生关系的调查与思考"，载《教研》2010年第10期

关系。”[1]曹砚辉认为当前高校师生关系存在主要问题是师生关系的机械化、陌生化、功利化、自由化。[2]

4. 关于影响高校师生关系因素的研究

学者们认为影响师生关系的因素有很多，既有来自学校方面的原因，也有教师和学生自身的原因。学者姚裕萍认为当前高校师生关系出现问题是由高校过度的机制规约以及教师精神的弱化所导致。[3]学者胡卫萍认为：“影响师生关系的主要原因是高等教育中现有的教育教学方式、教育体制以及对师生关系认识不清造成。并提出了通过加强高校师生伦理信念和法制观念、改变现有教育教学方式、转变教师管理模式等措施重构新型和谐师生关系”的观点。[4]邓显波认为：“教师的教育理念、个性特点和教学态度对师生关系产生了影响。主要表现为专制型师生观使得教师不能平等对待学生，不良的个性品质导致师生互相排斥，敬业精神弱化难以使学生产生敬畏之情。”[5]郭小英认为：“市场经济发展中的负面因素对教育产生了巨大冲击，出现了拜金主义、享乐主义和极端个人主义等消极思潮，影响了师生关系。”刁丽英认为：“师生之间缺少必要的心灵沟通，教育教学方式运用不当，学生对教师的期望值与教师知识储备和人格魅力之间存在差距，‘代沟’和‘心理差距’的存在，教师不能公平地对待学生，大学的教学体制和工作制度是主要影

[1] 王红玲：“主体间性视角下的高校师生关系构建”，载《哈尔滨职业技术学院学报》2014 年第 5 期。

[2] 曹砚辉：“当前高校师生关系存在的问题及解决对策”，载《教育探索》2012 年第 3 期。

[3] 姚裕萍：“高校和谐师生关系构建与障碍分析”，载《当代教育论坛》2008 年第 11 期。

[4] 胡卫萍：“正视高校师生关系重塑高校师生和谐”，载《华东交通大学学报》2000 年第 12 期。

[5] 邓显波：“高校师生关系现状分析”，载《经济与社会发展》2008 年第 8 期。

响因素。”[1]王效仿认为：“家长学生对高校期望与高校教师对学生期望之间出现了矛盾冲突，快速的社会转型造成了师生之间责任失范和权利关系失范。”[2]王建国、陈大兴、马云鹏认为：“我国高校师生关系面临问题众多，其主要原因有片面追求科研，育人理念弱化；功利化对师生价值观的影响；高等教育大众化背景下的大班教学对师生关系的制约。”[3]辛鹏认为：“改革开放以来高校管理体制、办学模式、机制变化等等引发师生交往关系的一系列变化，影响了现实生活中师生关系的变化。”[4]

5. 关于高校师生关系构建策略的研究

如何构建良好师生关系？研究者们从不同研究视角提出了对策建议。学者王建国、陈大兴、马云鹏认为，构建高校师生关系需要确立育人为本的核心理念、完善教师绩效评价制度、加大对师资的投入，改善师资条件，为师生关系的构建提供平台。[5]邵晓枫认为：“建立民主、平等、情感交融、和谐师生关系的关键是实现以生为本与教师主导的有机统一。和谐师生关系应是师生的完美发展，要把强化教师修养作为内在基础，体现民主平等时代特征，同时强化外部的社会引导。”[6]赵新艳则

〔1〕 刁丽英：“高校师生关系特点、现状及对策研究”，载《齐齐哈尔师范专科学校学报》2005年第2期。

〔2〕 王效仿：“高校师生关系嬗突的社会学透视”，载《山西财经大学学报》2010年第3期。

〔3〕 王建国、陈大兴、马云鹏：“高校新型师生关系探析”，载《黑龙江教育》2010年第3期。

〔4〕 辛鹏：“论高校师生关系冲突问题及对策”，载《国家教育行政学院学报》2012年第7期。

〔5〕 王建国、陈大兴、马云鹏：“高校新型师生关系探析”，载《黑龙江教育》2010年第3期。

〔6〕 邵晓枫：“我们究竟需要什么样的师生关系”，载《教育理论与实践》2007年第10期。

认为："师生要转变观念，双方互相理解，树立民主平等观念。教师要确立知识上的实质权威，成为学生良师益友，不断创新教学。学生要适应因教而学，发展自主、主动意识。制度方面要不断创新，提供良好保障。"[1]范红霞提出了建立"同伴探索"式高校师生关系模式。即"创造一种民主平等氛围，师生之间和同学之间彼此欣赏，允许师生在短暂的时间内彼此引导，把师生导入深入的思考状态，要保持开放性等"。[2]彭未名提出："要变革教育理念模式、创新教育方式方法、更新师生观念。教师要由知识教育理念和模式向素质教育理念和模式转变，由灌输式授课方法向多变的课堂授课方法和多种形式课堂组织模式转变，从教师纯粹独尊课堂向催生创新、催生未来课堂转变。"[3]辛鹏从交往关系的角度提出确立合理的高校师生交往理念、强化高校道德教育、创造高校师生公平公正的交往环境、完善高校和谐交往关系的管理机制。[4]李华主张："高校和谐师生关系构建的关键是内在的自觉，良好的社会环境和校园环境是构建的基础，良好的机制是构建工作有章可循和有效落实的保证。"[5]以上研究成果围绕社会学、教育心理学、伦理学、哲学、文化学视角等展开，目前研究有向交叉学科发展趋势。

---

〔1〕 赵新艳："高校扩招后师生关系新探"，载《云南民族大学学报》2006 年第 4 期。

〔2〕 范红霞："论'同伴探索'式师生关系模式"，载《教育研究》2003 年第 4 期。

〔3〕 彭未名："信息时代大学师生关系的嬗变及走向"，载《高等教育研究》2002 年第 5 期。

〔4〕 辛鹏："论高校师生关系冲突问题及对策"，载《国家教育行政学院学报》2012 年第 7 期。

〔5〕 李华："论高校和谐师生关系构建的策略"，载《中国教育学刊》2014 年第 9 期。

（二）关于法律关系的研究

关于法律关系研究学者们主要探讨了法律关系的概念、特点、法律关系构成要素以及分类。

1. 关于法律关系的概念与要素的研究

学者们普遍认为法律关系是根依据法律规范产生的、主体间的权利义务关系，是一种社会关系，包含主体、内容、客体三要素。孙国华认为："法理学上，人们普遍认为法律关系由主体、内容、客体三个要素构成。主体是权利义务的承担者，客体是主体权利义务指向对象，内容就是主体间权利与义务，有时候也包括在权利义务关系形式下的实际的社会关系内容。"〔1〕张文显认为，法律关系是以法律规范为基础、权利义务为内容的社会关系。主体是享有权利、履行义务的个人或组织。客体是权利义务联系的中介，包括物、行为、人身、信息、智力成果等，内容是主体间的权利义务。

2. 关于法律关系特点与种类的研究

学者普遍认为法律关系具有以法律规范为前提、以权利义务为内容、以国家强制力作为保障特点。关于法律关系种类，龚钰淋认为："根据分类的标准和认识的角度不同，可以对法律关系作不同的分类。"〔2〕董国声认为："依据法律关系调整的对象和方法可分为国家法的关系、民事法律关系、刑事法律关系、行政法律关系、诉讼法律关系、经济法律关系等；根据主体的个别化方式可分为一般的法律关系和具体的法律关系；根据法律规范的作用和目的可分为调整性的法律关系和保护性的法律关系；根据主体一方具体化还是双方具体化可分为绝对的法律

〔1〕 孙国华：《法理学教程》，中国人民大学出版社 1994 年版，第 463 页。

〔2〕 龚钰淋：《公立高等学校法律关系研究》，人民法院出版社 2013 年版，第 135 页。

关系和相对的法律关系；根据调整方式和对主体意志的影响可分为积极型和消极型法律关系”[1]。

3. 关于法律关系产生、变更和消灭的条件的研究

学者们普遍认为，法律关系的形成、变更和消灭条件有法律规范和法律事实。法律规范是法律关系形成、变更和消灭的法律依据，它规定主体的权利和义务。法律事实是法律关系形成变化的客观情况，包括法律事件和法律行为。法律事件可以分为社会事件和自然事件两种。法律行为分为合法行为与非法行为。

（三）关于高校师生法律关系概念、性质、问题及对策的研究

长期以来，学者们总是把目光放在师生的合作关系、道德关系和情感关系上，师生之间的法律关系在教育研究上没有引起足够重视。在万方数据库输入关键词“师生法律关系”，查询到的文章有10余篇。其中，相关硕士论文2篇，博士论文没有。没有专门研究师生法律关系的学术专著，相关专著仅在某些章节部分涉及本内容。研究成果大多围绕师生法律关系概念、构成要素、性质、存在问题以及师生法律关系构建策略进行了探讨。

1. 关于高校师生法律关系概念及构成要素的研究

关于高校师生法律关系概念及构成要素，学者们普遍借用法律关系的概念来解释师生在教育教学过程中发生的师生法律关系。刘冬梅认为：“师生法律关系是师生之间的权利义务关系，它是基于法律规范形成的。主体是教师和学生，内容是二者之间的权利与义务，客体是教育教学行为、物和智力成果。”[2]李爱珍认为：“高校教生法律关系其实就是指高校教师和学生双

[1] 董国声：“论我国法律关系的分类”，载《法律科学》1990年第4期。

[2] 刘冬梅：“师生法律关系探析”，载《国家行政学院学报》2008年第4期。

方在教与学、管理与被管理、服务与被服务等过程中所产生和形成的各种权利与义务关系。其主体是高校师生，内容是双方的权利与义务，客体是师生权利义务所指向的对象，包括物、行为和精神财富等。”[1]学者文达认为：“师生法律关系是指学校老师和学校学生之间在法律意义上的关系。”[2]方晓敏认为：“高校教师与大学生之间的法律关系其实就是指高校教师和大学生在双方教与学等过程中所产生和形成的各种权利与义务关系，包括主体、内容和客体三个要素。”[3]

2. 关于高校师生法律关系的性质的研究

大多数学者认为它是一种行政法律关系、民事法律关系、教育法律关系。学者王文华认为：“高校师生之间是一种教育合同法律关系。学生持录取通知书报到之后就与学校之间就形成了教育合同关系。”[4]王国金认为：“师生之间包括行政法意义上的管理关系和民法意义上的平等关系。行政法意义上的管理关系主要指师生关系具有一定的行政管理性，表现出行政法上的不对等性；民法意义上的平等关系主要强调师生平等，二者是平等和谐的民事主体。”[5]方晓敏认为：“师生之间的法律关系是包括行政性质、民事性质和教育性质的教育法律关系。”[6]

---

〔1〕 李爱珍：“依法治校背景下高校师生法律关系研究”，江西师范大学2009年硕士学位论文。

〔2〕 文达：“师生法律关系若干问题探析”，载《法制与经济》2007年第10期。

〔3〕 方晓敏：“公立高校教学中教师与学生的法律关系”，华南师范大学2007年硕士学位论文。

〔4〕 王文华：“高等学校师生间教育合同法律关系分析”，载《辽宁教育行政学院学报》2010年第9期。

〔5〕 王国金：“试论法律意义上的新型师生关系”，载《黑龙江高教研究》2005年第8期。

〔6〕 方晓敏：“公立高校教学中教师与学生的法律关系”，华南师范大学2007年硕士学位论文。

刘冬梅认为："收费体制下高校师生之间除了存在民事法律关系和行政法律关系外，师生之间还存在教学相长、尊师爱生的平等关系。师生之间的法律关系具有综合性和多重性特征。"[1]

3. 关于高校师生法律关系问题的研究

大多数学者认为二者之间存在教师侵犯学生民事权利的行为。方晓敏认为："教师提前下课、无故拖堂、禁止某学生上课、不公正评价学生成绩和品行、随意公开学生家庭隐私和成绩排名等构成民事侵权关系，侵犯了学生的教育权和人身权。"学者郑杰认为："教师随意停课、体罚辱骂学生、没收学生财物、扣押信件、对学生财物进行搜查或者对学生进行搜身、罚款等构成侵权。"[2]李爱珍等认为："学生学习权、公正评价权、隐私权、财产权、程序权利等经常受到侵犯是一个较为普遍的现象。"[3]

4. 关于完善师生法律关系对策的研究

多数学者认为需要从学校、社会、教师和学生本人等方面来确立高校师生法律关系的构建对策。学者王辉从法学角度出发主张。"应当构建一种权利义务相互一致的平等、相互尊重的师生法律关系。"[4]方晓敏主要是从救济制度完善角度提出："要制定维护高校学生合法权益的教育法律法规、完善高校学生的教育申诉制度，扩大民事诉讼的受案范围、建立教育仲裁制度等对策加以解决。"[5]李爱珍提出："要通过提升教师法治理念、

---

[1] 刘冬梅："论高校收费体制下的师生法律关系"，载《高教探索》2012年第6期。

[2] 郑杰："法律视野中的师生关系"，载《青少年犯罪问题》2004年第2期。

[3] 李爱珍："依法治校背景下高校师生法律关系研究"，江西师范大学2009年硕士学位论文。

[4] 王辉："法律视野中的师生关系"，载《中国教育报》2000年8月19日。

[5] 方晓敏："公立高校教学中教师与学生的法律关系"，华南师范大学2007年硕士学位论文。

完善高校制度体系、司法介入等对策完善师生法律关系。”[1]

二、国外文献综述

国外学者对高校师生关系的关注主要集中在师生关系存在问题、影响因素以及对策等方面。关于高校师生法律关系的研究则主要探讨了师生关系是平等民主关系、师生关系存在问题以及救济对策等方面。具体内容如下：

（一）关于高校师生关系研究

西方教育大国对这一问题研究起步较早，已经形成了一套较为成熟的理论和实践的理念。

近代，人们对师生在教育教学过程中的地位及相互关系的认识分为教师中心说和学生中心说两个阶段。教师中心说以赫尔巴特和奥古斯丁为代表，强调教师权威和中心地位。学生中心说以杜威为代表，强调学生的主体地位。

现代，国外师生关系理论则关注师生关系的模式研究。李维特和巴维拉斯提出了四种沟通模式：圆圈式、链状式、Y 字式、轮状式。阿什勒提出班级师生关系模式。盖茨尔和赛伦认为师生关系是一种班级师生社会体系模式。除此之外，部分学者也对高校师生关系的重要性给予高度关注。如泰勒（TaylorL）经过分析认为，学生对学习态度、学习意愿水平、认知过程，以及对学校的态度都会受师生关系会影响。布卢姆（Bloom）等学者研究发现，师生之间的积极情感关系会促进认知学习，学生对教师的态度会影响学习的认知过程。本书主要从高校师生关系存在问题、影响因素和构建策略方面进行分析梳理。

---

[1] 李爱珍：“依法治校背景下高校师生法律关系研究”，江西师范大学 2009 年硕士学位论文。

1. 关于高校师生关系存在问题的研究

关于高校师生关系总体状况，大部分研究者普遍认为二者关系比较融洽，能够平等合作、注重互动、体现人性等，但仍存在需要引起人们关注的问题。学者托马斯·戈登以美国为例，认为："目前美国师生关系中存在的主要问题表现为师生互相猜疑、不能互相信任、甚至发生冲突。"[1]唐纳德·肯尼迪认为："学生正在成长的独立性与教师感觉到的各种需要之间存在着许多紧张关系。师生之间的冲突主要表现为知识产权冲突、作者名誉冲突和身份上的冲突，也有合作工作中的争吵、发展私人亲密性与独立性之间的张力、评价中的问题、学生有被剥削的感觉、甚至罗曼蒂克等等。"[2]詹姆斯·杜德斯也认为："有些教师还存在封建思想态度，不把学生当成是接受教育和攻读学位的学生，而是当成科研项目工作的奴隶。"[3]

2. 关于影响师生关系的因素研究

关于师生关系的影响因素问题学者们主要探讨了社会阶层因素、年龄因素、种族背景因素以及权威因素等。皮安塔（Pianta）等学者认为，在种族背景相同情况下，教师更喜欢和年龄小的学生建立一种良好师生关系。华舍普·马基森和赛勒斯认为，教师的权威会对学生产生深刻影响。[4]汉克斯等人主要研究了教师和学生之间由于政治立场的不同导致的师生冲突问题。[5]奥耿、

---

〔1〕［美］托马斯·戈登：《顶好教师：建立良好的师生关系》，知识产权出版社 2002 年版，第 5 页。

〔2〕［美］唐纳德·肯尼迪：《学术责任》，阎凤桥等译，新华出版社 2002 年版，第 12 页。

〔3〕［美］詹姆斯·杜德斯：《21 世纪大学》，华夏出版社 2002 年版，第 78 页。

〔4〕 Emery J. Hyslop－Margison，Alan M. Sears. Enhancing Teacher Performance：The roul of Professional Aotonomy. *Interchange*. 2010，(02)：15～17.

〔5〕 Fleck-Henderson，Ann. Melendez，Michael Paul. Conversation and Conflict：Supporting Authentic Dialogue in the Classroom. *Journal of Teaching in Social Work*. 2009，(01).

图坎则研究了冲突起因的规模和发展情况，并通过此研究来评估和确定课堂冲突原因的规模。[1]戴维斯等人通过定量分析，测量与冲突有关的行为。[2]布罗菲和罗尔肯伯把造成课堂对抗行为原因分成教师、学生、师生共有问题三种类型。[3]

3. 关于构建新型师生关系策略方面的研究

很多学者从情感、心理、交往等角度提出构建良好的师生关系策略。兰德和艾特扎克提出，以情感为中心治疗，以减轻师生关系冲突的观点。[4]罗杰斯从心理学研究角度出发，提出促进学习的关键乃是师生之间关系的态度和品质，好的师生关系应该具有真实、接受、理解三种品质。[5] 德国教学论专家K. 沙勒与 K. H. 舍费尔于20世纪70年代提出了教学过程是一种交往过程，在教学过程中师生应当是平等的观点。[6]茱迪斯·A. 迪尔奥提出，师生之间的积极有效沟通，能促进学生提高学业成就，养成健康情感。美国教育家提出，不能强迫学生接受自己的理论，是否接受由学生自己决定，要允许学生进行公开辩论，师生之间存在相互探讨、公开辩论的关系，但教师具有

---

〔1〕 Argon Turkan The Dewelorpment and Implementation of a Scale to Assess the Causes of Conflict in the Classroom for University Students. *Educational Sciences*：*Theory &Practice*. 2009 ，Vol. 9（03）.

〔2〕 Mark H Davis, Sal Capobinco , Linda A. Kraus. Measuring Conflict–Related Behaviors：Reliability and Validity Evidence Regarding the Conflict Dynamics Profile. *Educational and Psychological Measurement*, 2004vol. 64 （no. 4）.

〔3〕 陈时见：《课堂管理论》，广西师范大学出版社 2002 年版，第 156 页。

〔4〕 Lander，Itzhak Repairing Discordant Student－Teacher Relationships：A Case Study Using Emotion–Focused Therapy. *Children & Schools*，2009 ，Vol. 31（04）.

〔5〕 Carl R. Rogers. *A way of being*. Boston，1980. 263～268.

〔6〕 李其龙：《德国教学论流派》，陕西人民教育出版社 1993 年版，第 121～123 页。

“说服”的权利。[1]上述研究成果主要围绕教育社会学、教育心理学及哲学视角展开。

(二) 关于师生法律关系相关问题的研究

关于师生法律关系的研究，学者研究主要是在一些专著中作为部分章节介绍。主要提出了师生关系是一种民主平等关系观点、师生法律关系问题主要表现为侵犯知识产权的观点以及对救济途径的研究。

1. 关于师生关系是民主平等关系的研究

卡尔·罗杰斯强调尊重学生的尊严和个性，重视学生的创造力和主观能动性，培养学生发展人性、自我实现价值取向，用理性、知性的方式来交流，使师生关系转向民主、平等、对话与互动。[2]也有学者主张新型师生关系应当是相互理解与平等对话的关系，为此，必须取消教师的绝对权威。[3]美国大学继承了德国大学的办学理念，主张师生关系应类似于同事关系，师生之间更多的是平等的讨论。[4]英国学者主张英国导师与学生地位是完全平等的，双方常常在一种民主和谐气氛中交流，彼此平等对话。荷兰学者奉行大学权力均等原则，主张高校问题由师生共同决定。[5]日本学者强调教育平等，主张人人平等地享有受教育的权利。

---

〔1〕 夏睿：“现代西方教育哲学流派关于师生关系研究述评”，载《社会视野》2008 年第 2 期。

〔2〕 Carl R. Rogers. *A way of being*. Boston，1980，263~268.

〔3〕 李定仁：“20 世纪西方师生关系观：追溯、反思与重建”，载《外国教育研究》2006 年第 11 期。

〔4〕 章荣琦、王玲艳、陆桌谟：“中外师生关系的演进分析与比较思考”，载《高校教育管理》2010 年第 11 期。

〔5〕 杨德广、谢安邦：《高等教育学》，高等教育出版社 2009 年版，第 260 页。

2. 关于师生之间存在问题及救济对策的研究

大多数学者认为二者存在主要问题表现为侵犯知识产权。唐纳德·肯尼迪等认为师生之间存在知识产权上的纠纷、合作中的冲突（如争吵）以及存在学生被剥夺的现象等。

关于权利救济，英国研究者约翰·福特提出了学生在开除、分班等方面的救济渠道。包括申诉、上诉（向教育行政裁判所和向教育大臣提出法定上诉等）、提起司法审查等。内尔达·H. 堪布伦—麦凯布研究了美国学生在入学、教学和非教学事务中权利及救济措施。德国、日本处理学生管理纠纷方面确定了“权利救济程序穷尽”原则。德国“权利救济程序穷尽原则”表现为宪法救济程序的补充性。关于冲突的调节方式，达伦多夫提出了仲裁、调停、协商和解建议方式。柯林斯则提出了用于避免暴力冲突或强制性冲突的两种策略：仪式和信念。指出激发和加强道德信念的努力是一种重要的策略，它可以使人们互相影响，或者保证相互间的忠诚。在印度，权利救济则通过学院法庭，如印度的马哈拉施特拉邦和古吉拉特邦，普遍建立起来了学院法庭。[1]

三、文献述评

为了更好地探讨高校师生法律关系问题，对国内外相关研究资料和研究动态进行全面客观的综合分析是十分必要的。它一方面可以充分肯定这些成果在理论研究和实践研究方面所做出的突出贡献，另一方面对后来的研究者深刻审视这些研究成果的美中不足之处，以便于在今后的研究中，如研究思路、框架结构、内容范围和观点陈述方面做进一步的深化拓展。

---

〔1〕 冯惠敏、黄明东：“建立大学生与高校法律争议解决机制刍议”，载《清华大学教育研究》2008 年第 12 期。

国外有关高校师生关系的研究成果，比较全面客观，有其可取之处。首先，研究成果中关于师生之间是民主平等关系的观点对于我们解决高校师生法律关系问题具有重要借鉴价值。因为，依法治校背景下的高校师生法律关系就应是民主平等法律关系。其次，关于减轻师生冲突的对策观点、“权利救济程序穷尽”原则，以及达伦多夫提出的仲裁、调停、协商、和解的建议等思想，对解决师生法律关系问题也有一定指导作用。但毕竟国情不同，再加上教育本身的特殊性，我们不能完全照抄照搬，需要有选择的加以借鉴。

国内关于高校师生关系问题研究成果颇多，极大丰富了高等教育教学理论，为高等教育理论研究做出了突出贡献，对改善当前高校师生关系起到了指导作用，也为本书研究高校师生法律关系问题奠定了坚实基础。但是经过文献梳理我们也发现，学者们关于高校师生法律关系研究仍留下了很多需要继续加以探讨的问题。

以上研究成果，为本书的研究在理论和实践层面提供了强有力的支撑。但是，在研究对象、研究视角、研究内容和研究目标方面，还存在一些需要继续深入探讨的问题：

其一，从研究对象上看，对高校师生法律关系主体“教师”的研究局限于校内专职教师。事实上，随着人才培养目标的多元化要求，高校师资队伍除了专职教师外，还应包括教辅人员、实验人员、管理干部。他们和学生之间同样存在法律关系，同样会产生法律问题。因此，需要扩大研究对象范围。

其二，从研究内容上看，学者们研究内容集中在课堂教学中师生关系，第二课堂涉及较少。事实上目前的教学活动已大大超出了第一课堂教学范围，已经延伸到第二课堂，且第二课堂也越来越发挥着重要作用；学者们对高校师生关系问题的研究侧重研究教师侵犯学生合法利益的多，研究学生侵犯教师利益的少，研究内容缺乏全面性；对构建策略的研究，从微观层面探讨的多，宏观上探讨的少，缺少用法治思维和法治方式分析解决问题。

其三，从研究视角上看，研究成果大多集中在教育学、哲学、社会学、文化学等领域，法学视角研究成果偏少，不利于高校师生关系理论体系的充实和发展。虽有个别学者进行了法学视角探索，但局限于借鉴法律关系概念解释师生法律关系，均缺少对其特殊性、纠纷类型的复杂性的深层次分析，缺少对纠纷产生原因的法治视角分析以及对纠纷解决机制的法治方式的探讨。特别是在依法治校的背景下，师生法律关系更具重要性。它虽然是师生在学校的教育教学活动中建立起的关系，但教学行为也是一种社会行为，所以，教学行为也同样受到社会法律法规的影响和制约，师生纠纷解决具有社会性，需要拓展法学视角研究。

其四，从研究目标上看，明确度不够。虽有学者提出构建对策，但针对性不强。有学者提出要构建民主平等师生关系，平等是指什么平等、对如何构建等问题没有深入探讨。事实上，师生法律关系存在问题的根本原因是师生权利义务不明确，也就是说，教师和学生根本不清楚自己有哪些权利、应当履行哪些义务，遇到矛盾该采用何种方式解决、怎样理性维权等问题知道的少之又少。只有找到这个病根，才能对症下药。

因此，本书在法治视野下将扩大对教师的研究范围，将教学活动扩大到第二课堂，对师生法律关系现状做全面分析，既肯定其积极的一面，又不避讳问题。并在法治视角下探究师生纠纷化解的多元纠纷解决机制，在解决纠纷的同时，注意将解决问题与修复关系结合起来。通过完善制度体系、提升主体法律自觉与道德自觉，规制媒体介入、运用法治思维与法治方式解决纠纷等措施构建一套诉讼与非诉讼、校内纠纷解决机制与校外纠纷解决机制为一体的、适合我国高校师生法律特点的多元纠纷解决机制，使高校师生法律关系回归本真。因此，本书具有重要的理论意义与实践意义。

第三节　研究的方法

理论来源于实践，教育理论来源于教育实践，这里的教育实践包括前人的实践、他国的实践和自己的实践。同时，研究方法的选择必须立足于研究内容的需要。方法选择运用是否恰当，直接影响研究能否顺利进行、研究结论是否正确。鉴于此，本书主要采用文献研究法、调查研究法和比较研究法。

一、文献研究法

文献研究法是通过对相关文献资料的搜集、整理，在此基础上进行更进一步的分析和研究。本书主要通过国内外图书馆、电子阅览室等对国内外高校师生法律关系相关文献进行收集、整理、分析，掌握本书所需要的有关资料和已有成果，获悉当前学术界对相关问题的研究进展情况与研究成果，分析前人的研究成果和理论思想，从中得到借鉴和启示，为本书的研究框架提供整体思路设计和理论准备。

二、调查研究法

一方面通过互联网、计算机通信和数字交互式媒体，向被部分教师、学生发出问卷并收集信息，另一方面对被访者面对面进行访谈。通过以上途径了解受访人的真实想法和看法，及时收集大量、丰富的第一手材料资料和获取相关信息，然后按照“由此及彼，由表及里”的要求，分析归纳当下高校师生法律关系现状并探究原因。

三、比较研究法

比较法是通过对某类教育现象在不同情况下的不同表现进行比较研究，找出教育现象普遍规律以得出符合实际的解决问题的方法。[1]这一研究方法可以帮助人们克服研究过程中思维的狭隘性。本书通过比较分析中外大学师生权利规定、纠纷解决机制等，借鉴国外成功经验和有效做法，结合依法治国、依法治校要求，提出消解我国高校合理师生法律关系问题的原则和对策。

第四节　研究思路

本书以依法治国和高校师生法律关系困境为背景，以依法治国基本理论为基础，以“问题与对策”为路径，以完善师生法律关系为目的，在法治思维视野下，围绕高校师生法律关系问题，重点探讨高校师生法律关系理论基础、高校师生法律关系问题表现及根源、域外关于师生权义的相关规定及经验借鉴、高校师生法律关系的消解原则与对策。

第五节　研究难点

由于涉及不同层次的高校师生，网络问卷调查、侵权案例

---

[1] 李秉德：《教育科学研究方法》，人民教育出版 2001 年版，第 100 页。

收集再加上师生纠纷复杂性特点，本书研究存在一定难度，对问题的解决和思路的突破造成了一定的困难。但毕竟网络发达，自身就职于高校，与各个学校有一定联系，再加上有较丰富的学生资源，难题得以有效解决。

一、资料收集整理任务重

有关师生法律关系问题的研究资料少且分散，在撰写和研究的过程中难以找到与本书主题完全一致或大致相同的文献，很多相关的素材都是散落在其他问题的研究成果之中，这就需要花费很大力气去搜集和整理与高校师生法律关系相关的内容并进行归纳研究，这一过程需要花费大量的时间和精力。

二、课题研究跨学科多

本书研究的是高校师生法律关系问题，需要在依法治国基本理论指导下运用法治思维和法治方式探讨目前高校师生法律关系存在的问题及根源，重点探讨师生法律关系问题消解原则与对策，所涉及的学科除法学、教育学外，还包括政治学、社会学等相关学科的理论知识。由于笔者的理论水平和相关学科专业知识的局限，在开展相关研究时无法面面俱到，这使得本课题的研究任重而道远。

三、高校师生法律冲突具有复杂性

当下，随着人才培养目标多元化需求，师资队伍不断扩大，高校师生法律纠纷呈现复杂性特点。从性质上讲既有民事侵权、行政侵权、宪法侵权，也有刑事犯罪；从主体上讲既有专任教师与学生冲突，也有管理人员、教辅人员与学生冲突；从学校层次上讲既有专科生、本科生与教师，也有硕士、博士与导师冲突。不同法律关系中的冲突内容表现不同，涉及对象面广、范围大，形式多样，是本书研究难点所在。

四、高校师生法律关系问题消解难

高校师生法律纠纷专业性强、主体特殊，冲突复杂、类型多样化，因此，需要构建包括“和解、调解、仲裁、复议、诉讼”等多元法治方式的解决机制。这就要求司法人员除具备专业素养外，还需要懂得教育教学规律，了解高校师生纠纷特点，以便准确把握案件性质，作出有效裁决。以法庭为例，最好是设置专业的教育法庭。但在目前，要设置专门的教育法庭，还需要其他部门配合，难度很大。这也是本书研究难点所在。

第六节 本书创新点

研究贵在创新，但也难在创新。本书存在的创新点主要体现在以下几个方面：

1. 采取新视角

传统的研究一般立足于教育学、心理学、伦理学、哲学等视角研究高校师生关系，本书立足于法学，并结合教育学、政治学、社会学等学科进行交叉研究。本书力求在法学视角下，运用法治思维和法治方式较为客观、全面、辩证地分析师生法律关系问题的本质、产生根源，并寻求消解对策。

2. 提出新观点

本书提出了法律自觉观点。本书借鉴道德自觉概念，提出了法律自觉观点。解决高校师生法律关系问题是一项系统工程，其中，提升主体法律自觉尤为重要，因为内因是事物变化发展的根据，只有师生自身法律自觉提高了，权利义务明确了，才能从根本上预防和减少师生冲突的发生。

3. 总结新策略

本书提出了高校师生法律关系问题的主要根源在于师生权利义务不明确。师生之间的侵权与犯罪，都是对合法权益的侵犯。因此，要消解师生法律关系问题，就必须明确双方主体的权利义务，只有这样才能找准病根对症下药。在此基础上，提出了消解师生法律关系问题要坚持的六大原则和五大对策观点。六大原则即做好事前预防、事中妥善解决、事后快速跟进相结合，解决矛盾要与兼顾修复关系相结合，德治与法治相结合，公正与效率相结合，司法的法律效果与社会效果相统一，坚持诉讼与非诉讼、校内与校外纠纷解决机制衔接协调相结合原则。五大对策即要坚持用法治思维、法治方式解决纠纷，通过完善制度体系、提升师生主体法律自觉和道德自觉、规制媒体介入，构建容诉讼与非诉讼、校内与校外纠纷解决机制为一体的多元纠纷解决机制，这才是化解师生纠纷的有效途径。

第二章 高校师生法律关系的理论基础及核心概念界定

党中央作出了全面推进依法治国的重大战略部署，要求把国家和社会生活基本方面纳入法律轨道，接受法律调控和处理。作为高校，落实依法治国基本方略就是要实现依法治校，依法处理好校内外各种关系，尤其是处理好师生法律关系，因此，处理师生法律关系的问题必须遵守依法治国基本理论的要求，依法治国基本理论对解决高校师生法律关系问题具有重要指导价值。

第一节 依法治国基本理论

依法治国的基本理论自党的十一届三中全会提出后，到党的十五大确立，再到党的十八大全面推进大体经历了四个阶段：

初步提出阶段（1978 年 12 月至 1988 年 8 月）：党的十一届三中全会提出要加强法制建设，主张法律面前人人平等，同时提出了新时期十六字法制建设的基本方针，成为依法治国的起点。之后，党的十二大报告提出了民主与法治关系问题。《中国共产党章程》也明确提出，党必须在宪法和法律范围内活动。1982 年《宪法》确立了法治原则，树立了宪法的最高权威。

初步形成阶段（1988年8月至1995年）：这一阶段提出了实行法治、反对人治，为依法治国基本方略提出打下了坚实的基础。1991年3月2日召开的七届全国人大常委会第十八次会议强调，坚持依法办事，促进依法治国和依法管理各项事业。1992年10月，党的十四大提出加强立法工作是建立社会主义市场经济体制的迫切要求。[1]1993年3月八届全国人大一次会议通过的宪法修正案提出国家实行社会主义市场经济。

正式提出阶段（1996年至1999年3月）：1996年3月的八届全国人大四次会议确立了依法治国、建设社会主义法制国家的重要地位。1997年9月，党的十五大报告将依法治国作为党领导人民治理国家的基本方略，标志着依法治国基本方略完全形成。1999年3月九届全国人大二次会议通过的宪法修正案，将“依法治国，建设社会主义法治国家”正式写进宪法，标志着我国社会主义民主法制建设进入了一个新的发展阶段。

全面落实阶段（2002年以后）：这一阶段是从理念到实践的全面落实阶段。2002年11月党的十六大报告提出，依法治国是党领导人民治理国家的基本方略。2004年3月国务院印发的《全面推进依法行政实施纲要》确立了建设法治政府的目标。2004年9月，党的十六届四中全会首次正式提出“必须坚持科学执政、民主执政、依法执政，不断完善党的领导方式和执政方式”[2]。2007年10月，党的十七大强调“全面落实依法治国基本方略”。2012年11月，党的十八大提出“全面推进依法治国”，强调“法治是治国理政的基本方式”，更加注重改进党的领导方式和执政方式，保证党领导人民有效治理国家；更加

[1] 《江泽民文选》（第1卷），人民出版社2006年版，第225页。

[2] 中共中央文献研究室编：《十六大以来重要文献选编》，中央文献出版社2006年版，第274页。

注重发挥法治在国家治理和社会管理中的重要作用。[1]2013年11月，党的十八届三中全会决定提出“推进法治中国建设”的新目标，标志着中国法治理论和法治实践进入一个新的发展阶段。2014年10月，党的十八届四中全会提出“全面推进依法治国，总目标是建设中国特色社会主义法治体系，建设社会主义法治国家”。

一、依法治国理论内涵

依法治国理论的提出、发展与完善，与党的历任集体领导的贡献是分不开的。以毛泽东同志为核心的第一任集体领导从新中国成立之初就进行了探索。毛泽东、刘少奇、董必武等老一辈无产阶级革命家做出了突出贡献。如早在1954年6月毛泽东同志在关于中华人民共和国宪法草案的讲话中指出：宪法草案由全国人民代表大会通过以后，“全国人民每一个人都要实行，不实行就是违反宪法”。[2]再如董必武指出，依法办事有两方面的意义，一是必须有法可依，二是有法必依。[3]

以邓小平同志为核心的党的第二任集体领导为依法治国奠定了重要基础，尤其是邓小平同志做出了突出贡献。正如李步云教授所言：“邓小平在依法治国或建设法治国家方略和目标上，有两大贡献。第一是理论上的，他提出一个国家的兴旺发达和长治久安关键的、决定性的条件，不在于一两个好的领导人，而在于要有一个好的法律和制度。这就为我们依法治国奠定了一个坚实的、必不可少的理论基础。第二，十一届三中全

[1] 中共中央文献研究室编：《十八大以来重要文献选编》，中央文献出版社2014年版，第14页。

[2] 《毛泽东文集》（第6卷），人民出版社1999年版，第328页。

[3] 《董必武选集》，人民出版社1985年版，第413页。

会后，邓小平的一系列言论，实际上是今天我们要建设社会主义法治国家所应当坚持的那些基本要求和基本准则。因此也可以说，邓小平为法治国家初步地勾画了一个蓝图。”〔1〕以江泽民为核心的党的第三代领导集体对依法治国思想做出了突出贡献，主要表现在：“第一，通过党内的民主和国家的民主程序正式将依法治国作为基本的治国方略确定了下来；第二，对依法治国的含义和它的性质作了准确的阐述和定位；第三，正式提出和肯定法治国家这个概念；第四，对法治国家应该是什么样子，应该有哪些原则作了阐述，丰富了法治国家的内涵；第五，党的十六大将建设社会主义政治定位为社会主义政治文明，具有重大的意义。”〔2〕以胡锦涛为总书记的党中央做出了重要贡献。十七大提出坚持依法治国基本方略，十八大提出法治是治国理正基本方式。

党的十八大之后这一理论得到独创性发展。2013 年 1 月，习近平总书记首次提出了建设法治中国的宏伟目标。之后，“推进法治中国建设”成为新时期法治建设的新目标。法治中国是指法治是中国整个国家运行的基础，是从事各项活动的基本准则，是集依法治国、依法执政、依法行政和法治国家、法治政府、法治社会于一体的新要求。〔3〕其主要内容有：一是法治是治国理政的基本方式。这是法治中国的核心内容，也是法治在我国的基本定位。二是要遵守法治。国家、政府、社会和个人都要遵守法律。国家经济建设、政治建设、文化建设、社会建

---

〔1〕 李步云：“依法治国是如何提出的”，载《瞭望东方周刊（电子版）》2014 年 11 月 3 日。

〔2〕 李步云：“依法治国是如何提出的”，载《瞭望东方周刊（电子版）》2014 年 11 月 3 日。

〔3〕 杨伟东：“推进法治中国建设”，载 http://news.xinhuanet.com/politics/，访问时间：2014 年 6 月 13 日。

设和生态文明建设都要实现法治化。三是依法保障公民权利与自由。使公民能够获得更多安全感、幸福感和尊严感。

法治中国建设包括四个方面的基本要求：第一，科学立法。要做到立法的科学性、统一性和民主性；第二，严格执法。行政机关要带头守法，严格依法办事，积极维护公共利益、人民权益和社会秩序。第三，公正司法。要让人民群众在每一个司法案件中都感受到公平正义。第四，全民守法。这是推进法治中国建设的必由之路，也是实现法治中国不可或缺的部分。至此，中国特色的依法治国理论有了新的发展。

其一，社会治理需要法治思维方式。法治思维是在治国方略层面上使用的一种价值追求、治国方法和治国手段。侧重于法律规则和法律手段运用，强调依法办事。在社会治理中，各种社会矛盾的化解要注重法律方法和法律手段的运用，确立公民和各级政府机关的规则意识，引导人们寻求理性解决方式和手段，构建社会治理的法治化模式。

其二，坚持党的领导是社会主义法治根本要求。党法关系是社会主义法治建设的核心问题，党的领导是中国特色社会主义法治之魂，是依法治国的保障，离开了党的领导，中国特色社会主义法治体系就无从谈起。党同人民一同制定法律，又要自觉地在宪法和法律规定的范围内活动。只有这样，法治才有前途。

其三，社会主义法治体系是依法治国根本保障。社会主义法治体系包括法律规范体系、法治实施体系、法治监督体系、法治保障体系和党内法规体系，涉及法治建设的各个环节，是实现国家治理体系和治理能力现代化的根本保障。

其四，德治与法治在社会治理中发挥重要作用。以德治国与依法治国是国家和社会治理中的重要手段，二者在维护社会秩序中发挥重要作用，不可或缺。社会治理既要重视法律功能，也要重视道德功能，二者并重是我国社会治理的最佳选择。

其五，良法之治。法律是治国之重器，良法是善治之前提。所以，法治首先是良法之治，这是现代法治的基本理念。李步云认为："法治国家良法标准是法制完备、权力制约、人权保障、主权在民、法律平等。良法要得到最严格遵守必须符合下列标准，即法律至上、依法行政、司法独立、程序公正、党要守法。"〔1〕

其六，宪法至上。依法治国首先是依宪治国，要树立宪法权威，使其在整个法律体系中具有至上的权威性和最高的法律地位。要完善人大的宪法监督制度，弘扬宪法精神，建立宪法宣誓制度，提升人们的宪法观念。

二、依法治国理论对解决师生法律关系问题的指导价值

依法治国的基本理论内涵丰富，它对正确处理师生法律关系问题具有重要的指导价值。

（一）法律保障

有法可依是依法治国前提，也是依法治校、教育管理者处理师生法律关系问题的依据。这里的法是一个广义概念。既包括国家根本大法（宪法），也包括普通法律（刑法、民法、行政法等）；既包括一般法，也包括特别法；既包括实体法，也包括程序法；既包括法律法规，也包括学校规章制度等。师生法律关系问题复杂，国家层面它涉及宪法法律关系、行政法律关系、民事法律关系和刑事法律关系等，校内层面涉及学校规章制度，尤其是大学章程。处理这一问题需要有相关的民事法律、刑事

〔1〕 李步云："法治国家的十条标准"，载 http://www.chinalaw.org.cn，访问时间：2015 年 7 月 6 日。

法律、行政法律和教育法律法规等，这就要求有完备的法律体系，同时要完善校内规章制度，建立大学章程。到 2011 年中国特色社会主义法律体系形成，这是法治国家的一个显著标志，在中国法制建设史上具有里程碑意义，也为解决师生法律关系问题提供了完备法律体系指导。因此，从立法上讲，依法治国是依法治校、解决师生法律关系问题的法律保障。

（二）法治理念

法治理念是关于法治的思想观念、价值判断的总和，表现为人们在知识、感情、意志、信念等层面对于法治的理性化观念。社会主义法治理念是体现法治要求、包含公平正义、自由平等、法律权威、监督制约、保障人权等内容的、一系列观念、信念、理想和价值的集合体。法治理念要求我们解决师生法律关系问题，要落实好师生主体地位，明确主体在法律上的权利义务，依法保障师生的知情权、参与权、表达权和监督权。如要对学生做出处分，决定作出前要给学生申诉机会。处分决定做出必须做到事实清楚、证据确实充分、程序公平公正。对教师的惩戒，应于法有据、公正合理。因此，法治所要求的严格执法、人权保障、法律平等、法律至上、程序公正等理念是依法治校、处理师生法律关系问题的运行保障。

（三）纠纷解决机制

依法治国除了要求科学立法外，还要求严格执法和公正司法。这就为解决师生法律纠纷提供了价值指导。解决师生法律关系问题要采用法治方式，把法治作为解决校内矛盾和冲突的基本方式，建立多元纠纷解决机制。就校内来讲，可以建立信访、调解、和解、申诉、听证等各种争议解决机制。如果校内不能化解，要按照法定程序进行申诉、仲裁或诉讼。目前，我国已经建立起以宪法为核心、以立法保障与司法保障为主要内容的权利保障体制保护公民的权利，这种保障机制是一种综合性的容诉讼与非诉讼为一体的多元纠纷解决模式，不同纠纷解决方式之间功能互补，满足社会主体的多样需求，这就为依法治校提供了有利的司法保障。

（四）主体守法

法治中国的实现要求必须做到全民守法，全民守法是依法治国的基础。法律的权威源自人民的内心拥护和真诚信仰。要建设好法治社会首先就要做到全民守法，人人崇尚法律、自觉遵守法律和坚定捍卫法律。作为国家公民的师生主体同样需要守法。既要遵守国家法律法规，也要遵守校纪校规。只有师生法律素养提高了，才能明确自己的权利和应正确履行的义务。但是，目前师生法治素养参差不齐，尤其是大学生的法治素养不容乐观。要解决师生法律关系问题，提升主体的法律自觉尤为必要，这既是法治社会建设的要求，也是解决师生法律关系问题的需要。

总之，依法治国基本理论为解决师生法律关系问题提供了法律保障、价值理念、纠纷解决方式、主体守法等方面的有效指导。要解决师生法律关系问题，必须在依法治国基本理论指导下，通过转变理念、完善法律制度、提升主体法律自觉、构建多元纠纷解决机制等措施完成。

第二节 核心概念界定

“凡立言，先正所用之名以定名义之所在”，以做到“限其义之所止，使无越畔也”。[1]因而，有必要首先对本书中的“法

〔1〕 辞海编辑部委员会编：《辞海缩印本》，上海辞书出版社1989年版，第1658页。

律关系”“高校师生法律关系”等核心概念进行阐析与确认。

一、法律关系

法律关系是法理学理论中一个重要范畴。张文显教授认为：“法律关系是法律规范在指引人们的社会行为，调整社会关系过程中所形成的人们之间的权利义务关系，是社会内容和法的形式的统一。”[1] 谢晖、陈金钊认为：“法律关系是主体因为一定利益需要而在交往中形成的社会关系被纳入国家法律规范体系后所形成的以权利和义务为内容的社会关系。”[2]以上关于“法律关系”的概念界定可以视为我国法理学界对法律关系的含义所作的具有代表性的界定和认知。因此，法律关系就是主体之间的权利和义务关系。

法律关系具有国家意志性、以权利义务为内容、以国家强制力为保障、由法律规定和调整的特征。法律关系按照不同标准可以分为不同类型：根据法律关系产生依据是否适用法律制裁为标准分为调整性和保护性法律关系。根据主体间的法律地位是否平等划分为纵向和横向的法律关系。根据法律主体的多少及其权利义务是否一致为根据分为单向、双向和多向法律关系。按照法律关系作用和地位的不同划分为第一性和第二性法律关系。

法律关系由主体、客体、内容三要素构成。法律关系的参加者或当事人为主体，它包括公民、机构和组织国家。客体是权利义务指向对象，包括物、行为和精神财富。内容就是主体间的权利义务。一定的法律规范和法律事实可以引起法律关系的发生变化。

---

〔1〕 张文显：《法学基本范畴研究》，中国政法大学出版社1993年版，第160页。
〔2〕 谢晖、陈金剑：《法理学》，高等教育出版社2005年版，第236页。

二、高校师生法律关系

高校是我国《普通高等学校设置暂行条例》中规定的，“是指以通过国家规定的专门入学考试的高级中学毕业学生为主要培养对象的全日制大学、独立设置的学院和高等专科学校、高等职业学校”。这里主要指公立高校，即由政府投资举办并实施管理的主要从事高等学历教育的教育机构。

（一）高校师生法律关系内涵

高校教师与学生之间存在着多种社会关系，有合作关系、情感关系、道德关系和法律关系。其中，法律关系是师生关系的一种重要形式，它是一种特殊社会关系，是其他关系的基础，在依法治国背景下，其地位越显突出。

高校内部存在着各种法律关系，有校师之间、校生之间，以及师生之间的法律关系。其中师生之间的法律关系是最基本的法律关系，它是依法治校的基础。

高校师生法律关系是法律关系的一种特殊形式，是受教育法律法规调整的、是高校教师和学生之间、在教与学、管理与被管理、服务与被服务等过程中形成的权利义务关系，是学校教育中最基本人际关系之一，它贯穿于教育的全部过程，是一切教育活动的基础。

高校师生法律关系由主体、客体、内容三要素构成：

(1) 主体是高校教师与高校学生。“教师是学校中传递人类科学文化知识和技能，进行思想品德教育，把教育者培养成一定社会需要的人才的专业人员。”[1]《中华人民共和国教师法》（以下简称《教师法》）规定的教师是履行教育教学职责的专

〔1〕 教育大辞典编写组：《教育大辞典（简编本）》，上海教育出版社 1992 年版，第 179 页。

业人员。这里仅指公立高校专门从事教育教学的专业人员，有教师、教辅人员、党政干部。这里的学生是指在正规教育机构中正式注册并接受教育的受教育者，包括在校专科生、本科生、研究生、博士生。教师与学生身份特殊，他们既是一般主体，又是特殊主体。在此不予论证。

（2）客体是物、行为和精神财富。物、行为和智力成果是师生权利义务共同指向的对象，即客体。物是与教育教学活动有关的教学仪器设备、学校建筑、运动场、美术馆、图书馆、教学办公实验用房等。行为是指能产生教育教学物质资源法律后果的活动，它是最主要的客体，这里主要是指教育者与受教育者之间的教育教学行为。精神财富是通过脑力劳动取得的智力成果，包括各种发明创造、具有独创性的教案、教法、教具等。

（3）内容是师生之间权利义务。即师生基于教育教学活动及其他相关活动产生的师生之间的权利、义务。教师担负着特殊责任，教师通过教育教学，传播科学文化，使人类优秀文明成果得以继承、使整个社会得以进步。从宪法到一般法律再到特殊法律，教师的权利与义务都是围绕这一特殊责任界定的。

教师的权利是公民权在教师职业群体中的特殊表现，是一种职业特定的法律权利，它是基于教育活动而产生，并由教育法律规范所设定。《教师法》明确规定教师享有以下权利：

第一，教育教学权。〔1〕教育教学权是教师最基本的权利，也是教师区别于其他行业的典型特征。

第二，科学研究权。高校是师生共同探究知识的地方，承

---

〔1〕 教育教学权是指教师依据学校教学计划、按照教学大纲确定教学内容和进度、自由组织教学权利，也可针对不同的教育教学对象，在教育教学的方式方法、内容等方面进行改革、实验和完善权利。

担着教学、科研、文化传承、国际交流与合作、社会服务的重要任务。高校的科研是我国科研的主要阵地和社会创新的核心动力，也是高校教师的重要任务之一。科学研究权是与教育教学权关系密切的基本权利。教师在完成教育教学任务之外，有权开展专业领域的学术研究，参加学术交流，开展学术争鸣等。

第三，指导评价权。教育是有目的、有计划培养学生的活动，学生学习是在教师指导下，根据培养目标的要求，按照一定的教学计划进行的活动。教师一方面有权指导学生的学习发展，如学习、升学、就业以及心理辅导等。另一方面，教师还有权对学生的思想道德品质和学业成绩等作出客观公正评价。这一权利是高校教师一项特定的基本权利。

第四，获取报酬待遇权。这是宪法规定的公民享有的劳动权利和休息权的具体体现。教师完成教育教学任务后有权依法按时获得足额工资报酬，享受国家规定的福利待遇。我国《教师法》[1]明确要求教师平均工资应当不低于或者高于国家公务员的平均工资水平，并逐步提高。以上规定关系到教师的生活质量和生存状态，是教师从事教育教学活动的物质基础。

第五，民主管理权。一方面教师有权参与讨论学校发展、改革等方面的重大事项，参与学校民主管理。另一方面，教师有权对学生实施监督管理。监督管理权是教育行政部门为了实现教育目的而赋予学校的一种权利，是由高校教师代为行使的一项权利。对“学生的监督管理权是高校教师参与学校监督管理权的内容之一，也是教师的基本职能之一。对学生的管理旨在使学生养成良好的学习/生活和行为习惯，树立积极向上、健康科学的世界观、人生观和价值观，同时也为学生营造一个良

〔1〕《教师法》第25、28条规定。

好的受教育环境”。[1]这一规定有利于发挥教师的主人翁精神，加大民主监督力度。

第六，进修培训权。为了提高自己的思想品德和业务素质，保障教育教学的质量，教师有权参加进修学习，有权接受各种教育教学培训。

没有无义务的权利，也没有无权利的义务。《教师法》在规定教师享有权利的同时，也规定了其应履行的义务。义务是教师必须承担的法律责任。《教师法》第 8 条规定的教师义务表现为遵纪守法、教育教学、思想教育、尊重学生人格、保护学生权益、提高自身水平等。其一，遵纪守法。教师除了自己遵纪守法、以身作则、为人师表外，还要注意在教学过程中，在传授文化知识的同时培养学生良好的法治观念和守法意识，形成良好的思想品德、健全人格和积极向上的拼搏精神，以自己的人格魅力影响学生，向青年学生传递正能量。教育家叶圣陶说“教育工作者的全部工作就是为人师表”。因此，遵纪守法是教师的法定职责。其二，教育教学。这是教师对学生履行的主要职责。教师在教育教学活动中要严格按照教学大纲和学校教学工作计划的要求，认真履行教学职责，圆满完成教学任务，对学生进行全面指导。其三，教书育人。即教师在教学活动和教学环节中对学生积极开展德智体美等教育，这是教师的天职。教书和育人不可分割，二者辩证统一。教书是育人基础和基本途径，育人是教书的目的，育人要渗透在教书中，要将育人贯穿于教育教学工作全过程。

除此之外，高校教师还应对学生进行心理辅导，帮助大学生养成克服困难、经受考验、承受挫折的能力。因此，高校教

---

〔1〕 黄明东：《高校学生与高校之间法律争议解决机制研究》，人民教育出版社 2015 年版，第 197 页。

师在做好教学工作的同时，有义务做好学生的心理辅导工作，培养大学生积极进取的人生态度。教师要尊重学生，关心爱护学生，平等对待学生，要促进学生的全面发展，同时还要尊重学生的个性发展，坚持个性发展和全面发展相统一。要维护学生合法权益。一方面教师要及时制止学校教育教学工作中侵犯学生权益的违法行为。另一方面，教师还要在保证自身行为不得侵害学生的合法权益前提下，对社会上出现的不利于学生身心健康成长现象给予及时制止，并帮助学生采用合法的方式和途径积极维护自身合法权益。要提高思想觉悟和教育教学水平。这是教师职业专业化的客观要求，也是社会进步对教师提出的客观要求。要想学生学好，必须先生学好，唯有学而不厌的先生才能教出学而不厌的学生。教师除了不断提高自身的思想觉悟，还应加强专业知识的学习。同时，教师在教育教学过程中还应将思想道德教育融入教育教学过程中，引导学生树立正确的世界观、人生观和价值观，使学生成为有责任心、有包容力和创造性的世界公民。另外，我国《高等教育法》也对教师的权利义务作了相关规定。

教师的权利义务是辩证统一、不可分割的，有时又相互交叉，互相转化。如教师指导评价权同时也是教师的义务，教师不断提高思想政治觉悟和教育教学水平的义务，同时也是其权利。这是教师权义的特点。

公立高等学校学生权利是指学生依法享有的为或不为某种行为的资格、主张或利益，它是一种法定权利。[1] 威廉屯德认为学生权利是学生享有的资格或利益，学生自身拥有的东西。[2]

---

〔1〕 张文显：《马克思主义法理学——理论、方法和前言》，高等教育出版社2003年版，第94页。

〔2〕［英］威廉·韦德：《行政法》，徐炳译，中国大百科全书出版社1997年版，第230页。

高校学生的权利分为两部分：

第一，普通公民享有的权利。即作为普通公民享有的宪法、法律所赋予的一切权利，主要包括受教育权、人身权、财产权、隐私权、就业权等。受教育权是每个人生存和发展所必须的权利，是人作为社会成员的基本权利。全国人大常委会办公厅研究室政治组对受教育权的解释是公民有从国家获得接受教育的机会以及获得接受教育的物质帮助的权利。它是一种人在现实社会中、以多种方式获得知识和技能、促进自身的性自由发展的基本权利。〔1〕受教育权是各国宪法和现代国际人权法的重要组成部分。《世界人权宣言》规定每个人都有依据能力平等接受教育的机会。据统计，在世界上 142 个国家的成文宪法中，有 117 部规定了“法律面前人人平等或人的平等权利”，占 82.4%。〔2〕大学生受教育权是公民受教育权重要组成部分，是大学生依法享有的要求国家积极提供均等的受教育条件和机会的权利。受教育权也是我国宪法〔3〕赋予公民的一项基本权利。这一权利主要包括学习权、义务教育的无偿化、教育的机会均等。〔4〕受教育权是法律关系主体的基本人权，是大学生个性全面自由发展的权利，是高校权利体系的核心。

人身权是与人身密切关联没有直接财产内容的权利，包括人格权和身份权两大类。关于人身权的保护我国宪法、民法、高等教育法、教师法、未成年人保护法、民事诉讼法等都明确

---

〔1〕 孙霄兵：《受教育权法理学——一种历史哲学的范式》，北京教育科学出版社 2003 年版，第 38 页。

〔2〕［荷］亨利·范·马尔赛文、格尔·范·德·唐：《成文宪法的比较研究》，陈云生译，华夏出版社 1987 年版，第 146 页。

〔3〕《宪法》第 46 条。

〔4〕 劳凯声：《规矩方圆：教育管理与法律》，中国铁道出版社 1997 年版，第 203 页。

规定，公民人格尊严不受侵犯。如果教师侮辱学生、影响恶劣的，给予行政处分或者解聘，构成犯罪的，依法追究刑事责任。学生对侵害自己合法权益的行为有权申诉或提起诉讼。高校学生也是公民，其人身权同样需要高校教师予以尊重，不得侵犯。代表学校履行教育与教学职责的教师应当保护学生的健康权。

财产权是以财产利益为内容的民事权利，包括物权、债权、继承权、知识产权等。我国宪法、民法等明确规定公民的合法的私有财产不受侵犯。同时，《教育法》[1]也规定，学生有权对学校、教师侵犯其人身权、财产权行为提出申诉或起诉。作为公民的高校大学生自然享有宪法规定的合法财产权，高校教师对学生的财产权，尤其是知识产权等不得非法剥夺或侵害。如果因过错造成学生财产损失的，应当赔偿损失。同时，大学生有权使用学校的公共财产，高校的公共财产必须安全可靠，能够满足大学生学习和生活的需要。如果高校基本建设滞后，致使校内图书馆、体育馆、教室、宿舍等必要的学习生活资源不足，使大学生得不到相应的服务设施，在某种程度上，也是对大学生财产权的侵害。

救济权是在原权受到侵害或有受侵害的现实危险时而发生的权利，其目的在于救济被侵害的原权利。我国《宪法》第41条明确规定，国家机关和国家工作人员侵犯公民权利造成损失的，公民有权依法取得赔偿。高校大学生享有的救济权为宪法规定的合法权利，任何人不得非法剥夺。

第二，以受教育者身份作为高等教育法律关系的主体所享有特有的权利。《教育法》第9条、第31~37条规定了公民平等受教育权以及特定人群的受教育权，这是对宪法规定的公民在

---

〔1〕《教育法》第42条。

法律面前一律平等的具体化以及对宪法规定的物质帮助权的具体化。平等权被列为受教育权规定之首，它是受教育权享有的前提。《未成年人保护法》第 14 条规定要尊重未成年学生的受教育权，学校不得随意开除未成年学生。《高等教育法》[1]明确了公民依法享有接受高等教育的权利。大学生的受教育权包括平等权、听课权、活动建议权、考试权、学位学历权以及择业权等。

《教育法》第 42 条规定的权利有：

有权参加教育教学活动。即有权参加听课及课堂讨论、讲座、实验实习、考试等教学计划安排的各项活动，学生可以通过建议、讨论、发表意见、评价等方式参加。有权使用学校的图书资料、教学设施设备。参加教育教学活动权既包括参加学校计划安排的正规授课时间内的上课权，也包括正规授课时间以外参加课外活动的权利。在这里，受教育权主要表现为学习权。[2]

有权获得物质帮助权。物质帮助能帮助贫困但优秀大学生完成学业，不使其因经济困难而失去受教育的机会，也是宪法规定公民享物质帮助权的具体体现，《高等教育法》[3]也明确规定了物质帮助权，包括奖学金、助学金、贷学金，帮助少数民族学生和经济困难的学生接受高等教育。因此，凡符合规定条件的大学生都有权申请国家教育资助，国家和高校不得拒绝

---

〔1〕《高等教育法》第 9 条。

〔2〕 1985 年联合国教育科学文化组织第四次国际成人教育会议宣言特别强调学习权的概念，认为学习权不仅是阅读和写字而且是提出问题与思考问题、想象和创造、了解人的环境和编写历史、接受教育信息、发展个人和团体技能的权利。图书资料学生扩大视野、提高学习兴趣、培养读书习惯和自学习惯的重要条件，学生在校期间有权使用学校的图书资料。

〔3〕《教育法》第 9 条和第 55 条均规定，学生按照国家有关规定有权获得奖学金、贷学金、助学金。国家帮助少数民族学生和经济困难的学生接受高等教育。国家设立高等学校学生勤工助学基金和贷学金，对家庭经济困难的学生提供帮助。

或歧视任何按成绩和能力有资格接受教育但无力负担教育费用的学生。高校也应想方设法争取社会力量为学生成材提供更多的物质条件。

获得公正评价权。即在德、智、体各方面享有获得一视同仁的客观评价的权利，包括智力发展状况和品德方面的评价、知识掌握方面的评价、能力和技能方面的评价等。评价既是教育的手段之一，也是对学生的学业是否成功的总结。《教育法》[1]和《普通高等学校学生管理条例》[2]均明确规定，学生有权在学业成绩和品行上获得公正评价。公正评价对学生的一生发展影响极为深远，高校学生有权获得公正评价的权利。

申诉、诉讼权。学生如果对学校处分不服有权进行申诉，如果认为学校或教师侵犯其合法权益，有权申诉或起诉。《普通高校学生管理规定》就学校对学生的处分决定程序，从权利告知、机构设置、人员组成、受理范围、申诉时效、申诉复查、行政申诉、申诉答复、申诉期限等都作了重要的改进。它要求对学生的处分做到证据确实充分、依据合法明确、定性准确、处分适当。这对保护学生的合法利益提供了有力保障。学生在入学、升学、就业等方面的有平等权，对教师教学水平、教学态度、教学质量的监督权，对学校教学资源使用、教学经费投入情况的监督权，以及对教学辅助人员的服务态度的监督权等。

获得学历学位证书权。国家实行学业证书制度和学位制度。学生在完成规定学业后，应享有证明其完成相应学业的证书的权利。《教育法》[3]《高等教育法》[4]《学位条例》等规定，学

[1] 《教育法》第42条。

[2] 《普通高等学校学生管理条例》第6条。

[3] 《教育法》第42条。

[4] 《高等教育法》第20条。

校及其他教育机构或有关科研机构依照国家有关规定，对符合条件的公民授予相应的学业证书或学位证书。如《学位条例》第 2 条规定了符合条件公民可依据条例规定申请相应的学士、硕士和博士学位。其中，第 4 条规定了获得学士学位条件，第 5 条规定了获得硕士学位条件，第 6 条规定了获得博士学位条件。

知情权。知情权作为政治民主化的一种必然要求和结果，是公民的基本权利。是指从官方、非官方知悉获取信息自由权利。《教育法》明确规定，学生及其监护人有权了解受学生学业成绩及其他有关情况，学校应以适当方式为其提供便利。高校学生的知情权应当包括入学之前拥有权了解学校的各项规章制度、师资力量水平等学校基本情况，入学后有权了解与自身利益密切相关的各种事项的权利，如知悉教师评价结果、成绩记录、对自己在学习上的情况向教师咨询、对学习生活中存在疑点提出质疑并得到及时合理答复、所缴学费和其他各种杂费的具体使用情况等等。

安宁权。安宁权是《普通高等学校学生管理规定》中确立的一项权利。也就是大学生享有的安稳宁静的正常学习生活环境、秩序。除此之外，《教育法》第 44 条规定学生享有身心健康保障权。《普通高等学校学生管理规定》第 5 条有相应规定。

以上学生权利大致可以分为实体性权利和程序性权利两部分。前者为实体法所规定，后者为程序法所规定，是在实体性权利受到侵害时产生的权利。实体性权利有物质帮助权、学校设施设备、图书资料使用权、公正评价的权、获得学业学位证书权、参加社团活动权、监督权等；程序性权利主要有知情权、申辩权、听证权、申诉权、起诉权、上诉权、参与权等。

同时《教育法》[1]也规定了学生义务：第一，遵守宪法与法律。学生首先是国家公民，遵守宪法、法律是每个公民应尽的义务。作为高校学生，更应模范遵守宪法、法律。第二，尊敬师长、遵守学生行为规范和学校（或其他教育机构）管理制度。第三，努力完成学习任务。学习是学生最基本的义务。学生应该有明确的学习目的，认真学习科学文化知识。遵守学校规章制度，按时上课。上课认真听讲，积极回答问题，独立完成作业。认真遵守考场纪律，圆满完成学业。

《高等教育法》规定，[2]高校学生应当遵守学生行为规范和学校管理制度。另外，《普通高等学校学生管理规定》也规定学生在校期间应履行相关义务。[3]

义务与权利互为界限，二者相互对应。师生之间的权利与义务具有一定的对应性。教师一方的权利，也就是学生一方的义务。而作为学生一方的权利，同时也就是教师一方的义务。如教育教学过程中，教师管理学生的权利则是学生接受管理、遵守学校管理制度的义务。学生在学业成绩上享有公正评价权利则是教师必须履行的公正评价义务等。

以上阐述了教师与学生受教育法律法规调整所享有的权利义务。除此之外，教师与学生还是一般主体，他们受宪法及普通法律的调整，享有普通法律所规定的权利与义务。这两种权利与义务之间关系密切，一般权利与义务是特殊权利与义务的基础，而特殊权利与义务是一般权利与义务的具体体现。

---

〔1〕《教育法》第44条。

〔2〕《高等教育法》第53条。

〔3〕《普通高等学校学生管理规定》第7条。

第三节　高校师生法律关系特征

高校师生法律关系首先具有一般法律关系的特点，即体现国家意志性、以法律规范为前提、以权利义务为内容、以国家强制力为保障。同时，这种法律关系又是在教育教学过程中产生的，受教育法律法规调整，因此，它又有自己的独特性。就教师而言，民族振兴、社会进步、国民素质提升离不开教育，离不开人才，教育寄托着家庭对美好生活的向往。而人才培养关键靠教师。教师承担着国家、民族、社会的责任，教书育人是教师的神圣使命。与普通公民相比，高校教师身上多了一层责任和义务。就学生而言，他们是家庭的希望、祖国的未来、社会的栋梁，是中国梦实现的主力军，学生能否体智健全、身心健康、全面发展，能否成为德智体美全面发展的社会主义建设者和接班人影响重大。因此，学生与普通公民相比，责任更大。

由上分析可以看出，高校师生身份特殊，他们既是一般主体又是特殊主体，师生法律关系具有独特性。其独特性主要表现为“五性”：即法律关系主体身份的双重性、法律关系性质的多元性、法律纠纷的复杂性、法律依据的复合性、纠纷解决方式的综合性。

一、法律关系主体身份的双重性

高校师生法律关系的主体为教师与学生。他们既是一般主体即普通公民，又是特殊主体即教师与学生。

（一）一般主体：普通公民

公民是指具有一国国籍的人。中华人民共和国公民是指具有中华人民共和国国籍的人。教师和学生作为一般主体即中华人民共和国公民，他们受宪法和普通法律的调整，既享有宪法和普通法律规定的权利，也履行相关义务。师生身份首先是国家公民，就这点而言是各国通例。如美国高校学生，他们的基本权利来自于宪法规定，许多州法律也承认他们的权利与义务。同时，联邦法令中也赋予其属于自己控制的法律权利。其身份首先是国家公民，其合法权益受到保护，免受美国政府、高校及其他机构的伤害。州立大学和学院属于政府机构，高校与学生间的权利与义务关系同样适用宪法规定 。

（二）特殊主体：教育教学过程中的教师与学生

作为特殊主体，师生共同参与教育教学活动，他们除了受普通法律调整外，还受教育法律法规的调整。就教师而言，其身份是专业人员，要求其必须取得教师资格、具有专业知识，且在学校或者其他教育机构任教。他们享有《教师法》等教育法律法规规定的权利，同时要承担教师的相关义务。教师的职责是教育教学、教书育人，教师代表学校和国家意志，是一个国家意识形态和意志的象征和代表。因此，教师的角色和法律地位十分特殊，教师的权利具有法定性，不能随意抛弃。就学生而言，他们是在学校及其教育机构中接受教育的公民，具有《教育法》《教师法》《高等教育法》等相关教育法律法规规定的权利与义务。就这点而言，他们身份特殊，属于特殊主体。

二、法律关系性质的多元性

高校师生法律关系性质多元是由主体双重身份决定。一方面具有普通法律关系性质。即高校师生作为普通公民，他们受宪法、民事法、刑事法等调整，具有宪法法律关系、民事法律关系、刑事法律关系的性质。另一方面，教师与学生作为特殊法律主体又具有特殊法律关系性质，即双方基于教育教学过程受教育行政法律法规调整而产生的法律关系——行政法律关系。因为，教师是高校的成员，代表学校管理和教育学生，学校与学生之间有什么关系，教师与学生之间就有什么关系。[1]具体内容下面论述。

三、法律纠纷的复杂性

在任何一个社会中，纠纷都是一种社会常态。纠纷是一种发生在某些特定主体之间基于某种利益而形成的矛盾与冲突。[2]纠纷通常表现为民事纠纷，刑事纠纷，行政纠纷。根据2012年《中国统计年鉴》的统计，我国年高等学校数达2762所，教职工人数达230余万人，普通高等学校本科、专科、研究生在校生人数达2473万余人。[3]随着高校在校职工和学生人数急剧增加。师生之间法律纠纷也在增加。由于师生法律纠纷是在教育教学活动中、师生之间发生的权益冲突，它以教育权利为核心，以教育相关联的权利义务为内容的社会纠纷，涉及人身权利、财产权利、民主权利等方面的内容，与普通的民事主体之间发生的法律纠纷又有区别，呈现出复杂性的特点：

（1）纠纷复杂，性质多样。第一，从纠纷状况看，高校师生之间既存在宪法侵权、民事侵权、行政侵权，也存在刑事犯罪，种类复杂。如学生在教育教学过程中造成的人身伤害，属于民事性质案件；学生因处罚权、学历证书、学位证书颁发引

---

〔1〕劳凯生、蔡金花："教师法律地位的历史沿革及改革走向"，载《中国教育学刊》2009年第9期。

〔2〕沈恒斌：《多元化纠纷及解决机制原理与实务》，厦门大学出版社2005年版，第34页。

〔3〕"中华人民共和国国家统计局中国统计年鉴"，载http://www.stats.gov.cn/tjsj/ndsj/2012/indexch.htm，访问时间2013年2月28日。

起的纠纷，具有行政案件性质。就发生的纠纷民事侵权来看又有侵犯名誉权、隐私权、财产权、著作权等形式。第二，从纠纷产生背景看，这些纠纷产生于教育教学过程，主体特殊，且主体之间的地位平等性与不平等性交错。如师生之间有平权法律关系的纠纷（民事纠纷），也有隶属性法律关系引起纠纷（行政侵权）。正如学者所言："高校教师与学生之间一连串的知识产权纠纷、性骚扰、侵犯隐私权等案件尤其成为社会各界关注的焦点。"〔1〕第三，从纠纷涉及因素看，既有教师背后的因素，如学校、教育行政部门、政府等，也有学生背后因素如家长、社会。第四，从纠纷发生原因看，既有主体自身原因、学校原因、社会原因，也有法律制度层面原因，等等。因此，高校师生法律纠纷既不是单纯的民事纠纷，也不是单纯的刑事纠纷、行政纠纷，而是一种产生于教育教学过程的、复杂的法律纠纷。

（2）专业性强。由于师生之间法律纠纷是在教育教学过程中产生的，涉及专业性知识复杂、学科门类众多，与普通纠纷相比这类纠纷具有高度的专业性和复杂的技术性，这是它区别于其他纠纷最为显著的特征。正如蔡元培所言："大学者，研究高深学问者也。"学术本身具有复杂性、高度专业性、多样性和不确定性特征，此类案件的处理对法官综合素质要求极高。因为，法官虽精通诉讼技巧和程序，但对在具体学科研究领域尤其是高等教育学科领域上存在知识短板，很难对其作出令人满意的裁决。如某个学生论文是否达到硕士、博士学位论文水准，是否存在学术不端行为，是一个学术问题，而不是一个法律问题，需要由专业人员依照一定的程序对一定对象进行的一种学术验证，作出论证和结论，学术标准也是一个客观的标尺，而

〔1〕黄明东：《高校学生与高校之间法律争议解决机制研究》，人民教育出版社2015年版，第179页。

难以由法官来断定。

（3）社会性强。第一，教师和学生具有社会性。教师和学生角色首先是社会人。教师是社会的代言人，具有国家和社会使命，是知识的活载体，是社会文化的代表，是社会价值观的阐释者，是使年轻一代社会化的专门人才，他代表学校、教育行政部门、国家和社会向学生施教，履行职责。学生也承担着多种角色，他们在学校是受教育者，是构成学校和教育的基础，拥有自己的权利、义务和行为模式，在家庭中他们是父母的孩子，掌上明珠，在同龄人中他们又是伙伴。在社会中他们是社会一分子，是一个特殊群体，是一股新生力量，是国家与社会发展、政治稳定、经济繁荣的生力军，是祖国未来和希望。他们具有感受时代的敏锐性、参与社会活动的积极性、群体成员的互动性、结构层次的复杂性等社会特征，他们又是社会人。第二，高校具有社会性。高校是社会组成部分，是社会缩影，它与社会有着形形色色的联系，它离不开社会大环境，受社会政治、经济、文化的影响。因而具有社会性。第三，纠纷解决具有社会性。从纠纷解决过程和方式看，社会因素对其发挥重要影响。一方面当事人在选择纠纷解决方式时会考虑社会因素，哪种纠纷解决方式最佳、造成的影响最低、最有益于权益的实现等，如侵犯隐私权的案件，受侵权方会考虑如何将影响降到最低限度，教师（学校）亦是如此。另一方面，纠纷解决结果会受到社会关注，尤其受到媒体关注，会引起社会反响。所以说，象牙塔里的纠纷同样具有社会性。

（4）证据复杂。师生法律纠纷性质复杂，涉及证据种类多、证据面广、取证困难，证据的分析、判断、采信难度大。如作为一种创新性的培养模式尝试，研究生可以适度参与导师课题研究，它既能训练学生科研能力，也能培养团队合作精神。合作过程中会产生一定科研成果，导师理应当按照学生参与情况和劳动付出给予成果署名权。但事实是，给研究生分派科研任务过重而指导偏少，提供报酬偏少或没有报酬。忽视研究生的署名权，有的甚至将研究生的科研成果据为己有。此类纠纷，涉及物证、书证、证人证言以及电子证据等种类繁多，且当事人各执一词，取证难度大，裁决难度也大。裁判者既要有业务知识，还要有纠纷涉及的相关学科知识，否则，很难作出令当事人满意的裁决。

四、法律依据复合性

由于高校师生法律纠纷呈现复杂性特点，这就决定了纠纷解决的法律依据具有复合性。所谓法律依据复合性是指师生法律纠纷解决既有诉讼手段法律依据，又有非诉讼手段的法律依据；既涉及实体法依据，又涉及程序法依据；既涉及一般法依据，又涉及特别法依据。具体来说，第一，作为一般法律关系，对案件事实的认定，要受民法、刑法、宪法等实体法的调整。就纠纷解决程序而言，要适用民事诉讼法、刑事诉讼法及其他程序规则等程序法调整。第二，作为特别法律关系，对案件事实的认定，它要受《教育法》《高等教育法》《教师法》《学位条例》《普通高等学校学生管理规定》《行政法》等实体法调整。就纠纷解决程序而言，要遵循行政诉讼法、申诉、听证等相关程序法要求。第三，就纠纷解决方式而言，作为诉讼手段解决法律依据有刑事法、民事法、行政法、教育法律法规等，作为非诉讼手段解决依据有仲裁法、调解法以及听证、申诉等相关规定。

由上分析可以看出，与其他单一纠纷解决依据相比，师生法律纠纷解决的法律依据呈现出复合性特征。

五、纠纷解决方式的综合性

法律性质的多元性决定了纠纷解决方式的综合性。教育纠纷涉及社会的各个阶层，各种成员，对象呈现广泛性、多样性，这一纠纷是所有纠纷中最具综合性的纠纷。其多样性与特殊性特征，决定了必须有多元化的纠纷解决机制与之相适应。“高校学生与高校之间纠纷和争议的内容比较多，既有教育方面的，也有教学方面的，还有业余活动和日常生活方面的。这种纠纷和争议的多面性，决定了解决这类纠纷和争议的手段也必然是多样化的。”〔1〕《全面推进依法治校实施纲要》中也指出，要把法治作为解决校内矛盾和冲突的基本方式，建立并综合运用信访、调解、申诉、仲裁等各种争议解决机制。这就充分肯定了将多元化纠纷解决机制引入高校纠纷解决机制的可能性和必要性。

目前，师生法律纠纷的解决方式主要有诉讼解决方式和非诉解决方式两种。两种方式相辅相成的，才能保证纠纷得到有效的解决。

（一）非诉讼解决方式

非诉讼解决方式简称为“ADR”，起源于美国，现已引申为对世界各国普遍存在着的、各种诉讼制度以外的非诉讼纠纷解决方式或机制的总称。非诉解决方式可以节约双方时间、精力，节约司法资源，提高效率，所以美国很多高校都采用这种方式。如普林斯顿大学，对于一般性的纠纷，采取谈话、调解、和解等非正式途径解决纠纷。我国常采用的非诉讼解决方式主要有：和解、调解、教育申诉、行政复议、教育仲裁等。

---

〔1〕 黄明东：《高校学生与高校之间法律争议解决机制研究》，人民教育出版社 2015 年版，第 281 页。

和解是指双方当事人在诉讼或者非诉讼过程中互谅互让，自愿达成协议，从而终止诉讼程序或冲突对抗状态的活动。它是具有实体处分权的双方当事人之间合意达成的协议，目的是解决、终结纠纷。在我国的三大诉讼中都有相关规定，成为师生法律纠纷和解制度的法律依据。《民事诉讼法》规定，当事人可以自行和解。如重庆邮电学院“女大学生怀孕被开除案”，在诉讼未果情况下通过重庆市教委的协调，双方达成了和解协议，纠纷最终得以解决。

调解是指人民法院、调解委员会或其他组织，依据法律、政策或社会公德，对纠纷双方进行疏导、劝说，使其自愿达成协议，解决纠纷的活动。以调解方式解决纠纷在我国具有悠久的历史，符合我国的法文化传统，具有深厚的文化基础和社会背景，被称为“东方经验”。调解要坚持合理合法、自愿平等、尊重诉权的原则。《民事诉讼法》明确规定，法院审理民事案件应遵循自愿合法的原则进行调解。师生纠纷要贯彻调解优先原则，最大限度地化解矛盾。

教育申诉是师生合法权益受到侵害时，有权依法向教育主管行政部门或学校请求重新处理的救济制度。对申诉处理结果不服，申诉人可选择提起复议或诉讼。《教育法》《教师法》等都有相关规定。教育申诉是我国当前的一条解决教育行政争议、提供教育行政救济的行之有效途径之一。但目前我国申诉机构不完善、法律责任模糊、程序规范缺失，因此，要设立各级申诉委员会并明确其法律责任，完善教育申诉制度的送达与告知、说明理由、听证等程序规范，拓宽教育申诉后的救济渠道等。

教育行政复议是教育管理相对人认为其合法权益受到侵害有权向其上一级机关或其所属的本级人民政府提出申请，要求进行复查并作出决定的活动。教育行政复议是便利、廉价、快速的纠纷解决方式，也是国外处理教育纠纷的通用做法。如日本，当事人对主管教育行政部门处理决定不服，可上诉到所在地区的人事院或者人事委员会、公平委员会，直至上诉司法机关。关于教育行政复议，我国《教育行政处罚暂行实施办法》[1]和《关于〈中华人民共和国教师法〉若干问题的实施意见》[2]均有相关规定。这些规定是教育行政复议制度的基础。但目前这一制度在复议机构设置、复议人员选定、复议范围、程序前置、程序公开等方面存在不足，需要采取措施加以完善。

教育仲裁制度是指教育仲裁委员会，依法对教育纠纷进行处理并作出对双方都具有约束力的裁决活动，从而解决教育法律纠纷的制度。它一般适用于平等的教育法律关系主体之间所产生的教育纠纷，具有专业性、公正性、准司法性的特点，教育仲裁具有快捷性、经济性、保密性、专业性优势，可以快速、直接、便捷地解决师生法律冲突。

（二）诉讼解决方式

诉讼是指法院对纠纷案件进行审理和裁判的活动。它就有裁决的专有性、严格规范性和国家强制性特点。目前，我国诉讼主要有行政、民事和刑事三大诉讼。由于民事诉讼和刑事诉讼制度比较完善，这里重点分析行政诉讼和宪法诉讼。

教育行政诉讼是指教育行政管理相对人依法请求法院对具体行政行为进行审判的活动。其管辖机关是人民法院，原告是教师或学生，诉讼标的是具体教育行政行为，被告是教育行政机关或教育法律、法规授权的组织，此类案件不得调解（但赔

---

〔1〕《教育行政处罚暂行实施办法》第31条。

〔2〕《关于〈中华人民共和国教师法〉若干问题的实施意见》规定：对教师提出的申诉“逾期未作出处理的或者久拖不决，其申诉内容涉及人身权、财产权以及其他属于行政复议、行政诉讼受案范围的，申诉人可以依法提起行政复议或者行政诉讼”。

偿诉讼例外）。由于教育行政纠纷事关重大、专业性强、纠纷复杂，为了更好地保护师生合法权益，建议设立教育法庭。教育法庭由法官和熟知教育教学理论知识且有实践经验的教育法学专家或优秀教师组成，丰富的教学工作经验能使他们在遵循教育规律前提下，依法客观公正处理教育行政纠纷，使法律效果与社会效果能和谐统一。

宪法诉讼即司法机关以宪法为依据进行裁判的一种诉讼形式。目前我国尚未确立宪法诉讼制度，“一方面在我国法律体系中宪法居于根本大法地位，具有最高的法律效力。另一方面，宪法规定的大部分内容在司法实践中被长期虚置，没有产生实际的法律效力。宪法规定的内容未在司法领域得到贯彻落实，公民的受教育权易被侵害，也就不足为奇了”。[1]著名立法专家刘克希说：“宪法的生命力和权威也在于实施。宪法不是为了印在纸上、挂在墙上给人看的，但是多年来，宪法的实施和保障是不完备的。在不少人的头脑中有一种观念，认为刑法、民法是比较严厉的法律，违反这些法律要受到制裁。但宪法好像是很‘宽容’的，违反宪法可以不追究法律责任。这种‘违法可怕，违宪不可怕’的观念相当普遍。其实，违宪，是最严重的违法。”[2]因此，需要建立宪法诉讼制度，从分发挥宪法监督作用。

诉讼在现代纠纷解决中居于主导和核心地位，但它是一种高成本的救济方式，“诉讼会吞噬时间、金钱、安逸和朋友”等等。[3]而非诉讼解决方式具有成本低、迅速、便利特点，合理

---

〔1〕 李建湘：“教育行政纠纷及解决机制研究”，湖南师范大学 2008 年硕士学位论文，第 40 页。

〔2〕 “‘国家宪法日’，一大制度进步”，载《新华日报》2014 年 11 月 25 日。

〔3〕 范愉：《非诉讼纠纷解决机制研究》，中国人民大学出版社 2000 年版，第 142 页。

利用会最大限度补充诉讼方式不足，相辅相成的。

如果案件当事人拒绝采纳诉讼方式，双方当事人可以选择非诉纠纷解决方式；如果当事人认为非诉讼纠纷解决方式无法有效地解决纠纷，那么诉讼可以化解矛盾。在多元纠纷解决机制中，诉讼是解决纠纷的最后一道防线，但绝不是唯一一道防线。因此，两种方式需要互相配合，合理衔接，以便更有效解决师生法律纠纷。

总之，高校师生法律关系的“五性”特征之间关系密切，层层递进。法律关系主体的双重性决定了师生法律关系性质的多元性。法律关系性质的多元性导致法律纠纷的复杂性。而法律纠纷的复杂性就决定了纠纷解决方式的综合性，而纠纷解决方式的综合性决定解决纠纷的法律依据的复合性。因此，把握高校师生法律关系的“四性”特征，对于正确解决师生法律纠纷、构建和谐师生法律关系、全面推进依法治校意义重大。

第四节　高校师生法律关系的性质

高校师生法律关系是教育法律关系形式之一，法律关系主体既受宪法、法律法规等调整，又受教育行政法律法规调整，因此，师生法律关系的性质呈多元性，即宪法法律关系、民事法律关系、刑事法律关系、行政法律关系。

一、宪法法律关系

宪法法律关系也称为宪法关系，是指按照一定宪法规范，在宪法主体之间产生的、以宪法上的权利和义务为内容的社会政治关系。宪法主体是宪法权利义务的直接承者和直接行使者，包括公民、国家、国家机关、民族、政党、利益集团。宪法法律关系内容是主体在宪法上的权利义务，客体是宪法行为。高校师生作为公民，享有宪法和法律规定的权利和义务。而公民受教育权利义务的实现主要是在学校通过教师的教育教学管理来完成的。双方在共同参与教育教学活动过程中产生了一定宪法法律关系。这一法律关系的主体是教师与学生，双方的权利与义务是围绕着受教育权的实现而设立的，二者的权利与义务具有一定的对应性。学生受教育权的实现依赖于义务主体教师正确地履行义务即正确行使教育权，而教师教育权的实现同样依赖于义务主体学生正确履行义务。

二、民事法律关系

民事法律关系是由民事法律规范所确认和保护的社会关系，包括财产关系和人身关系，民事主体具有主体平等性。

我国高校师生之间存在一定民事法律关系，这是由高校法律地位和师生普通民事主体身份决定。

（1）高校具有民事主体资格。高校法律地位主要表现在两个方面，一方面具有民事主体资格。《教育法》第31条、第42条以及《高等教育法》第30条明确规定高校具有民事主体资格，[1]依法享有民事权利，承担民事责任。如学校教育教学设施设备（像体育器材、校园设施等）不符合安全规定标准而导致的学生人身伤害纠纷，或者教师疏于管理而导致的人身伤害，或者教师在教育教学过程中履行职务行为导致的人身伤害（如美术学

〔1〕《教育法》第31条规定："学校及其他教育机构具备法人条件的，自批准或登记之日起取得法人资格。学校及其他教育机构在民事活动中依法享有民事权利，承担民事责任。"第81条规定："违反本法规定，侵犯教师、受教育者、学校或者其他教育机构的合法权益，造成损失、损害的，应当依法承担民事责任。"《高等教育法》第30条规定："高等学校自批准成立之日起取得法人资格。高等学校校长为高等学校的法定代表人。高校在民事活动中依法享有民事权利，承担民事责任。"

院教师带学生外出写生，疏于管理导致学生溺水身亡），另一方面，高校又具有行政主体资格，属于法律法规授权组织，下面探讨。

（2）教师和学生均为中华人民共和国公民，属于普通民事主体。学生大多是已满18周岁的公民，是民法中具有完全民事行为能力人。教师和学生作为普通民事主体他们的法律地位平等、意志自由，符合民事法律关系特点。另外，《民法通则》第98、99、100、101、102、106条规定，公民享有生命健康权、姓名权、肖像权、名誉权、荣誉权。因过错侵害国家、集体、他人财产或他人人身的，当事人应当承担民事责任。当然，这里的民事法律关系不同于普通主体间的民事法律关系。因为，它发生于教育教学过程中，教师是作为学校的民事代理人与学生发生法律关系。如教师提供给学生学习资源，是为学校履行民事相对主体的义务。学生要取得学习资源，就必须履行向学校缴纳学费、服从教师安排，遵守课堂纪律义务。如果教师没向学生提供优质学习资源，学生只能向学校提出损害赔偿，而无权向教师主张。学生如果不履行自己的民事义务，教师没有资格追究学生的民事责任，而只有学校有此资格。[1]

由此看出，高校师生之间存在民事法律关系，教师在教育教学中，因过错或者过失行为所引发的纠纷，如教师体罚学生、私拆学生信件或侮辱学生人格等行为，学校应当承担民事责任。

三、刑事法律关系

刑事法律关系指刑事法律所调整的国家与公民（包括某些特定法人）之间的一种社会关系。在刑事法律关系中，权利与

---

〔1〕 曾惠燕：《高校学生的权利与义务》，中国社会科学出版社2006年版，第55页。

义务的主体一方是以公安机关、检察机关、法院为代表的国家，另一方是触犯了刑事法律或者为刑事侵害行为所侵害或者依法参与刑事诉讼活动的公民。刑事法律关系由刑事法律关系的主体、内容、客体三部分组成，以其性质可以分为刑事实体法律关系、刑事程序法律关系和罪犯改造法律关系。〔1〕刑事法律关系以刑事法律规范为前提，因犯罪而产生，以特定主体间的权利义务为内容。刑事法律关系的主体是依法享有刑事法律权利和承担刑事法律义务者，包括公安司法机关、犯罪嫌疑人、被告人、被害人和附带民事诉讼的原被告人。刑事法律关系的客体仅指刑罚，即权力者实施刑罚，义务者接受刑罚。我国刑罚有主刑和附加刑两类。刑事法律关系的内容是存在于刑事法律关系各主体之间、以解决犯罪构成和刑事责任为目的、由刑事法律规定的具体权利和义务。

高校师生之间存在刑事法律关系。这种刑事法律关系不同于一般刑事法律关系，〔2〕从时间上看它是在教育教学活动中、以教育教学活动为载体形成的且在校园内发生，这种刑事法律关系主体是公安司法机关、教师或学生，〔3〕客体是刑罚（公安司法机关实施刑罚，教师或学生接受刑罚），内容是公安司法机关根据刑法、刑事诉讼法以及教育法等法律法规，对实施违法行为的学生或教师及其他人员进行评价，确定行为性质和法律责任。在教育教学过程中高校教师履行教育教学职责，对教学活动进行管理，与学生之间如果因故意或过失侵害对方合法权益，造成人身伤亡或财产重大损失的，应当承担刑事责任。我

---

〔1〕 冯军、吴卫军："刑事法律关系概念探析"，载《江海学刊》1997年第6期。

〔2〕 一般主体之间的刑事法律关系是在教育教学活动之外产生，与教育教学活动无关。

〔3〕 这里的学生是指已满14周岁以上、符合刑法规定在一定情形下承担相应法律责任的学生。

国《刑法》《教师法》《教育法》等相关法律均有规定。《教师法》第35至37条规定，侮辱、殴打教师的，构成犯罪的，依法追究刑事责任。国家工作人员对教师进行打击报复构成犯罪的依法追究刑事责任。体罚学生经教育不改的，品行不良、侮辱学生，影响恶劣，情节严重，构成犯罪的，依法追究刑事责任。《教育法》[1]也作出了追究刑事责任相关规定。《刑法》则主要是通过惩治教育设施重大安全事故罪、侵犯知识产权罪、聚众扰乱社会秩序罪、寻衅滋事罪以及侵犯公民人身权利、民主权利、侵犯财产等刑事犯罪来保护教师的合法权益。司法实践中的案例也不少见。如2004年兰州理工大学机电工程学院车辆专业2001级研究生罗某将硫酸泼向导师案，经甘肃省兰州市安宁区法院近日一审以故意伤害罪判处兰州理工大学研究生罗某有期徒刑8年。2004年长沙河西某高校外语老师陆某被她的学生奸杀案，经长沙市中级人民法院一审宣判，被告人敖力被判执行死刑，剥夺政治权利终身。2008年中国政法大学学生付成某师案，被告人付某被北京市第一中级人民法院以故意杀人罪判处死刑缓期二年执行。还有2014年华东政法大学女生热水泼师造成老师脸部溃烂化脓，眼睛红肿案件，等等。

四、行政法律关系

行政法律关系是发生在行政管理过程中、受行政法调整的社会关系。它因行政权力的行使而引发行政主体与行政相对人之间的权利义务关系。行政法律关系具有三大特点：①主体的恒定性与不可转化性。行政法律关系的主体一方只能为行政主体，另一方为行政相对人，且被告只能是行政主体，否则就不

---

〔1〕《教育法》第72、73条。

可能成为行政法律关系。依法行使行政职权，并对行为后果独自承担法律责任的组织为行政主体，包括行政机关和法律法规授权的组织。与行政主体对应的行政相对人是参与行政法律关系、享有相应权利并履行相应义务的公民、法人、其他组织和在我国境内的外国组织、外国人、无国籍人。②意志的单方性。行政法律关系的成立往往以行政机关单方面的行为为根据，双方存在管理与被管理关系，具有行政隶属性。③内容的法定性和不对等性。当事人之间的权利义务是法定的，通常不能相互约定、不能自由选择权利和义务。同时，权利义务相对应但具有不对等性。行使行政权的行政主体始终处于主导地位，可以直接运用国家强制力强制对方当事人履行义务或接受制裁。

高校师生之间存在行政法律关系：

第一，法律规定高校具有行政主体身份。高校是法律法规授权组织，高校行使的学籍管理、教学管理权、秩序管理权、授予学位、依法奖惩的权力属于抽象行政行为。[1]而高校的行政权是通过高校教师行使的，教师在教育教学过程中代学校行使的行政管理权属于一种职权行为。所以教师与被管理者学生之间形成一种管理与被管理关系，即行政法律关系。从法律地位看，高校属于法律、法规授权的组织，即除行政机关以外，接受法律、法规授权以自己名义实施行政管理活动，并独立承担责任的组织。《高等教育法》《学位条例》等规定与授权，高校作为国家教育权的实施者有权对学生行使学籍管理、教学管理、秩序管理、授予学位、依法奖惩等行为。《高等教育法》[2]明确规定高等教育由高等学校和其他教育机构实施，这是一个

〔1〕 因为高校规章制度具有反复适用性、对象的不特定性、具有往后效力等特点，符合抽象行政行为特征。

〔2〕《高等教育法》第18条。

典型授权条款。第20、22条规定国家实行学业证书制度和学位证书制度，对于符合条件的，学校颁发学业证书、学位证书。《教育法》第21、22、28条[1]，以及《学位条例》和《普通高等学校学生管理规定》也作出了相关规定。[2]

从以上法律规定看，颁发学业证书权、处分权、招生权等具有行政权力的特征，在性质上应属于行政权力。高校是授权组织，高校管理权是政府下放给高校独立行使的行政权，高校在授权范围内实际行使的是国家法律授权的教育行政职权，是一种必须根据公认的合法性原则、合理性原则行使的公权力，作为行政相对方的学生则有义务服从学校关于学籍、学纪、学位等的管理，并应遵守相关法律规范。因此，高校具有教育行政主体的资格。学者姜明安认为高校只有在行使法律法规所授行政职能时，是行政主体，在非行使行政职能的场合，不享有行政权，不具有行政主体的地位。[3]高校的教育教学管理行为是通过教师实施的，教师实施的管理行为属于学校的行政管理行为，是一种职权行为。如教师实施的教育教学权、指导学生权、管理学生权、评价学生权等带有职权性质，不能随意抛弃。教师在实施教育教学管理行为时侵犯了行政相对人即学生的合

---

〔1〕《教育法》第20条规定："国家实行学业证书制度。经国家批准设立或者认可的学校及其他教育机构按照国家规定，颁发学历证书或者其他学业证书。"第22条规定："国家实行学位制度。学位授予单位依法对达到一定学术水平或者专业技术水平的人员授予相应的学位，颁发学位证书。"第28条规定："学校及其他教育机构行使下列权利：聘任教师及其他职工，实施奖励或者处分；对受教育者进行学籍管理，实施奖励或者处分；对受教育者颁发相应的学业证书等。"

〔2〕《学位条例》第8条规定："学士学位，由国务院授权的高等学校授予；硕士学位、博士学位由国务院授权的高等学校和科学研究机构授予。"《普通高等学校学生管理规定》第52条规定："对有违法、违规、违纪行为的学生，学校应当给予批评教育或者纪律处分。学校给予学生的纪律处分，应当与学生违法、违规、违纪行为性质和过错的严重程度相适应。"

〔3〕姜明安：《行政法与行政诉讼法》，北京大学出版社1999年版，第114页。

法权益时则由学校承担法律责任。如教师履行管理行为时侵犯学生人身权或财产权造成的经济损失，由学校承担后责任后再向当事人进行追偿。教师享有诸多权利和义务，《国家教育考试违规处理办法》中第5条规定："考生不遵守考场纪律，不服从考试工作人员的安排与要求，有下列行为之一的，应当认定为考试违纪……"以上授权得知，教师属于授权行政主体，与学生之间存在行政管理法律关系。

第二，从管理过程来看，教师行为符合行政行为特征。教师代学校在教育教学活动中履行的管理行为是单方面作出的，无须受教育者的同意，具有明显的单方意志性、支配性、强制性、内容的法定性和不对等性特点，有一定的自由裁量权。并且教育权与受教育权不能随意抛弃，只能依法行使，这些均符合行政行为特征。《教师法》规定的教师在教育教学过程中的主导地位与历史使命，决定了教师对学生享有教育权。

第三，从教师惩戒权来看，它是一种职权行为。职权要求主体必须依法行使，不能抛弃，否则就构成渎职或违法。惩戒权是重要的、是实现教育目必不可少的教育权力之一。它既体现了师生之间的教育关系，又体现了二者之间的管理关系。教师在教育教学过程中遇到学生失范行为，不采取惩戒就不足以维护正常的教育教学的秩序时，如果教师不实施惩戒行为就是一种渎职行为。如果权力行使存在过错或不当，教师要承担侵权行为。所以教师的惩戒权是一种行政权力，是教师的职权之一。

第四，从司法实践来看，教师代学校作出的对学生权利产生影响的处分及其他管理行为也都列入行政诉讼范围。"田某诉北京科技大学案""张某华诉莆田学院颁发学位证书纠纷案""陈某文、陈某云诉南华大学颁发毕业证、学位证案""陈某诉重庆师范大学不予颁发学士学位证书案”等案件中，法院在审理中已将学校当作了适格的行政主体。当然，师生之间存有的行政性法律关系和普通的行政法律关系还是有区别的，毕竟教师不是行政机关工作人员，师生之间也不是绝对行政隶属关系，因而可将其视为准行政法律关系。

有人认为，教师是履行教育教学职责的专业人员。专业人员就不是公务员，师生之间就不存在行政法律关系。但是，教师身份具有多重性，专业人员定位并不能说明其在不同法律关系中的身份及地位，对于不同类别法律关系中教师身份定位，《教师法》并没有给出进一步的更为明确的规定。所以，要具体问题具体分析。

第三章 高校师生法律关系存在的问题及原因分析

我国高等教育自1996年扩以来，发展迅速。根据2014年《全国教育事业发展统计公报》公布的数据，2014年我国研究生招生62.13万人，普通高等教育本专科共招生721.40万人。普通高等学校教职工233.57万人，专任教师153.45万人。普通高校生师比为17.68∶1。[1]高等教育毛入学率达到37.5%，远远超过了15%的国际公认高等教育精英阶段，我国进入了高等教育大众化阶段。

经过近30年快速发展，高等教育已经成为缓解社会矛盾的稳压器。因此，需要在高等学校的管理、德育、教学、活动等实践活动中积极探索和谐的师生关系，为社会的稳定、构建和谐社会做出贡献。

第一节　高校师生法律关系存在的问题

高校师生法律关系是为实现高等教育目标，师生以各自独特的身份和地位通过教与学的交流活动而形成的多质性、多层

---

〔1〕 教育部2014年《全国教育事业发展统计公报》2015年7月30日。

次的关系体系。这种关系体系应该是和谐的：首先，师生权利义务相对应。没有只履行义务而不享有权利的主体，也没有只享有权利而不履行义务的主体。其次，师生权利义务相对等。如果权利和义务不对等，社会生活中就会产生特权现象或者权利形同虚设。这两种情形都会导致法律关系中裂痕的产生，都不是合理的权利义务关系。再次，师生权利义务互补。权利的实现有助于促使义务履行，同时，法律义务的积极履行也利于权利的维护。师生之间的和谐法律关系应是和平相处、民主平等、互相尊重、公平有序，教师依法治教，学生诚信守法、勤奋学习、理性维权，师生共同努力实现高等教育的人才培养目标。

目前，我国高校师生法律关系状况的总体上说是好的。尊师爱生、师生平等、教学相长。多数教师学识渊博、治学严谨、品德高尚。他们不仅教书，而且育人。而大多数学生也对老师敬重爱戴，乐意听他们讲课，愿意和他们交流。教育民主与平等的意识在高校师生关系中逐步树立，师生都重视建立和谐的情感、态度等方面的心理关系，师生之间个人交往关系在教育教学活动中的润滑作用逐步增强，师生都认识到师生道德关系应依靠师生双方的责任感和义务感来维持，尊师爱生的理念被师生共同接纳。[1]在对 165 名教师的问卷中，当问及“您对当前高校师生关系的总体评价是什么”时，有 60.99%的教师选择关系良好。在对 1205 名学生的问卷调查中，当问及“您对当前高校师生关系的总体评价是什么”时，有 51.78%的学生回答良好。这说明，师生法律关系总体上是和谐的。

在充分肯定主流的同时，也不否认师生之间存在矛盾纠纷。

---

〔1〕 秧志强：“和谐关系下高校师生冲突及其解决对策研究”，哈尔滨工业大学 2010 年硕士学位论文。

在本次问卷中，当问及“您曾经在课堂上与学生有过冲突吗”，回答“从来没有的”，占 68.52 %，回答“有过但较少”的 31.48%。在对教师的访谈中，大多数教师承认和学生有过课堂冲突，尤其是高年级的同学，课堂表现比较散漫，组织纪律性差，公选课更为严重。这说明师生之间教学冲突还是较为普遍的。如 2004 年上海某大学博士生炒掉博导的事件，主要原因是只让学生为其夫人打工，而忽视对学生学业指导。[1]清华大学博士生王某在其博客上发表了《清华梦的粉碎——写给清华大学的退学申请》一文，文中这样阐述到“怪不得有的院士想尽办法也要多收学生，宁愿自己帮学生出学费要他进来，因为学生就是财源。paper 可以带来基金，可以在美国买小车洋房，没有基金就让学生干活吧。一个月几百块钱吊着一条命在那里为你拼命，谁叫他们想要那个博士学位呢！学生毕业出国了，对他好一点就可以形成良好的关系网，互相引用 paper，互相夸奖。”[2]仅 2014 年就接连发生了一系列涉及高校师生关系、令高校师生尊严蒙羞的事件。先是“诱奸门”“强吻门”，后又爆出“不正当性关系门”的丑闻。本次调查问及“您对当前高校师法律生关系的总体评价是什么?”时，1205 名学生中有 39.09%的学生回答“一般”，1.83%学生回答“矛盾尖锐”。以上案例和数据可以看出，高校师生关系出现了困境，师生之间出现了矛盾、冲突和不和谐，使得师生法律关系发生扭曲、对抗、破裂，导致纠纷发生。这种不和谐主要表现为师生关系性质模糊、

〔1〕“上海某高校 9 名博士生炒掉导师”，载 http://www.sina.com.cn，访问时间：2004 年 2 月 26 日。

〔2〕 9 名博士生联合上访要求更换自己的导师王教授，原因是导师长时间让他们为“法定代表为其夫人陈祖申” 的上海纳讯高科技应用研究所有限公司做项目，而疏于对学生研究学业的指导，载 htlp://ieba.baidu.Corn/f?，kz--60456441，访问时间：2004 年 2 月 26 日。

师生关系异化以及师生关系冲突。

一、师生法律关系性质模糊

师生法律关系是法律关系一种形式，属于教育法律关系这是毫无疑问的。但是，由于高校师生法律关系的主体教师与学生具有双重主体的特殊身份，就使得二者之间法律关系属性变得复杂化。师生法律关系性质如何，我国法律法规及相关教育法律法规没有明确规定，学界也没有定论，学者们观点不一。如学者刘冬梅认为，师生之间法律关系具有多重性和综合性，是一种特殊的行政性法律关系和教学相长、尊师爱生的平等关系。[1]王国金则认为，师生法律关系的性质表现为行政法意义上的管理关系、民法意义上的平等关系。[2]学者文达则主张师生法律关系具有宪法、民事、刑事和教育法律关系的性质。王文华主张师生法律关系是教育合同法律关系，等等。以上学者观点都有重要价值，都从某个方面反映了师生关系的不同法律性质，但无定论。本次对学生问卷调查中当问及“您认为高校师生之间的法律关系应该是何种法律关系?”，选项由多及少的排列顺序是“教育法律关系”“民事法律关系”“行政法律关系”“宪法法律关系”和“刑事法律关系”。对教师的访谈中，教师认为高校师生法律关系兼具以上性质的法律关系。但是，由于立法缺少规定，学界尚无定论，这就给师生之间法律纠纷解决带来障碍，司法实践中出现了许多尴尬。以侵犯受教育权为例，受教育权是一项宪法权利，也是一项公民最基本的权利，从法

---

〔1〕 刘冬梅：“师生法律关系探析”，载《国家教育行政学院学报》2008 年第 4 期。

〔2〕 王国金：“试论法律意义上的新型师生关系”，载《黑龙江高教研究》2005 年第 8 期。

理上讲师生之间法律关系属于宪法法律关系，师生之间纠纷属于宪法纠纷，应当提起宪法诉讼。但是实际情况是由于法律没有明确规定师生法律关系性质是否含有宪法法律关系性质，再加上我国缺乏宪法诉讼制度，因此，师生纠纷就很难处理。进入诉讼阶段的纠纷就会面临以下处理方式：一是不予受理，当事人起诉后法院驳回；二是纳入行政诉讼范围。纳入行政诉讼之路相当漫长，有的行政诉讼也不予受理，困难重重。三是以民事案件处理。而且，司法实践中有时会出现同类性质案件会出现不同的诉讼处理方式，有的作为民事案件处理，有的可能列入行政案件处理，结果迥异。

二、师生法律关系异化

师生关系的异化就是指教育教学过程中师生之间的人与人的关系被解构为人与物的关系，即主体与客体分离、主体强势支配客体的关系。[1]也就是以教育任务为中心师生关系，变得日益冷漠和疏离，目的和手段相颠倒，一方甚至把另一方当作了物，师生法律关系的本质被严重扭曲。由于受市场经济、网络发展、经济全球化影响，导致师生法律关系异化。师生法律关系原本是一种和谐的法律关系：权利义务对应、法律地位平等、师生互相尊重、平等民主对话等。但现实状况是师生法律关系也出现了不和谐音符，有的发生了严重裂痕难以修复，主要表现为以下方面：

（一）功利化

和谐的师生关系学生所吸取的道德经验是责任、尊重、诚实、诚信、友爱、平等、坚强等，不良的师生关系学生所吸取

〔1〕 李军："异化的师生关系：'解构'与'构构'"，载 http://blog. sina. com. cn/s/blog_ 4f93b3dd0102v1by. html，访问时间：2014 年 10 月 1 日。

的道德经验是冷漠、仇恨、鄙视、势利、散漫等。师生法律关系的功利化给学生带来很大的负面影响。主要表现为：

第一，在专业课和选修课上，学生会认真对待专业核心课程，而对待选修课思想上就不重视，认为是可有可无的事情。上课逃课、说话、听音乐、看视频、吃东西、嬉笑等等，严重影响了上课秩序，侵犯了教师的教学权。而个别教师也认为，学生不喜欢上选修课，也就没必要认真备课，态度不认真，备课潦草，糊弄了事，严重侵犯了学生的听课权。

第二，在奖学金、入党、评优、考试考核上，学生功利性目标严重。中国青年报社会调查中心调查显示，71.1%的受访者坦言自己上大学时，身边有过学生向老师要分的现象；41.1%的受访者感觉答应给学生加分的老师很多。“在四川大学从教20年的刘凡，看到师生关系在慢慢异化，‘要分’现象则是这种异化的一个突出表现。”[1]在访谈中问道：“你对入党有何看法?”有的学生回答直言不讳：“入党就是为了考公务员、考选调生，当班干部，将来有个好前途。”答案令人吃惊。为了达到这一目标，对某些能给予“好处”的老师就毕恭毕敬，而对不能给予“好处”的老师则形同路人。评教时对自己有用的老师打高分，对自己没用的老师，则乱打一气，没有标准，失去底线，丢掉了公平正义。有些高校学生课堂评价结果与教师地位、收入、职称评审挂钩，个别教师为得高分就“迎合”、放任学生，放松了对学生的合理约束。学生逃课，不完成作业，不遵守课堂纪律，甚至考试作弊，教师对之竟“睁一只闭一只眼”。一位老教授坦言“自己当年做学生时和老师是一辈子的师徒关系，学学问也学做人，但现在的师生关系较像是交易，老师贩卖知识，

〔1〕 王婷婷、陈竹：“‘要分数’异化大学师生关系”，载《教育》2013年第8期。

学生交学费取得分数和文凭，课修完了，大家挥挥手，再也不联络”。[1]当然，这只是个别现象，但也反映了一定的现实问题。

（二）学生变成法律关系客体

绝大多数师生之间和谐相处，地位平等。但不可否认，高校里有个别教师把学生当成了法律关系的客体来对待。典型表现是在大学特别是研究生群体中流行的把“导师”称为“老板”，学生称为“打工者”现象，称谓的变化折射出当前高校师生法律关系趋于功利化。例如学生参与导师课题研究，师生合作，使学生在合作中锻炼成长，这对于培养学生科研能力、团队精神和合作意识，促进学生尽快成长无疑大有益处。但事实上是，有个别导师偏离了这一初衷，把学生看成了是理所当然为自己干活的打工者。“研究生承担导师申请的课题项目，在导师的指导下作部分研究是应该做的。但我们就像是导师的私人助理。去财务处报销、被导师叫去参加会务活动，会议的各项杂事都由我们这些学生负责，与学术、科研一点关系都没有。”[2]导师让自己的硕士、博士研究生为自己打工、盈利，把学生当成廉价劳动力已成为高校公开的秘密。“我们很多时候的工作就是到公司上班，平时基本上没有学术讨论和交流，很多学习时间都浪费在教授夫人的公司里了，论文等毕业准备是一塌糊涂。”[3]在对学生的访谈中也发现，这种现象在研究生和博士生中较为普遍，本科生极少，理科生偏多，文科生偏少。

（三）师生权利义务不平衡

法治国家中人与人之间的关系、人与社会之间的关系，都

---

〔1〕 唐清云、余国瑞：“对大学师生关系的调查分析”，载《统计与决策》2003年第7期。

〔2〕 韩琨：“‘异化’的研究生师生关系”，载《中国科学报》2014年第5期。

〔3〕 “上海交大博士生炒掉博导　校方承认迫于学生压力”，载 http://www.sina.com.cn，访问时间：2004年2月25日。

以权利和义务为基础，法律在授予人们一定的权利并同时并设定相应的义务。权利义务平衡，才能体现公平正义，法律关系才能长久。权利义务失衡，法律天平失去平衡，法律关系就会破裂。在高校师生法律关系中，教师、学校权利远远大于学生权利。就学生而言，其义务性规定大于权利性规定，权利义务失衡，师生之间法律关系很容易破裂。

三、师生之间权利冲突

高校师生法律关系异化必然导致师生法律关系冲突。冲突就是矛盾，就是对立统一。冲突得不到有效解决，就会导致纠纷发生。这种冲突表现在实体性权利和程序性权利方面。

实体性权利是指“人依法享有的具有直接的实际意义的权利，它可以直接表现为一定的物质利益或精神利益”，而程序性权利是指“人作为程序主体在实现实体权利或为保障实体权利不受侵犯时所享有的权利”。〔1〕事实上，实体权利是实体法规定的法律关系主体所享有的权利，如民法、刑法、行政法等规定的权利为实体权利；程序权利是程序法所规定的保障实体权利如何实现的权利，如民事诉讼法、刑事诉讼法、行政诉讼法等程序法规定的权利。实体权利是第一位的权利，程序权利是第二位的权利。程序权利只能在特定的涉及实体权利的领域才能适用，程序权利对实体权利具有依附性，程序权利设置的目的就是为了更好地保障实体权利的实现。权利法案的大多数规定都是程序性条款。〔2〕基于此类划分标准，我们将师生之间的

〔1〕 徐亚文：《程序正义论》，山东人民出版社2004年版，第310页。

〔2〕 Justice William Q. Douglas's Comment in Joint Anti-Fascist Refugee Comm. V. Mcgrath. Unite Sates Supreme Court Reports (95law. Ed. Oct. 195 Term). The lawyers Co-operative Publishing Company, 1951: 88.

法律冲突分为侵犯实体权利和侵犯程序权利两类。

（一）侵犯实体权利的冲突

高校学生实体性权利主要有学籍权、获得良好教育权、民主管理权、教育教学活动参与权、获得公正评价权、获得学历学位证书权、组织社团权等。[1]实体性权利冲突表现为教师侵犯学生实体权利现象和学生侵犯教师实体权利现象两个方面。

1. 教师侵犯学生实体权利现象

教师侵犯学生实体权利现象主要表现为行政侵权、民事侵权和刑事违法三方面。

（1）行政侵权方面表现为侵犯受教育权和公正评价权等方面。[2]受教育权既是我国宪法规定的公民基本权利，又是《教育法》《高等教育法》《普通高校学生管理规定》等规定的法律权利，也是世界各国宪法和国际人权公约所普遍保护的一项基本人权，其重要性显而易见。大学生的受教育权主要包括平等的受教育权、特殊人群的受教育权、听课权、活动建议权、考试权、学历学位权、身心健康保障权等。教师在教学过程中拥有教学自由，但在教学内容、方法上应受到限制。在教学内容上，涉及思想信仰、伦理道德等德育方面内容，必须受到制约。教学方法上，教学技巧、教学方法，虽源于教学实践中的个人经验，但仍主要采取共同有效的方法。[3]

侵犯受教育权主要表现为侵犯学生的听课权，在教学内容上，教材不适合学生水平。出于某些原因教师为学生订教材根据自己喜好，忽视学生具体情况，有的教材偏难，学生看不懂，

---

〔1〕 郭兰英："高等学校学生权利研究"，载《湘潭大学社会科学学报》2003年第6期。

〔2〕 侵犯受教育权应属于宪法权利，但目前我国没有宪法诉讼，司法实践中列入行政诉讼范围，此处列入行政侵权范围。

〔3〕 许庆雄：《宪法入门》，元照出版公司1998年版，第161页。

有的教材粗制滥造，质量差。当问卷问道“高校教师课堂教学是否存在下列现象?”时，有 52. 78%的学生选择所选教材不适合学生水平。有的教师为了评职称，将自己编写的粗制滥造的教材硬性发给学生，造成学生反感，教材也就失去了帮助学生学习的意义。访谈中有大二学生谈道：“有门选修课使用的是教师自编教材，这本教材是东拼西凑的，质量很差，但是教师强行规定使用本教材，为了本门课程顺利结业，也只好使用。事实上，本门课有全国统编教材，质量很好，但不能使用。”（资料来源：访谈）再如大连外事专修学院英语自考大专班的 35 名学生参加全国高等教育自学考试交了“白卷”。学生们认为学校因为选错教材，于是将大连外事专修学院告上法庭。[1]

课堂讲授方面教师随意超越教学大纲讲授，随意发表与课程内容无关的言论，到快结束课时才转入正题，白白浪费了大好时光。问卷中有 42. 9%的学生选择教师随意超越教学大纲讲授。有些教师不按教学计划进行，擅自停课，提前下课，无故拖堂，禁止某些学生上课等。问卷中选择“教师不按教学计划进行”的占 52. 53%。访谈中有本科生谈到，有门选修课程，共 16 学时，1 班是一至二节上机，2 班是三至四节上机，结果这位教师私自调整，两个班都是一至二节上课，分在两个机房，一会在这个班讲，一会在那个班讲，本来两个班是四节课，这位教师只上了名义上的两节（因为教师来回两个班级跑，实际缩水），16 学时的课，只讲了 8 学时，被任课教师缩水了 8 学时，两个班的学生竟无一人投诉，当问及原因，学生说担心投诉了教师考核时会对自己不利，因此，听之任之。（资料来源：访谈）

〔1〕 佚名：“学校选错教材学生考试交白卷　大连 35 学生状告母校”，载《辽沈晚报》2001 年 5 月 24 日。

部分教师课堂讲授不能满足学生需求。清华大学刘西拉教授调查后认为，近八成学生对大学教育不满意。“从学生对整个教学环节的满意程度来看，认为‘不满意’和‘很不满意’的学生达53%；感到学习负担‘比较重’和‘很重’的学生共占66%；认为在大学苦读几年后，‘能学到一点点’和‘根本学不到’有用东西的学生占79%。”〔1〕根据调查发现，学生认为课堂讲授不能满足需求现象主要表现为教师备课不充分，上课读教材、读课件、读讲义；语言表达平淡不生动，缺乏教学设计能力；教学手段呆板，枯燥乏味，现代传媒的技术不会用；有的讲授不用普通话，用当地方言，很多学生听不懂，难以理解课堂讲授内容。“老师教学太水了，侃侃而谈、天马行空，导致学生觉得上课是在浪费时间，产生厌学情绪。”〔2〕此次调查也发现，74.52%的学生认为教师课堂讲授不能满足学生需求。

还有的教师课堂管理缺失。部分教师放松对学生的课堂管理，对迟到、早退、上课说话、打闹嬉笑等违纪行为听之任之，导致个别学生有恃无恐。有的教师只管完成自己的教学任务，不管学生课堂纪律，认为学生管理是辅导员的事情，上完课走人，学生想干什么就干什么。调查中有64.48%的学生认为教师疏于课堂管理。

有些教师指导失误影响学生发展。这种现象发生在研究生阶段为多。“研三学生季珊（化名）听从老师的安排，独自开始研究一个新的方向。做了两年实验后，导师认为这个研究方向没有太大价值，便不再安排其他学生继续做这个方向。季珊觉得自己就像导师种的一季庄稼，就算自己这一季种坏了，导师

---

〔1〕刘西拉：“高等教育质量严重滑坡　八成学生对大学教育不满意”，载《中国经济时报》2001年3月28日。

〔2〕邵献平：“论高校师生冲突”，载《中共济南市委党校学报》2014年第2期。

还有下一季收成，一个学生发不了论文，对老师的影响不大，因为还有其他学生顶上来，但对这个学生来说，会直接影响到正常毕业。”[1]访谈中个别学生也深有同感。其实这种现象在国外也时有发生。如德国对600万学生和25万教师的调查，发现教师对学生实行压制。在课堂冲突的事例中，教师以权力者姿态出现的场面占94%。[2]调查中28.38%的学生认为教师指导存在失误。

侵行政侵权的另一表现是犯学生公正评价权。教师是“学生心目中的偶像”，学生很在意教师对自己的评价。教师能否恰当行使教学评价权，将会直接影响学生的发展和成长。

《教育法》第42条规定了学生“在学业成绩和品行上获得公正评价”。学业成绩评价是对学生某一时段的学习情况、知识结构、知识水平的总结，包括课程考试成绩记录、平时学习情况记录以及综合评定等。品行评价包括思想政治觉悟、道德品质、劳动态度等评价。能否获得公正合理的评价对学生的生活学习至关重要。它不仅是对学生学习、生活、思想品行等方面成长的肯定，也是学生顺利进入社会的重要条件。不公正评价会给学生带来消极影响。因此，《教师法》第7条明确规定教师有权指导学生的学习和发展，评定学生的品行和学业成绩。但这一权利的行使必须客观公正，不得非法行使和不当行使。但目前，教师的评价权的不当行使表现较为突出，在问卷调查中当问及“您认为下列哪些权利比较容易受到侵害?”时，12 050名同学有45.81%的同学认为获得公正评价权比较容易受到侵害。这说明学生担心不无道理。具体来说教师侵犯学生公正评

[1] 李雅娟：“导师与研究生：师徒过招那些事”，载《中国青年报》2015年10月27日。

[2] 陈安福、何毓智：《教学管理心理》，福建教育出版社1988年版，第124页。

价权主要表现为学业成绩、品性评价方面。

学业成绩评价方面：学业成绩评定权是教师享有独立自主地对学生的成绩作出具有法定效力评定的权利。包括教师有权对学生的学业成绩评定、平时作业成绩评定、统考试卷批改等。有的任课教师在考试过程中营私舞弊，透露或泄露考试内容给关系好的学生；也有个别教师在阅卷过程中以个人好恶或与学生的特殊关系而有意抬高某些学生的学业成绩和评价结果，打印象分、面子分、人情分，歪曲学生的真实学业成绩。问卷中18.51%的学生认为学业成绩评价不公平，30.54%同学选择不清楚。访谈中有教师谈道："个别教师平时教学不用心，教学质量测评担心得不到高分，为了获得学生较高的测评分数临考前就以串讲为名，故意泄露考试内容达90%（此人已被校方处理）。还有个别教师在学生评教中为了获得好的评价，讨好学生，丧失原则，给学生作出了不真实的成绩评价。"（资料来源：访谈）大多高校规定课程考试成绩由考试成绩和平时成绩构成，而有的老师认定平时成绩是根据学生的出勤率给分数。也有个别教师对学生平时作业不重视，学生上交的课程论文以及平时作业，不认真批改，根据个人喜好随便给个分数，失去了公平正义，无形之中侵犯了认真学习同学的成绩，如以论文方式结业的课程成绩，有些教师比较随意，不愿意花太多时间认真细致的阅读学生的论文，浏览一番随意给个分数，容易引起花了很多工夫来写作论文的学生的不满。有些教师虽然比较认真地阅读作为考试的论文，但由于教师本身的学术背景、学术良心和教师的学术喜好影响，对论文的打分具有较大的主观性，也容易导致部分低分学生的不满。访谈中某研究生说"我用了一暑假写出来的文章竟然不如别的同学用了2个晚上从网上粘贴的文章得分高，心里很不舒服，不懂老师的评分标准是什么。"（资料

来源：访谈）“在调查中了解到，江西某高校在评价学生的体育成绩时不完全看学生体能测试，还要看学生是否买了学校的健身卡（40 元 1 张），如若有了这张卡，即使学生考核不及格，老师也可以给提高定的分数使其达到合格。”〔1〕

学生的品行评价方面：品行评定权是教师有权独立自主地对学生的思想意识、品德修养、举止行为作出具有法定的效力综合评定权利。学生的品德行为评价对学生的成长和发展事关重大。教师的言语是一种什么也代替不了的影响学生心灵的工具。而个别教师在评价学生时不够全面、客观、公正、平等，标准不一，亲疏有别，给学生造成一定负面影响。如表扬学生时只表扬优秀生，忽视后进生的“亮点”；批评学生时，对待犯错误的优秀生可能更包容些，而后进生受到的惩罚会大些。有的教师语言不够严谨，用词不够贴切，甚至适用歧视性言语，如“智力有问题”“朽木不可雕”等语言。典型的案例是进入哈佛大学人权教学案例的汤国基案。学校不负责任的毕业鉴定影响了他日后的发展。〔2〕问卷中 18.51%的学生认为老师对自己品行评价不公平。

违法行使处分权方面：违法行使处分权典型表现是开除学籍，这是对高校学生的最严厉的纪律处分。在许多高校的学生管理规定都有开除学籍规定。如“男女学生同居、考试作弊，开除学籍”，等等。虽然这些制定的初衷是好的，但这些规定是否合理、合法都是尚值得考量的。实际上，也确实由此导致了学生与学校之间的受教育权诉讼。

---

〔1〕 李爱珍：“依法治校背景下高校师生法律关系研究”，江西师范大学 2009 硕士学位论文。

〔2〕 陈谭：《单位身份的松动——中国人事档案制度研究》，南京大学出版社 2007 年版，第 286 页。

（2）民事侵权方面主要表现为侵犯学生人身权、财产权。关于人身权保护，我国宪法、民事诉讼法以及《世界人权宣言》都有相关规定。《宪法》规定，公民的人格尊严不受侵犯。除此之外，民事诉讼法从程序方面也对人身权保护作了规定。《世界人权宣言》第 26 条也规定："教育之目标在于充分发展人格，加强对人权及基本自由尊重。"教师侵犯学生人身权集中表现在侵犯学生的隐私权、著作权和生命健康权等方面。

隐私权是个人对其私生活安宁、私生活秘密等享有的权利。[1]保护隐私权是各国通例，如美国对隐私权的法律保护走在世界的前列，其制定的《隐私法》（1974 年）是一部全面保护公民个人隐私的专项立法，它将隐私权作为一项独立的人格权进行直接保护。德国对隐私权采取的是间接法律保护，对隐私权的保护在德国其他法规中都有体现。我国相关法律对隐私权保护均有规定。如《民事诉讼法》[2]《刑事诉讼法》[3]《高等学校信息公开办法》[4]均有相关规定。

高校学生隐私权是学生享有的与其学校生活密切相关的、不被他人知晓、干涉、侵犯的各种私人信息、私人活动、私人领域等方面的权利。目前，高校侵犯学生隐私权的现象较为普遍，调查中当问及"你认为下列哪些权利比较容易受到侵犯?"1205 名同学有 92.95%同学选择隐私权比较容易受到侵犯。如未经公示进入寝室检查、在宿舍楼安装摄像头、贫困生资助的公示、泄露学生心理咨询信息、电话信息、身份证信息、档案信

---

〔1〕 王利明：《人格权法研究》，中国人民大学出版社 2005 年版，第 567 页。

〔2〕《民事诉讼法》第 134 条。

〔3〕《刑事诉讼法》第 183 条，第 10 条。

〔4〕《高等学校信息公开办法》第 5 条规定："高校公开信息，应当遵循公正、公平、便民的原则，做到公开内容真实，公开程序规范。"第 15 条规定："属于个人隐私或者公开可能导致对个人隐私权造成侵害的不予公开。"

息、奖助学金名单、在全校公布处分学生的信息等等，均构成对学生隐私权侵犯。访谈中某大三学生说到，他们入党的信息公示在学院网站上挂了一个学期，上面有姓名、班级、学号、身份证号和个人信箱，这些信息有的被人窃取了，给学生造成了很大负面影响，学生经常会接到骚扰电话。（来源：访谈资料）2013年10月16日，《沈阳晚报》刊登了《想拿助学金，需演讲“谁能比我穷”?》的报道，引发全国多家媒体关注，一时间，关于贫困生因受资助而使其尊严和隐私权遭受侵犯成为舆论焦点。[1]

教师侵犯学生隐私权主要表现为：第一，公布成绩排名。学生成绩属于隐私权的范畴，学生就有权力决定自己的成绩对谁公开，在什么场合公开。而任课教师擅自公开本门课的学习成绩，排在后面的同学很没面子，很伤自尊，尤其是不及格的同学，感觉抬不起头来。如南海狮山某大专院校老师公布过往学生的成绩单行为。[2]第二，语言讥讽。语言是教学过程信息传递的主要载体。教师如果不用正确的课程语言去引导学生，就会给学生造成相当严重的心理负担。访谈中某大二专科生谈道：“有次上某位老师的课，内容枯燥，死气沉沉，听不进去，于是他便和同位评价老师的课没意思，被任课老师发现后大声呵斥，老师骂道：‘你们笨得要死，像猪一样，还不好好听课，不听就滚出去!’我们承认自己上课不听讲不对，但身为教师，在课堂上公开辱骂学生，如何配得上教师的称号?”双方发生了课堂冲突，最后在院里的协调下双方和解。（资料来源：访谈）

[1]“想拿助学金，需演讲‘谁能比我穷’?”载 http://www.sd.xinhuanet_coni/schvs/c_ 117752573.htm，访问时间：2013年10月17日。

[2] 吴热生：“高校管理权与学生隐私权的冲突与调解”，载《合肥工业大学学报》2006年第4期。

第三，教师泄露学生隐私信息。如心理咨询老师泄露学生咨询信息，给学生带来很大心理负担。2004年河北一高校学生心理咨询教师，擅自将一女生暗恋其任课老师的心理咨询信息扩散出去，导致该女孩因承受不了舆论的压力选择自杀，幸被家人及时发现抢救，才未酿成大祸。[1]第四，性侵犯。近年来发生的厦大吴某明教授“诱奸门”、川美王某箭副教授“强吻门”、北大余某里副教授“不正当性关系门”。其实，2014年10月9日，教育部发布《关于建立健全高校师德建设长效机制的意见》明确规定，不得对学生实施性骚扰或与学生发生不正当关系。其实，性侵事件不光是在中国，其他国家也较为常见。“一项针对加州大学伯克利分校女本科生的随机调查中，有30%的受访者至少受过男教师的一次骚扰。”[2]

侵犯著作权现象大多发生在硕士研究生和博士研究生阶段，本科阶段极少。如现实中研究生适度地参与导师课题研究是一种新的培养模式，它能训练学生科研能力与团队合作精神，在这一合作过程中会产生大量研究成果。学生作为导师的科研助手参与课题研究，导师理所应当为研究生的工作提供合适的报酬（因为导师的课题大多都有经费）。对于研究成果，导师可根据学生参与研究的情况给予科研成果的署名权，但是在现实生活中，导师只给研究生分派的科研任务不提供相应的报酬，或只提供很少的报酬，忽视研究生的署名权或将研究生的科研成果据为己有的情况常有发生。调研发现，侵犯知识产权的现象在本科生中不常见，在硕士研究生和博士研究生中偏多。如大

---

〔1〕 朱琳：“高校管理中学生隐私权保护问题研究”，西南政法大学2010年硕士学位论文。

〔2〕 BerniceLott, MaryEllenReillyandDaleR. Howard. Sexual Assault and Harassment: A Campus Community CaseStudy. *Signs*, Vol. 8, No. 2, 1982, 311.

部分高校都要求学术型研究生毕业有至少发表一篇论文的要求，有些学校要求导师必须挂在第一位，否则不予承认，这已成为约定俗成的做法。也有老师会同时任第一作者和通讯作者，若老师对学生的指导不多，就很容易引起学生的反感。学生为了能如期毕业，希望尽早发论文，而有的导师则期待学生继续深入研究，于是冲突就来了。[1]访谈中南京某985高校博士生谈道："自己写的文章导师排第一位的发了两篇，然后导师要求其为导师又写了两篇文章，到今年4月份（2015年）自己的论文已修改完成，毕业条件已具备，但是导师就是不允许其参加论文外审，理由是其参与的课题尚未完成。其目的就是让学生继续帮其研究课题、写文章。博士生将导师排在第一作者发文章是各个高校的潜规则。据说，与各高校排名有关，但苦了学生，因为就业压力越来越大。"（来源：访谈资料）。

生命健康权是公民享有的最基本的人权，也是首要权利。教师法明确规定要关心、爱护全体学生，制止有害于学生的行为或者其他侵犯学生合法权益的行为。"教师没有采取适当的保护措施而使学生在课堂上、操场上或其他地方受伤，那教师将被判过失罪。如果学区或学校没能进行恰当的管理或者是忽略学生们长期的抱怨，那么他们就必须对所聘教师的过失或恶毒行为（性侮辱或骚扰，对学生自杀意图没有报告）负责。"[2]教师侵犯学生的生命健康权主要表现为教师在教育教学过程不履行或不认真履行职责，给学生造成的伤害。最近刚刚发生的

---

〔1〕 李雅娟："导师与研究生：师徒过招那些事"，载《中国青年报》2015年10月27日。

〔2〕 "美国教师权利与义务的有关法律规定摘录"，载 http://wenku. baidu. com/link? url=5NU_ OzMHJyHu3FvneXEQKmy8clUa-zcnupdi0s1Z9qy336d5f0iDQmspW0Lz82c-UUOvsg4os0H-s40PuObQyRRmHBnr-0WEqLywzvgU_ 5u，访问时间：2015年11月8日。

河西学院事件，教师因学生停电迟到让学生互扇耳光外，自己还亲自动手扇部分学生耳光。再如2008年7月11日，云南大学博士生刘某在实验过程中突然发生爆炸事件中，导师就不在现场没有履行现场指导职责。再如体育教学中教师玩忽职守，不尽职尽责，存在严重的失职、渎职行为的，要承担相应法律责任。学生实习期间，指导教师不认真履行职责给学生造成伤害的，同样教师和学校一起承担法律责任。如2004年9月，北京某大学学生杨光（化名）实习受伤案，[1]法院认定学校和实习单位双方均有责任，作为校方的巡教教师在学生进入实习单位后是否尽到了巡教责任是认定关键。

关于侵犯学生财产权。从依法治国的提出到依宪治国的凝练，对公民财产权的保护赋予了宪法更广阔的视野，也提出了更高规则的要求，宪法要为公民财产权的保障提供合法依据，也需要宪法的规范与保障。[2]我国宪法明确规定公民的合法的私有财产不受侵犯。但目前高校经常发生侵犯学生财产权现象。如对违纪学生进行罚款（如北京某卫生学院规定迟到罚5元、抽烟罚200元，江苏某师范大学规定作弊一次罚4500元），没收学生违纪财物（有些高校规定宿舍内禁止使用大功率电器，违者予以没收），还有些高校擅自扣留学生的奖学金、助学金不按时足额地发放给学生，等等。根据法律规定，行政事业性收费必须经过相关政府部门的审批，高校无权对学生做出罚款和没收物品的处罚。有的高校乱收费，如访谈中某高校大一新生谈道："报到时辅导员就为学生安排好了计算机培训班，英语培

---

〔1〕 常鸣："学生实习擦烟囱摔残校企同担责"，载中国法院网 http://www.chinacourt. 0vg/public/dctail. php? id=225098，访问时间：2005年4月15日。

〔2〕 罗亚海：《宪法视角下的公民财产权及其中国现代问题》，吉林大学出版社2016年版，第44页。

训班，订好了英语报。刚开学也不知道具体情况，就按照老师要求交了培训费。据说，辅导员这样做的目的就是为了捞好处费，因为，各类辅导班竞争激烈。”（资料来源：访谈）有的高校为学生提供的生活用品的价格高，如某职业学院以保护学生安全为由，禁止学生外出购买生活用品，必须在本校小超市购买。而超市价格比外面的商品价格高很多，但学生敢怒不敢言。有些高校规定考试不及格需交补考费，学生不按时还书图书馆扣款，等等。

作为高校教师来讲，在教育教学过程中侵犯学生财产权的现象主要表现为让学生为自己劳动。2004 年 2 月 26 日南方都市报刊登了“上海交大博士生炒掉博导”事件，报道了上海交通大学计算机系 66 岁的博导王某成教授被自己带的 9 名博士研究生联名“罢免”的消息。2005 年 4 月 15 日，人民网刊登了“不满为导师‘打小工’一研究生退学”的文章〔1〕。2006 年 5 月 24 日新华每日电讯刊登“导师钻‘钱眼’，高校如今多‘老板’”文章〔2〕。这些事件均反映了师生之间功利化现象。访谈中某博士生也谈道：“导师接了一个 20 万元的横向课题，6 个学生为其做了一个暑假的实验，课题完成后导师每人只付给 800 元的生活费，其余的进了导师腰包。”（资料来源：访谈资料）《中国博士质量调查》一书披露：“60%的学生认为，他们承担了导师课题一半以上的任务。有些导师的横向课题 100%由学生完成。”此类现象常常发生在理科专业，文科较少。某理工专业的博士生在访谈中谈道：“某导师接了一个企业技术改造的项

〔1〕 李斌：“不满为导师‘打小工’——研究生退学”，载 http://edu.people.com.cn/GB/1055/3323377.html，访问时间：2005 年 4 月 15 日。

〔2〕 李松：“导师钻‘钱眼’，高校如今多‘老板’”，载新华每日电讯，访问时间：2006 年 5 月 24 日。

目，在研究过程中，关键技术是自己提出来的，在实验过程中导师一起参与，但是，申请国家专利时导师只署了自己的名字，感觉导师侵犯了自己的发明成果。这项发明给导师带来了很大收益。”（资料来源：访谈）某高校研一学生谈道：“导师自己揽了个100万的横向课题，活由他们师兄弟6人来做，一个暑假6人全都是在为教师劳动，老师一天只报销20元生活费，其他不管，任务完成了，钱进了老师自己腰包。”（资料来源：访谈）

2. 学生侵犯教师实体权利现象

学生侵犯教师实体权利现象相应要少些，但仍然存在，不可忽视。当然此类现象其他国家也存在，如韩国，据韩国教员团体联合会的统计，教师权利受到侵害事件从2002年的104次增加到2008年的249次。6年期间侵害事件增长了58%。〔1〕学生侵犯教师实体权利的现象主要表现为侵犯教育教学权、人身权、财产权方面。

（1）侵犯教育教学权。教育教学权是法律赋予教师有权承担教育任务的资格，是教师的一项法定权利，只有教育教学权实现了，学生的学习权才能实现。教育教学权的实现需要教师和学生的相互配合，只有师生配合的好，教育教学权才能实现的好。但是，近年来，学生侵犯教师教育教学权的现象时有发生。主要表现在两个方面：

第一，侵犯课堂教学权。课堂教学是师生通过对话进行的双向交流与沟通的课堂组织形式。教师、学生、课程、教学条件等因素都会影响教学。教师方面有教师的业务水平、教学能力、教学态度、教学方法与手段；课程因素包括课程内容、教

〔1〕 中华人民共和国驻大韩民国教育处：“韩议员提议制定教师法”，载http://www.cscse.edu.cn/publish/porta/124/tab1065/info12070.htm，访问时间：2008年1月9日。

材水平等；条件因素包括教学环境、技术手段如多媒体教学等。除此之外，学生因素相当重要。学生自身素质、知识水平等也是影响课堂教学质量的不可忽视因素。学生侵犯课堂教学权的现象主要表现为：大声说话、侮辱老师、玩手机、迟到早退、聊天睡觉、吃东西等。问卷中当问及“您对大学生目前出勤率和课堂风气满意吗?”，有32.72%的教师选择不满意。

访谈中部分学生认为，有的年轻老师没有经验，讲课照本宣科，整堂课都很无聊，一般听到半堂课就走人了。如果我还在听，唯一的解释就是老师在用点名的手段维持课堂的虚假繁荣，纯粹是浪费学生的时间，听他读课本还不如自己读。为了考勤，我会去上课，但我会干自己的事情。有的老师备课不充分，一看就是糊弄，知识面窄，没有吸引力（资料来源：访谈）。访谈中某法学院教师谈道：“大三下学期，学生到课率极低，能有一半学生上课就不错了，有准备司法考试的、有准备考研的，还有准备找工作的。到课的学生有的也不听课，有看其他书籍、小声讲话、发短信、吃东西、睡觉、听歌曲、看视频的，整个课堂流于形式。这种现象很多大学都存在，老师也没有办法。”（资料来源：访谈）也有老师谈道，学生不按时上课、迟到、早退的较多；有学生和教师课堂上发生口头争执的，有学生不服从管制的，有上课不参与讨论发表见解的，有在老师讲课时在下面起哄，故意挑衅，扰乱课堂秩序，等等。（资料来源：访谈）再如，2008 年的杨帆事件，冲突的直接原因就是学生逃课。[1]

第二，侵犯教师教学评教权。学生根据一定的评价指标对教师的教学活动作出价值判断即为评教，这是教学管理的一种

---

〔1〕“女大学生当面逃课　教授大怒引发肢体冲突”，载 http://news.163.com/08/0109/06/41OCQUHB00011229.html，访问时间：2008 年 1 月 9 日。

重要手段，也是教师评价方式之一。学生的评教可以督促教师改变作风、促进对教学的投入，提高教学管理水平，有利于教学内容和教学方法的优化和改进，也有利于学生素质与能力的提高。《教育法》第 42 条规定，学生也可以通过建议、讨论、发表意见、评价等方式参加教育教学活动，评价是学生的法定权利。既然是法定权利，就应当依法行使，因此，学生评教应当实事求是、客观公正。评教有纸质评教和网上评教两种形式。评教内容有教师的师德水平、教学艺术、备课程度、教学态度等方面。学校依据学生的评价得分排名，并将其作为考核依据，与教师的职称评聘、评优、津贴发放等挂钩。所以，学生评教公平与否，对教师影响甚大。

学生评教作为一种价值判断，必然会受到各种因素影响，如学生性别、年龄、年纪以及自身评价能力、从众心理等。有些学生认为没有必要给老师打分，因为打分后的结果学生并不知道，并没有看到有些老师改进的地方，感觉形式化；有些同学太自信，认为老师讲课不好，所以给老师打低分；也有学生因老师教学中要求严格，曾被批评过就借机报复老师有意压低分数，还有的学生态度不认真随意乱写、草率了事，没有对教师作客观、真实的评价，等等。这些行为造成了对教师获得公正评教权的侵害。访谈中教师谈道：有次上课 15 分钟之后，有四位同学迟到，迟到后没报告就偷偷溜进教室，之后四人开始说话，老师批评了四位同学，结果评价时有四位同学该老师打了不及格。（材料来源：访谈）问卷中当问及“您对学生的课堂评教活动是否满意?”时，有 16.67%的老师选择不满意，9.26%的老师认为无所谓。

（2）侵犯教师人身权。主要表现为侵犯著作权、人格权和生命健康权方面：

实践中，学生侵犯教师著作权的现象主要表现为以盈利为目的偷偷出售教师课堂笔记、课件等行为。教师在课堂上明确表示了不许拷贝、“作品不经同意，不得公之于众”的要求，有的学生趁教师下课之际，偷偷拷贝下来，并在网上私自出售获利，这是典型的侵犯教师著作权的行为。

侵犯教师人格权主要表现为侵犯教师隐私权。尊重别人的隐私是一个人的文明素养的体现。但是，部分学生缺少对个人隐私权的正确认识，侵犯教师隐私权的现象时有发生。如监考中有的学生作弊不成谩骂老师，有的发威胁短信，有的学生对教师的私人生活评头论足。如 2006 年，北京外国语大学女博士生卫某以电子邮件、小广告等方式对导师进行骚扰、辱骂和人身攻击。[1]某学院老师说：“在她监考时，有位同学夹带小抄被没收，警告后仍左顾右盼，其余抄袭他人答案，被劝退场，学生离场后在走廊谩骂监考老师，令人气愤。”（访谈资料）这些现象严重侵犯老师的人格尊严。

近年来，侵犯教师生命健康权的现象时有发生。如 2004 年兰州理工大学机电工程学院车辆专业 2001 级研究生罗某将硫酸泼向导师案，2004 年长沙河西某高校外语老师陆某被学生杀害案，2008 年 10 月 28 日中国政法大学教师程某明被杀案。2009 年北京工业大学大三学生李某龙故意伤害老师案，2014 年华东政法大学女生热水泼师案，等等。问卷中有 9.88%的老师选择身边发生过学生侵害老师生命健康权的现象。此类案件发生，严重影响了教师的生命健康安全，给学校、家庭、社会在成了巨大损失。

（3）侵犯财产权。学生侵犯高校教师的财产权主要表现为侵犯知识产权中的财产权。如上文中提到的案例，学生在未经

〔1〕 陈国湘：“高校的教育法律纠纷的特点与应对机制研究”，广西师范大学 2013 年硕士学位论文。

教师同意的情况下，以盈利为目的，擅自将教师的讲义、课件、辅导材料等出售获利，就是对教师财产权的侵犯。比较典型的现象就是考研辅导材料中的名师讲义的出售，如果未经教师同意以盈利为目的擅自出售均构成侵权。

（二）师生之间程序权利冲突

程序性权利是主体为了实现实体性权利而依法享有的权利。教师侵犯学生程序权利现象主要表现在教育教学过程中。

高校学生的程序性权利主要有知情权、提出申请权、得到适当通知权、要求说明理由权、陈述申辩权、平等对待权、听证权、要求告知救济途径和方法的权利、申诉权等。学生程序性权利被侵犯的现象主要发生在教育教学过程中，具体而言：

1. 侵犯知情权

高校学生知情权主要是学生有了解高校规则、制度、学习和生活方面的信息的权利。目前高校学生知情权存在的问题是知情权信息量小、范围窄、质量低、方式单一、信息不对称等，主要表现在：

（1）课程及其相关内容、师资方面：学生有权了解课程内容、学时、教学计划、教学方法、考试方式、成绩构成以及教师的学术背景、研究领域和联系方法，这些信息的说明，有利于学生及时了解本门课程的相关情况，有利于及时安排学习计划，有利于学生更好学习。如果任课教师不做相关说明，则构成对学生知情权的侵犯。实践过程中极少教师能够做到，尤其是年轻教师。

（2）学业成绩评价方面：学业成绩评价对学生影响巨大。评价标准如何、成绩如何构成、考试成绩与平时成绩比重等等，不同教师有不同的评价标准，且教师享有很大程度上的自由裁量权，本着公正评价的要求，教师应明确告知学生，这是教师的义务，学生有权知道自己学业成绩及评价标准，但在实践过程中，学生的这一权利很难实现，典型的案例是汤某基的人事档案一案，[1]严重影响了汤国基的个人发展。

2. 侵犯说明理由权

说明理由权利是高校学生所享有的要求教师对其作出的任何不利于自己的决定给出理由的权利。如成绩的评定、学术水平的评定等，学生有权要求老师说明理由以及相关标准。实践过程中学生不知情，老师也不主动说，这一权利难以实现。

3. 侵犯平等对待权

教师在对学生作出不利影响时，学生有权要求老师予以无差别的平等对待的权利。“程序上的权利，其所根据的原则也是：法律对于一切人都应一样。‘法律面前人人平等’是指程序上的权利平等。”[2]《教育法》明确规定教师要对学生一视同仁，学生不能因性别、残疾、贫困、少数民族而受到歧视，教师不能厚此薄彼。但实际情况是教师难以做到同等情况同等对待。课堂提问老师喜欢经常提问他心目中的好学生，成绩评定时根据个人喜好打分，对违反纪律的班干部处罚会比普通学生轻等等，这种现象侵犯了其他同学的平等对待权，失去了公平正义。

4. 侵犯申诉权

关于大学生申诉《教育法》以及《普通高校学生管理规定》均有规定，它具有法定性、特殊性、专业性特征。学生对学校给予的处分不服，或者对学校、教师等侵犯其合法权益行为，有权依法申诉或者起诉。法律规定学校应当成立学生申诉处理委员会，受理学生的申诉事项。但很多高校没有设立申诉机构，有的即使设立程序也不公开，学生能难以维权。如果申

---

〔1〕 陈谭：《单位身份的松动——中国人事档案制度研究》，南京大学出版社2007年版，第286页。

〔2〕 龚祥瑞：《比较宪法与行政法》，法律出版社2003年版，第87页。

诉制度能成为解决学校争议首选的话，可以节约大量资源，提高效率，实现双方利益最大化。但事实是学生的很多维权事件没有得到及时解决，而是进入行政或司法程序。

5. 侵犯听证权

听证是大学生权利救济的有效途径。很多高校在其申诉处理办法中都明确规定了听证方式、程序。如浙江大学《听证制度实施办法（试行）》将听证制度适用范围扩展到教师申诉、规范性文件制定等领域，更有利于保护师生员工的合法权益。但目前听证制度存在的主要问题是：一是听证范围只适用于对学生的重大违纪处理，而关于侵犯学生财产权、人身权等问题未纳入听证，范围过窄；二是程序方面存在问题，如听证人员组成、听证机构及组成、听证告知、准备和举行等没有作出明确规定，操作性不强；三是效果不理想；个别高校为保证原定方案的顺利通过，在举行听证时会特意安排听话的学生参加，必然会导致利益相关者的积极性受挫。

6. 其他侵犯程序性权利情况

其他程序性权利包括申请权、通知权、陈述权、参与权、诉权、申请行政复议权等。这些权利是在公正评价权、知情权、说明理由权被侵犯之后，采用救济途径时所享有的权利。申请权是学生为了维护自己的合法权益而向高校管理者提出申请的权利。通知权是在高校对其作出不利决定或者举行听证时学生有得到通知的权利。陈述权是高校对学生作出不利行为时所享有的陈述自己观点、说明理由权利。参与权是高校民主管理效率高的见证，在学校事务涉及学生切身利益时，学生有权提出建议、参与决策过程。《高等教育法》和《普通高等学校学生管理规定》都有规定。虽然学校高举民主管理的口号，但学生参与管理的实现状况不尽人意。本次调研有 19.92%的同学认为，学生参与权容易受侵犯。诉权即有权提起诉讼的权利。申请行政复议权是行政相对人认为具体行政行为侵犯其合法权益而依法请求行政复议机关作出裁决的活动。对于高校大学生来说，这些权利是必须保护的，这是依法治校的必然要求。

第二节 高校师生法律关系存在问题的原因分析

分析高校师生关系存在问题的目的是为了探求原因，而探求原因的真正目的是为解决问题寻求对策。通过以上分析得知，影响师生法律关系的原因是多方面的，既有法治思维缺失原因，也有制度体系不健全原因；既有主体自身法律自觉、道德自觉缺失原因、也有纠纷解决机制不健全、媒体介入缺少规制因素。这些因素都对会师生法律关系产生不同程度影响，具体情况如下：

一、主体法治思维的缺失

2010年中国特色的社会主义法律体系已经形成[1]。但是这些法律法规能否深入人心，能否成为人们社会生活的基本规则，是法治国家建设的关键。自从王泽鉴的《法律思维与民法实例》出版后，法律思维开始逐步走进了国内学者的视野。

党的十八届三中、四中全会都对提高领导干部法治思维和依法办事能力提出了明确要求，即领导干部要以法治思维为统领，带头学习敬畏法律、带头遵守法律、带头依法办事。这不仅是对党员干部要求，也是高校解决师生法律关系问题的要求。

“法治思维”即依照法治观念和逻辑来观察、分析和解决问题的思维方式。它区别于人治思维和权力思维，其实质是严格

---

〔1〕 已制定的有效法律236件、行政法规690多件、地方性法规8600多件。

遵循法律规则和法律程序，尊重保护人权，坚持法律面前人人平等，自觉接受法律的监督和承担法律责任。法治思维要求主体崇尚法治、尊重法律权威，善于运用法律手段和方式解决问题。高校在处理师生法律关系问题上存在法治思维不足现象。具体表现如下：

1. 主体法律至上思维缺失

法律至上原则源于 17 世纪英国的“星期日上午会议”。这次会议被认为确立了法律至上原则，其基本观念是指国王及其所有代理机关都必须依照法律原则行事，而不能依照武断的意志、以任性代替理性，不依事实行事。“国王贵居万众之上，却应该受制于上帝和法律。”[1]法律至上即法律具有最高权威和效力，政府、组织和个人行为要符合法律要求，它是法治核心思维。也就是说在法治社会中，法律规范是最高规范，是最高的支配力量，任何其他规范都不能背离法律。在法律与权力的关系中，法律的权威高于任何权力权威，一切行使公共权力的机构都必须在法律之下去思考和行动。在法律面前，权力是一项必须作为或不作为义务，法律是权力的依据，公权力必须依法行使。树立法律至上思维就是要严格依法办事，公正司法、依法合理化解师生矛盾纠纷，改变过去那种“人治”思维方式，树立办事依法、遇事找法、解决问题用法、化解矛盾靠法的思维方式。

高校要实现依法治校、正确解决师生法律关系问题，管理者就必须树立法律至上思维，做到依法依纪依规治校，既要做到实体公正，又要程序合法。要认真分析师生纠纷，准确判断其是个别、偶然发生的问题，还是普遍、反复出现的问题。对反复出现的、普遍性、共性问题，要引起足够重视，找准原因，

---

〔1〕 季卫东：“法律职业的定位——日本改造权力结构的实践”，载《中国社会科学》1994 年第 2 期。

对症下药；对个别偶然发生的问题，要理清权利义务关系，逐一研究解决。但目前很多高校在处理师生法律关系问题上缺少这一思维，主要靠行政命令来解决问题。存在行为违法现象，如违规搜查学生宿舍、违规罚款、违规开除学生、违规不颁发毕业证学位证、侵犯学生隐私权、侵犯学生公正评价权、侵犯学生婚姻自由权、擅自扩大自由裁量权等。正如美国著名法学家昂格尔所言："中国形成了主要表现为行政命令的官僚法，而西方则形成了自主的、普遍适用的法律体系和法律至上的观念。"〔1〕法律至上思维的缺失必然导致侵权行为的发生。

2. 主体权利思维缺失

"法治实质因素中首要的和最重要的是确保基本权利。"〔2〕法治思维作为一种权利思维，首先要明确权力与权利边界。制约权力、保障权利是法治的主线。权力行使的终极目标是维护公民的合法权利。其次，要明确权利和义务边界。法治思维就是以权利义务为主线的思维，其实质就是从权利和义务角度观察、分析、处理问题，从而实现法的功能。

作为高校管理者制定规章制度要以权利义务为核心，让人知道什么可以做，什么应当做，什么不能做；解决师生法律关系要以权利义务为核心，使当事人与裁判者能找到共同的评判标准。

由于受传统法文化的影响，高校管理者权利思维缺失表现在控权思想严重，忽视师生合法权利，模糊权力与权利、权利与义务边界，导致权力滥用。如擅自扩大自由裁量权、滥用处

〔1〕［美］昂格尔：《现代社会中的法律》，吴玉章、周汉华译，译林出版社2001年版，第249页。

〔2〕［德］约瑟夫·夏辛等：《法治》，阿登纳基金会译，法律出版社2005年版，第13页。

罚权等，正如郝铁川先生所言，立法者“在设定公民义务时，首先要考虑与该义务对应的权利是否得到保障。如果法律只作单纯义务规定，这样的法律难以为人们普遍接受，难以调动人们守法、护法的积极性”。[1]

3. 主体程序思维缺失

任何人不能做自己的法官这是程序基本含义。程序思维要求公正中立、机会平等和权利救济。机会平等的法治思维要求做到实体公正与程序公正并举。中立公正是指“任何人不得做自己案件中的法官”，不能既当运动员又当裁判员，否则，公正就没有意义了。权利救济是指当权利受到侵害时，应通过平等机会和公正程序得到救济，它是社会关系修复的主渠道，无救济则无权利。目前我国，由于受传统的“重实体、轻程序”观念的影响，程序意识淡薄，忽视师生程序性权利、程序性规范缺位、程序不公开、忽视相对人的参与权、缺乏行有效的救济途径等等，侵犯学生程序性权利的现象比比皆是。如2005年，新疆某大学作出关于64名乙肝检测结果为大三阳的新生休学的决定，其中有一名学生向法院提起诉讼，反对乙肝歧视。最终以调解方式结案，学校以该生撤诉为条件撤销了对他的休学决定，该生因此而复学，而其余63名学生只能在休学一年后复学。[2]同等情况不能同等对待，严重侵犯了学生程序权利。另外，规章制度的设定缺乏程序性规定，规章制度的运行缺少程序性救济途径，救济无门，导致师生矛盾激化。

目前高校规章制度主要规定的是学生实体权利，缺少程序性权利规定。即使有程序性权利的规定，但存在笼统、抽象、

---

〔1〕 郝铁川：“不对称的权利和义务”，载《检察日报》1993年3月8日。

〔2〕 王淑军：“是乙肝携带者，就要休学吗?”载《人民日报》2006年10月19日。

操作性不强问题。以《普通高等学校学生管理规定》为例，规定要求各高校成立学生申诉处理委员会，该机构由学校和职能部门负责人、教师和学生代表组成，但很多学校存在人员组成比例不合理现象，处理程序存在问题。

4. 主体权衡思维缺失

权衡思维即看问题、做决策要权衡利弊、瞻前顾后、兼顾各方，要依法处理好当前和长远、局部和全局、个别和一般的关系。要在利益与正义、自由与秩序、公平与效率、安全与限制、平等与差别、生存与发展等不同价值之间进行平衡，力求消除冲突，做到既尊重多数又保护少数，既维护秩序又尊重自由，既维稳又维权，既注重形式正义又注重实体正义，以实现各价值追求的耦合，实现双赢甚至多赢。[1]权衡思维要求高校管理者要依法办事。对于法律合理界定当事人权利义务关系的，要有效保障各利益主体的合理利益，平衡各利益主体的关系，宪法和法律规定的，就是看问题、作决策、办事情的度量衡，不能越权和滥用职权。制定规章制度要考虑它的内容程序是否合法，与上位法之间是否冲突、规章制度的先后之间是否冲突、学校各部门规定之间是否冲突，是否有前瞻性、是否有一贯性，是否以权利义务为核心、权利义务是否明确等等。对学生的处罚，要充分考虑是否有处罚权、处罚内容是否合法、程序是否合法，它的法律效果与社会效果如何，是否是最佳处罚方式，对学生将来发展影响多大，对学校今后是否有影响等。不能一时冲动草率行事，造成难以挽回的影响，但愿进入哈佛大学人权教学案例的汤某基案不再发生。

---

〔1〕 汪永清："法治思维及其养成"，载 http://www.qstheory.cn/dukan/qs/2014-06/16/c_ 1111104501.htm，访问时间：2008 年 5 月 29 日。

5. 主体规则思维缺失

法治乃规则之治，规则是法治的基础，是社会有序的保障。规则思维是法治思维的核心要义，要实现依法治校，正确处理师生纠纷，规则思维尤为重要。

规则是一些基本的准则、标准、规定等，包括自然规则和社会规则两种，通常所说的规则一般是指社会规则，这里的规则思维主要是法律规则思维。规则发挥着法律的指引、评价、预测、教育和强制作用，法治思维的精髓在于规则意识，无论社会治理当中运用何种思维方式，其前提都在于制定良好的规则并得到大家的普遍遵守。〔1〕规则思维要求要遵守规则、尊重规则、依据规则和运用规则进行思维；规则思维是合法性思维，要明确既定规则哪些可为、哪些不可为，以及如何行为等；规则思维要做到同等情况同等对待，规则面前按人人平等；规则思维是形式思维，要追求形式正义。总之，规则思维对于化解师生矛盾、维护校园稳定与和谐具有重要意义。

目前高校存在着规则思维严重缺失现象，缺少对规则的敬畏、信仰，缺乏依据规则思考、分析、处理各种关系和问题的思维意识和自觉。具体表现如下：一是关系思维。无论是管理者、教师和学生遇事不是找法而是找关系、走后门、打招呼、攀交情，在入党、提干、评优过程中这些现象表现尤为突出；二是奉行潜规则。由于显规则的缺乏或者执行不力，实践中出现了信奉违法、违规的潜规则思维方式。这种缺乏规则意识的思维对通过违法、违规的潜规则获得利益，不以为耻，反以为荣。〔2〕如师生纠纷或校生纠纷发生后，常常会出现“大闹大解决、小

〔1〕 江必新：“领导干部的法治思维与法治方式”，中国法制出版社 2014 年版，第 34 页。

〔2〕 庞凌：“作为法治思维的规则思维及其运用”，载《法学》2015 年第 8 期。

闹小解决、不闹不解决”的所谓经验信条，搞得学校非常被动；三是特权思维。规则只制约他人，不约束自己。采取有用时用之，受限时弃之等。

二、法律、法规、规章、制度体系不健全

制度体系不健全主要表现为国家层面上的法律法规体系不完善和高校层面上规章制度不健全两个方面。

（一）法律法规体系不完善

改革开放以来，我国的教育法律制度从无到有、从少到多、从不完善到逐步完善，“已经初步形成以宪法确定的基本原则为基础，以教育基本法为核心，以教育专门法和行政法规为骨干，以教育规章、地方性法规和规章为主体的中国特色社会主义的教育法律体系”。[1]但从长远来看，还需要修改完善已有的法律法规，增加新的教育法律法规，提高教育法律法规质量，完善教育法律法规体系，增强其科学性、针对性和可操作性。高校师生之间法律关系到底是何种性质？为何同类性质的案件处理方式大有径庭？究其原因，主要有以下方面：

1. 法律法规缺位

从目前现有的法律法规及教育法律法规看，缺位主要表现为以下方面：

第一，关于师生法律关系的性质没有明确界定。涉及高校师生法律关系的教育法律法规有《教育法》《高等教育法》《教师法》《学位管理条例》《普通高等学校学生管理规定》等，这些法律法规均无师生法律关系性质的明确规定，导致师生法律关系性质模糊，给师生纠纷解决带来差异和困难，也导致了司

---

〔1〕 龚向和：《受教育权论》，中国人民公安大学出版社2004年版，第143页。

法实践中的困境。

第二，现有教育法律法规缺少学生程序性权利规定。目前《教育法》《高等教育法》对学生权利均作了较为详细规定，如学生有权参加教育教学活动、获得物质帮助，有权获得公正评价、申诉、学历学位证书，依法享有知情权、安宁权以及法律法规规定的其他权利。但是，这些规定大多为实体性权利，只有申诉权、知情权、起诉权等为程序性权利，对程序性权利规定偏少，一旦实体权利出现问题，如何选择程序权利进行救济就会陷入的困境。另外，我国《教育法》中受教育权内容主要包括受教育机会权、受教育条件权和公正评价权，这些内容体现的是社会权属性，缺乏对自由权意义上的受教育权的保护。温辉博士认为学理上受教育权内容应当包含四个方面：教育权、受教育自由、教育自由和教育目的。[1]瑞典著名国际人权法专家曼弗里德·诺瓦克（Manfred Nowak）认为：受教育权包括教育自由和学术自由的两方面。这两方面受教育权作为自由权的内在要求，是与受教育权作为社会权取得平衡、和谐必不可少的基本权利，上述受教育权的内容应当构成教育法律中学生权利的主要组成部分。[2]目前现有法律缺乏规定。

第三，教育法律法规缺失。当前，我国教育领域仍有大量法律调整的真空地带与空白点，如《教育行政组织法》《学校法》等缺失，这使得很多教育行为失范。长期存在一种现象就是对于纠纷争议的受侵害权利缺乏可适用的法律、纠纷标的的可诉性问题，以及由于师生法律关系的不清所导致的权利义务关系不明确，公立高校的许多问题没有弄清楚。

---

〔1〕 温辉：《受教育权入宪研究》，北京大学出版社2003年版，第28页。

〔2〕 杨成铭：《受教育权的促进和保护》，中国法制出版社2004年版，第81页。

2. 法律法规规定模糊、粗疏

权利义务关系明确，法律关系才明确。教师定位是什么，是否包含专业教师、教辅人员和党政干部，还是只包含专业教师、教辅人员，法律没有明确说明，也无相关司法解释，学界目前现有法律法规对师生的权利和义务关系规定笼统，不具体，不系统，也没有相关的司法解释，实践中运行困难。主要表现如下：

第一，法律法规规定模糊。就教师而言，法律地位、权利性质不够明晰。《教师法》规定，教师是履行教育教学职责的专业人员。“专业人员”是自由职业者还是国家工作人员，教师的主体身份到底是什么没有明确规定。《教师法》规定了教师享有的六项权利。但对直接关系到广大教师切身利益的权利救济问题无详细的统一的规定。再如《教师法》第 37 条规定了教师纪律处分的条款，但没有提供任何程序性条款作为保障。

第二，法律法规规定粗疏，缺乏可操作性。“现今的高等教育法规术语的规范性不强，宣言式或口号式语言比较多见，导致法律操作性不强。立法技术上主要表现为没有充分注意到立法适当超前性、相关法规的协调性、规范的可行性、体系完备性等问题。”[1]有的只规定了实体权利，缺少程序权利规定。如《教育法》《高等教育法》等在对教师学生权利义务的规定上实体权利多程序权利少，仅有教师和学生申诉这项程序性权利，其余都是实体性权利；有的规定了实体权利但缺乏配套措施，难以落实。“程序先于权利，程序就是法律，离开程序规则，法律寸步难行。”[2]再如《普通高等学校学生管理规定》，该规定的突出特点是对学生程序性权利的关注，它规定了学生的申诉

〔1〕 周旺生：《立法学》，法律出版社 2000 年版，第 488 页。

〔2〕 徐亚文：《程序正义论》，山东人民出版社 2004 年版，第 30 页。

权、申辩权、陈述权、诉讼权，但这些规定大多是事后的救济，事前和事中的程序条款少且笼统，缺乏可操作性。如申诉规则、具体程序、事实和证据要求，裁决的效力，以及听证制度等问题，缺少明确规定。如该规定第 63 条规定学生违反学校纪律，情节严重者，可酌情给予勒令退学或开除学籍的处分。何为“情节严重”，什么情况学校可以选择“勒令退学”或“开除学籍”等均没有明确规定，给学校留下了很大的自由裁量权。另外，《教育法》第 42 条虽然对学生的权利作了较为原则的规定，第 29 条对“学校及其他教育机构应当履行下列义务”也做出了规定，但是这些规定都是概括的、原则的（如遵守法律法规、遵照国家有关规定收取费用并公开收费项目、依法接受监督等），实践中缺乏可操作性。即使是《高等教育法》对师生权利规定仅占很小一部分，并且规定得不够详细具体。

3. 法律法规冲突

法律法规冲突有为不同位阶法律规范之间、同一位阶法律规范之间，不同时期发布的法律规范之间，以及特别法与普通法之间的冲突。关于高校法律法规之间冲突主要表现为：

第一，价值取向不同。以《教育法》和《高等教育法》为例，《教育法》是学生权利价值取向，其中，关于学生权利规定有 8 条，学生义务规定有 1 条，且学生权利安排在义务前面。而《高等教育法》是学生义务价值取向，其在第六章高等学校学生中采取的结构是学生义务在先，权利保护在后。在第 53 条中第 1 款重申教育法规定的学生义务，第 2 款对保障学生合法权利一语概之；在第 54 条第 1 款规定学生缴纳学费的义务，第 2 款规定学生可以享有物质帮助权。《教育法》是基本法，《高等教育法》立法价值取向应当与其相同，不得有差异，但二者价值取向却不同。

第二，处分形式不相符合。如同一部门出台的《普通高等学校学生管理规定》和《研究生学籍管理规定》规定的学生处分形式就不同，前者划分为五类处分，后者分为六类处分形式。现有的教育规章已有60多部，覆盖范围很广，有些领域规定内容已经超出《教育法》《高等教育法》等上位法律的范围，比如《高等学校培养第二学士学位的试行办法》的“第二学士”的规定无法律依据，属于自创性立法并已经超越上位法。

第三，申诉范围规定不同。《教育法》[1]《普通高校学生管理规定》[2]均规定申诉的受案范围包括人身权、财产权等合法权益。而《普通高校学生管理规定》[3]规定的受理范围是受教育者对学校给予的处分（如学籍、考试、纪律等方面的处分）不服提出的申诉，但是隐私权、健康权、荣誉权、人身自由权等权利则没有规定。前后法律规定范围不一，导致的直接后果就是多数高校根据《普通高校学生管理规定》第60条规定只受理涉及学生身份变化的处理和学生对学校处分不服的情况。法律规定冲突，当学生出现隐私权、健康权、荣誉权、人身自由权等受侵犯时会申诉无门，教育行政部门相互踢皮球，法院拒绝立案的现象，使教育法律纠纷得不到有效解决。

（二）高校规章制度存在缺陷

导致师生纠纷的高校因素很多，如办学理念、规章制度、领导行为、教职员工的行为、学生行为等，在这些因素中，规章制度尤为重要。

任何一个团体，为了正常的活动以达到各自的目的，都要

---

〔1〕《教育法》第43条。

〔2〕《普通高校学生管理规定》第5条。

〔3〕《普通高校学生管理规定》第60条。

有一定的规章制度，约束其成员，这就是团体的法律。[1]高校为了实现高等教育的人才培养目标就需要制定各种规章制度约束成员行为，这些规章制度是高校自我管理、自我约束的依据，也是高校管理学生的重要依据。但是，高校规章制度既可以保护学生权利，也可能会侵犯学生权利。高校规章制度是否健全，对于保障师生合法权益至关重要。完善的规章制度体系是高校可持续发展的有力支撑和可靠保证。

高校规章制度分为依据国家授权制定的规章制度和根据办学自主权制定的高校规则制度两种。无论是规章制度还是规则制度均需要国家合法授权。如果高校制定的内部规则制度没有明确合法授权，则会造成对师生合法权益的侵害。高校规章制度无论在实体上还是程序上都有不尽人意的地方，主要表现为：

1. 规章制度缺失

高校运行有章可循，必须有健全完善的规章制度。高校规章制度是高校依法自主制定的、在全校范围内实施、对学校各项工作和全体成员具有普遍约束力的章程、规定和办法等规范性文件的总称。[2]《教育法》[3]《高等教育法》[4]都规定高校可以制定自己的章程，这是高校制定规章制度的法律依据。

大学规章制度分为广义、中义、狭义。广义的大学规章制度包括大学章程、大学党委和行政出台的各类规范性文件。中义的是指大学章程和大学行政方出台的各种规范性文件。狭义的大学规章制度仅指大学行政方出台的各种规范性文件。章程

---

〔1〕 邹永贤等：《现代西方国家学说》，福建人民出版社 1993 年版，第 322 页。

〔2〕 高世英等："高校规章制度建设存在的问题及法治化思考"，载《北京青年政治学院学报》2010 年第 7 期。

〔3〕 《教育法》第 27 条。

〔4〕 《高等教育法》第 27 条。

与规章制度之于大学，可类比于宪法与法律之于国家。这里取其广义。“大学规章的特征主要体现在其制定主体、内容与适用对象的特别性上。大学规章的制定主体是大学，内容主要围绕教学科研展开；适用对象是教师和学生。”[1]高校规章制度是一种授权的立法行为，高校是高校规章制定的机关，高校规章制度对全体师生具有普遍约束力，它属于软法[2]范畴，如教学、人事、学生以及科研管理制度等。这体现了高校的自主权限。

高校规章制度缺失主要表现为大学章程不完善。大学章程是大学的纲领性文件，是大学的“宪法”，大学章程是学校最高权力机构，针对办学宗旨及内部管理等基本问题和重大事项制定的自律性文件，在学校规章制度中具有最高效力。2005 年以后，先后有吉林大学、扬州大学、黑龙江大学等高校制定了自己的章程。这是我国较早制定大学章程的一批高校。到 2015 年底部属 114 所高等学校，分批全部完成章程制定和核准工作。在已经制定大学章程的高校中，存在一部分高校为了完成教育部下发的任务而仓促上马的情况，进而导致大学章程本身的形式、过场化、趋同化，缺少自己办学特色，质量根本无从保证。学校治理无法可依、随意性强的现象依旧大范围存在。高校如果没有自己的大学章程，其他规章制度显然会出现各自为政、侵犯师生合法权益的现象，依法治校难以真正实现。

2. 规章制度冲突

由于部分高校大学章程不完善，导致高校内部治理的混乱，一些大学的内部制度规章之间以及规章制度与上位法之间存在抵触情况。规章制度冲突表现为两个方面：

---

〔1〕 高景芳：“大学规章法治化论要”，载《法制研究》2009 年第 5 期。

〔2〕 软法是一定人类共同体通过其成员参与、协商方式制定或认可的，从而其内容具有相应的民主性、公开性、普遍性和规范性。

第一，校内规章制度之间的冲突。就制定程序来看，绝大多数高校规章的起草都缺乏一个整体的统筹规划，学校职能部门只是根据自己的实际管理需要制定相应的规章。再加上我国高校目前在规章制定的过程中普遍缺乏强制性的听证、表决、审查、备案等程序，往往是各部门自行其是，造成就同一个问题制定不同的规章制度现象，而且相互之间规定不一，出现矛盾冲突，又是甚至会出现同一部门先后制定的规章制度存在冲突。

第二，规章制度与上位法的冲突。根据法律优位原则，学校规章制度不得与法律法规相抵触。在没有法律规定的情况下，可在法定权限或授权的范围内就某事项作出规定，而一旦法律就同一事项作出规定时，以法律规定为准。这是解决法冲突的基本原则。然而，高校规章制度常常出现与法律法规冲突的现象。以学生处罚权为例，法律明确规定只有法律才有权设定各种处罚。但许多高校制定的规章制度越权设置处罚权，出现与上位法冲突现象。以罚款为例，学校无权设定行政处罚。但北京某卫生学院规定：迟到罚款5元、抽烟罚款200元；江苏某师范大学为了维护考试秩序，规定作弊一次罚款4500元，等等，上述做法严重侵犯了学生财产权。还有高校规定考试作弊者，一律按退学处理。这显然与《普通高等学校学生管理规定》第12条[1]规定冲突，也与第29条规定不符（规定退学情形不包含不遵守考场纪律或者考试作弊情况）。再如，某高校取消助学贷款的规定，受处分者“享受贷款的，一年内应分别减发、停发或全部取消”。该规定出发点是为了加强对学生违纪行为惩

〔1〕《普通高等学校学生管理规定》第12条规定：“凡擅自缺考或作弊者，该课程成绩以零分计，不准正常补考，如确实有悔改表现的，经教务部门批准，在毕业前可给一次补考机会。考试作弊的，应予以纪律处分。”

处，但根据教育部《普通高校学生申请国家助学贷款问题政策解答》规定，由“贷款银行”根据停止国家助学贷款的发放的七种情况评定奖学金发放，虽然银行需要通过学校来考评学生，但学校是否有权干涉助学贷款的发放，却有待商榷。[1]

3. 擅自扩大自由裁量权

自由裁量权是行政机关的一种权限，指在法律规定范围内可以灵活机动的决定问题的权限，包括实施抽象行政行为的自由裁量权、实施具体行政行为的自由裁量权、处罚措施中的选择权及处罚幅度内的选择权。自由裁量权是行政权的核心。高校自由裁量权是高校工作人员，根据实际需要和具体情况，依法做出一定管理行为的权力，它是实现高校依法自主办学的重要保障。“有许多事情非法律所能规定，这些事情必须交由握有执行权的人自由裁量，由他根据公众福利和利益的要求来处理。”[2]但是，自由裁量权必须依法正确行使。行政自由裁量权只有在法律规定的情况下，依据立法目的和公正合理的原则才能做出，而不应该单纯是法律的授权。[3]

目前高校存在擅自扩大自由裁量权的现象。如将“论文指标”作为学生毕业与否的条件显然缺少法律依据。《教育法》以及《高等教育法》等规定学生毕业条件是思想品德合格、修满规定学分或成绩合格。根据法律规定，颁发证书的依据应是“国家有关规定”，而不是高校的有关规定，“论文指标”并不是准予毕业的法定条件。北京师范大学校长钟秉林教授也表示：

〔1〕 高世英等：“高校规章制度建设存在的问题及法治化思考”，载《北京青年政治学院学报》2010年第7期。

〔2〕 ［英］洛克：《政府论》（下册），叶启芳、瞿菊农译，商务印书馆1997年版，第99页。

〔3〕 姜明安：“论行政自由裁量权及其法律控制 ”，载《法学研究》1993年第1期。

“教育部并没有研究生毕业必须发表论文的规定，高教法中也没有相应的法律。”〔1〕再者如学院论文指标〔2〕也存在擅自扩大自由裁量权的嫌疑。再比如在学生就业率与高校发展挂钩的背景下，有高校规定学生有义务在规定的时间内签订就业协议，否则不予颁发毕业证、学位证。〔3〕从高校的各种规定看，规定自身承担义务的条款少之又少，同样规定学生应当享有的权利的条款也是如此。

4. 程序性规章和前瞻性规章缺失

由于受传统的“重实体、轻程序”观念影响，高校制定的规章制度中实体性规定多于程序性规定，忽视“正当程序”现象严重，尤其是缺少对师生申诉权的规规定。“不少大学校规条款中往往或只有关于处罚的规定，而对受处分学生是否有权向学校相关部门申请复议、复核只字未提，更不用奢谈设置专门受理申诉的机关、配备相关工作人员以及合理安排具体申诉程序等；或者虽然规定学生不服处理决定有权向上级机关申诉，但却赋予上级机关以最终裁决权，学生对复议决定不服，不可起诉，从而阻却了司法救济的途径。”〔4〕调查中当问及“您所在的学校是否实行过听证制度?”1205 名学生有 62.07%同学回答不清楚，这也在一定程度上说明高校程序性规范少，至少有

---

〔1〕 谭雄伟：“多少校园‘土政策’需要清理”，载 http://zqb.cyol.com/content/2006-07/20/content_1452226.htm，访问时间：2006 年 7 月 20 日。

〔2〕 所谓学院论文指标是指学院规定的在学院内具有普遍约束力的学术标准，达到标准准予答辩，否则不予答辩，有时是不成文的规定。学院论文指标无疑是学校指标的升级，否则就没有制定的必要，或者是虽然有必要但也不能发生效力。

〔3〕 “黄勇安徽一些高校‘逼’学生编造就业协议，不造假拿不到毕业证，省教育厅表示要严肃查处”，载 http://zqb.cyol.com/content/2006-06/26/content_1428106.htm，访问时间：2006 年 7 月 20 日。

〔4〕 胡肖华、徐靖：“高校校规的违宪审查问题”，载《法律科学》2005 年第 2 期。

很大一部分学生不知道。同时，高校应急性的规章多，而具有前瞻性的制度少。高校规章制度应该体现学校未来一段时期的发展计划、发展目标和发展变化，保证规章制度的长期性、有效性和相对稳定性。而实际情况是有些规章制度的内容缺乏前瞻性、长远性，制定后实施时间不长就失去效力，既不利于高校规章制度的执行，也不利于学校的健康发展。

三、主体法律自觉与道德自觉缺失

在人类历史的长河中，法律与道德都是调整社会、使社会有序化运行的规范性工具，是维护社会秩序、规范日常行为的两种最基本的手段，二者相辅相成。法律作为道德的底线，其背后是国家的强制力，它意味着违背之后的制裁。道德却恰恰相反，它被遵守的力量源于主体对道德的信仰，源于内心的信念，道德的自律性使其高于法律的他律性。目前部分高校师生缺少法律自觉与道德自觉。

（一）主体法律自觉缺失

何为自觉？自觉是与自发相对应的一个哲学名词。自发是尚未达到自觉程度的一种盲目的精神和行为状态，自发因素实质上无非是自觉性的萌芽状态。相对于自发而言，自觉是指自己有所认识而主动去做，自己感觉到，自己有所察觉，即内在自我发现、外在创新的自我解放意识。人的活动与动物的活动是有根本区别的，它是自觉的、有意识的、能动的活动。自觉“从思想政治教育视野来看，是反映人们的精神状态和行为状态，标志人们在社会实践活动中是否具有思想觉悟及觉悟程度”。[1]自发与自觉是哲学上的一对矛盾，这一矛盾揭示了主体

〔1〕 骆郁廷：“自发与自觉：思想政治教育的重要范畴”，载《思想教育研究》2007 年第 5 期。

与客体、教育与自我教育、内化与外化、自律与他律、适应与超越等重要范畴的内涵与外延。

法律是社会生活的调节器，起着定纷止争作用。同时法律又是一种社会行为准则，衡量人们行为的是非曲直、合法与非法，成为一种社会价值尺度。它具有指引、评价、预测、强制、教育的规范功能。要想发挥法律规范功能，就需要法律的自我内化，使主体自觉自愿地以法律为标准做或不做某种行为，即养成法律自觉。

法律自觉是一种文明素养。法律自觉是指主体对法律功能意义、法律规范、法律权威等予以能动地认同和崇尚，并养成良好的法治意识，积极维护法律秩序的主体内在规定性。法律自觉包括主体对法律的自觉认知、养成良好法治意识、自觉约束自己行为、积极维护法律尊严等方面：

其一，自觉认知，即主体在充分认识法律意义及其功能的基础上，自觉自愿地学习掌握法律知识、法律规范、法律理论，在此基础上进而养成法治意识，从心理、思维和行为上接受法律的熏陶和作用，做到态度上自觉。自觉认知是法律自觉养成的基础。

其二，法治意识是“反映公民对法律的认识水平以及基于这种认知所形成对法律、法律的效用和功能的基本态度和信任、依赖程度”。[1]其主要包括法律至上、规则、权利义务、程序、公平正义等意识，它是公民正确理解、尊重、执行和维护法律的重要保证，法治意识是法律自觉的重要组成部分，是自我认知的深化，是依法治国的内核。

其三，自觉约束自己行为，即自觉守法，指公民在日常生

---

〔1〕 柯卫：“法治与法治意识”，载《山东社会科学》2007年第4期。

活、学习、工作中自觉规范自己行为，自觉遵守和服从法律，养成办事依法、遇事找法、解决问题用法、化解矛盾靠法的良好习惯，做到正确行使权利，认真履行义务，即行为上的自觉自愿。法在社会生活中被人们实际施行被称为法的实施，它包括法的执行、法的适用，法的遵守和法律监督。其中法的遵守是一个重要方面。法律具有强制性，这是法的根本特征，它是法的实施的一种特殊手段，但法的实施离不开法律主体的自觉运用和自愿遵守。一个国家的法律制度应当是自觉守法与法律强制的有机统一。“守法精神要求的是主体不仅遵守法律，更重要的是把守法内化为道义上的一种义务，变被迫守法为自愿守法，由强力守法到良心守法，由他律守法到自律守法，并把这种行为视为自己为自己承担义务。”〔1〕守法是法律自觉的外在表现，是主体的行为体现，它影响到法律的实现。离开了法律主体的法律自觉，法在社会中的作用将会大大降低。

其四，积极维护法律秩序，即积极同违法行为作斗争。法律运行的最后一个环节是形成法律秩序，即依据法律规范要求、通过主体之间建立法律关系，实现社会生活法律化的有序状态。法律秩序是法的价值实现的基础和前提。维护法律秩序既是每个公民的权利，也是义务。维护法律秩序需要人人守法，敢于同违法犯罪行为作斗争。法律的职能在于扬善惩恶，保护公民和法人的合法利益，维护社会的秩序、公平和正义，要实现这一职能，还需要人们自觉地去维护它，积极同违法犯罪分子以及凌驾于法律之上的现象做斗争。法律的权威源自人民的内心拥护和真诚信仰。人民权益要靠法律保障，法律权威要靠人民维护，积极维护国家法律是每个公民应尽的义务。

---

〔1〕 杜承铭：“论法治与人的本性”，载《湖湘论坛》1998年第2期。

到目前为止，我国已经过了六个五年计划的普法宣传。从“一五”普法要求在高校遍开设了“法律基础”课，“二五”普法提出进一步完善学校法制教育体系，“三五”普法强调青少年法制宣传教育常抓不懈，“四五”普法规划要求“四落实”，“五五”普法开展“法律进学校”活动，到“六五”普法强调要深入开展青少年法制宣传教育，培养社会主义合格公民。目前，高校已加强了普法教育，加大中国特色社会主义法学理论教育力度，大学生已经具备了一定的法律知识，法治意识、民主意识，权利观念逐渐增强。在肯定成绩的同时也不能否认，目前高校师生法治意识仍存在一些问题，具体表现如下：

1. 大学生的法律自觉缺失

大学生法律自觉缺失主要表下为以下方面：

第一，学习法律的自觉性缺失。人的行为受制于人的认知，认知水平越高，行为就越明确。〔1〕总的来看，绝大多数学生对法的总体认知较为清晰，对自身的权利义务有所了解，有较高的认知水平。但是相当一部分大学生（非法学专业）对具体部门法律知识掌握欠缺，特别是对于一些与大学生切身利益相关的部门法律知识有着强烈需求。调查发现，相当一部分学生法律知识欠缺，尤其是一些涉及高校学生的法律法规知之甚少。据调查显示，75.49%的大学生认为自己法律知识欠缺，法律课程安排时间太少，教师讲课蜻蜓点水，不能使自己系统把握相关的法律知识。〔2〕问卷中当问及“您是否了解哪些教育法律法规，尤其是高等教育法律法规?”时，有 49.38%学生回答不了解，

〔1〕 黄明东、周登超、刘婷：“我国高校学生法制素养状况分析”，载《国家教育行政学院学报》2013 年第 5 期。

〔2〕 张梅：“当代大学生法律意识现状的实证分析”，载《学校党建与思想教育》2013 年第 5 期。

4.23%的学生选择不关心。访谈中问道“你平时获取法律知识的途径有哪些?”，大多数学生回答靠与朋友聊天、新闻媒体宣传（《今日说法》等法制栏目）、听讲座，很少自己主动去学习，或者只有当用到某个方面法律知识时，才去找相关内容看看，缺乏较为系统的学习（非法学专业学生）。（资料来源：访谈）有的学生对教材上现有知识掌握不足，对公共课《思想道德修养与法律基础》学习不深入，“60 分万岁”，有的甚至蒙混过关。由对法律的认识不到位，对一些常用的法律知识知之甚少，遇到问题时很茫然。2006 年 8 月江西某学院大学生李征杀人案[1]折射出了当代大学生对自身权利意识的无知。

第二，尚法意识不足，缺乏法律至上理念。法律至上是现代法治国家的基本要求，任何人都要受法律的规制，没有超越于法律之上特权可言。就学生而言，大学生尚法意识不足主要表现为：①具有一定的规则意识，但不完全遵守规则。遵纪守法不仅是法治教育的要求，也是道德教育的思想教育的要求。但部分学生抄袭论文或考试作弊、浏览黄色网站、在寝室烧水做饭、在图书馆的书上做笔记甚至撕掉自己所需要的书页、乱扔垃圾果皮、不遵守交通规则等。湖北一高校惊现“炸弹疑云”：一名学生在网上发帖称要炸了学校，最起码也要炸了宿舍楼里的浴室。警方经过排查后证实，这是学生开的一个玩笑。这起乌龙事件的始作俑者是一名大一新生。因不满学校的洗澡条件，他一气之下上网宣泄不满，如此任性的举动惊呆众人。

---

[1] 2006 年 8 月 8 日，江西某学院大学生李征（化名）仅在 20 分钟时间内用镢头连伤 8 人，7 人致死。案件起因是邻里琐事纠纷，李征被行政拘留三天，村民借此威胁他说：“要告到南阳去，一直告到李征学上不了。”他担心自己曾被行政拘留的事实被学校知道，学校会开除自己。因此他陷入了极度恐惧之中，认为如果派出所的记录记入自己档案，这个污点会让他以后找不到工作。长期心理暗示使他坚信学校已经开除他，最终酿成了惨剧。

大冬天洗个热水澡都难，这事确实让人不痛快。但是，身为成年人，不通过正常渠道向学校反映问题，反而逞一时口舌之快，殊不知这样的言论可能给校园安全带来负面影响，甚至弄得人心惶惶。一句玩笑话竟然惹来这么大的麻烦，恐怕是这名学生没有想到的，最终他也为自己的鲁莽付出了代价——民警与校方对其进行批评教育。认识到自己的错误后，这名学生递交了书面检讨。〔1〕“90 后”女大学生复制银行卡、盗刷银行卡犯罪的案件等都反映出大学生法律意识的淡漠。〔2〕还有的学生拒绝学校安排的实习而被开除，等等，均反映出大学生规则意识的缺失。②有一定维权意识，但不懂得如何维权。部分大学生对自己维权途径不了解或了解甚少，遇到合法权益遭受侵害时不是选择学校救济途径或法律救济途径维权，而是选择“忍”，或有的选择“私力”解决，对有些违法行为不以为然，明知违法却存在侥幸心理，如剽窃他人学术成果、考试作弊、侵犯教师教学权等。当学生问卷提及“当您的合法权利受到侵害时，您所在的学校有没有申诉渠道?”1205 名学生有 52.78%同学回答不清楚。“数据显示，有 45.02%的大学生坚定地认为‘法高于权’。有 44.43%的同 学选择遇到权利纠纷时私了，少部分选择忍气吞声，勉强过半的学生选择到法院起诉。”〔3〕

第三，“权利义务观”偏差。当前大学生权利义务观的主流是好的，具有很强自主意识、权利意识，访谈中大多数学生对自己的权利义务还是比较明晰的。但也存在问题，主要表现为权利义务观不明确、重权利轻义务、义务履行不到位，部分学

〔1〕 焦以璇：“违法玩笑开不得”，载《中国教育报》2015 年 12 月 1 日。

〔2〕 “克隆 390 多张银行卡‘养肥’后盗刷 800 万元”，载《南方日报》2013 年 8 月 14 日。

〔3〕 张梅：“当代大学生法律意识现状的实证分析”，载《学校党建与思想教育》2013 年第 6 期。

生扩大了自身的权益而弱化了自身的义务。履行应尽义务时尽量逃避，自己行使权利时又不尊重他人权利。自己使用教育资源时却不履行爱护公共财产义务，行使受教育权利时却不遵守按时上下课义务，等等。总起来说，学生对权利的了解多于义务。访谈中有学生认为受教育权仅仅是权利，而不是义务。

第四，护法意识不强。由于受社会大环境的影响，有些同学缺乏社会责任感，没有认识到作为社会主体的一员，应当承担社会责任，错误地认为只要自己不违法，法律就管不着，主人翁意识淡漠，社会责任感缺乏。

以上分析可以看出，大学生对于法律法规的认知模糊，法治意识缺乏，尚法意识不足，权利义务观存在偏差，自觉守法、护法意识较弱。不能主动学习法律知识，大学生不清楚那些涉及自己的教育法律法规，不清楚自己到底有哪些权利、应该履行哪些义务、义务履行是否到位，在权利受到损害时通过何种途径维权、如何维权，等等，法治观念需要提升。

2. 教师的法律自觉缺失

总体来说，高校教师队伍整体素质不断提高，教师的法律自觉远远高于学生，但不可否认部分教师法律自觉缺失现象仍然存在，主要表现为：

第一，学习法律的自觉性缺失。就教师而言，其学习法律的自觉性远远好于学生，教师对于民法、宪法、刑法等普通法律基本知识了解较多，但对于涉及自己切身利益的教育法律法规了解甚少，对《教师法》《高等教育法》等规定的权利、义务、责任了解更少。同学生一样，高校教师对法律法规，尤其是教育法律法规缺乏系统学习，自身学法的主动性不强，了解法律知识的途径主要靠媒体宣传、热点问题关注、普法栏目，等等，有时出现临时抱佛脚现象多。对于教育法律法规获取途径少，知识匮乏，当问及教师的权利义务时，很多教师回答不全，尤其是程序性法律意识缺乏，作出涉及学生切身利益决定随意性强，处罚学生时不事先告知，等等。

第二，尚法意识欠缺。伯尔曼早就指出：“没有信仰的法律将退化为僵死的教条，而没有法律的信仰却将脱变成为狂信。”〔1〕法律必须被信仰，否则它将形同虚设。人是社会的主体，是依法治国的主体基础，“人既是法律或法治的需要主体，也是法律或法治的运作主体”。人是立法者、执法者、司法者，也是守法者。一个国家公民的法律信仰是这个国家法律能否顺利实现的重要心理基础。就教师而言，尚法意识高于学生，遇到法律问题一般能中寻求正确的解决途径。但也有个别教师尚法意识较差，他们对法律实施过程和实施结果不够信任。有的教师忽视学生合法权利，随意侵犯学生的人身权、公正评价权、财产权利等。有的教师则违规套取科研经费，如2014年教育部公布的科研经费违规违纪的典型案件就有四起。〔2〕访谈中当问及“当您遇到法律纠纷时如何解决”，有的老师直接回答找关系，找同学、找领导等，寻求私力解决。有的教师规则意识较差，作出涉及学生切身利益决定不依法作出，随意性强。处罚学生时不事先告知，缺少程序意识。有的教师随意侵犯学生的财产权利等等。

第三，“权利义务观”偏差。大部分教师能够正确处理二者关系，有正确的权利义务观，但也有部分教师重权利轻义务，访谈中当问及“您认为师生法律关系的价值取向如何？”时，有

---

〔1〕［美］哈罗德·伯尔曼：《法律与宗教》，梁治平译，三联书店1991年版，第64页。

〔2〕“教育部公布的科研经费违规违纪的典型案件”，载http://news.xinhuanet.com/2014-10/16/c_1112857609.htm，访问时间：2014年10月16日。

64.2%的老师选择权利义务相当，6.17%教师认为是以教师权利为中心，4.94%老师不清楚。重视自身权利，忽视学生权利，尤其是忽视学生程序性权利。如侵犯学生公正评价权、隐私权、著作权以及生命健康权等。

习近平总书记指出，一个人遇到好老师是人生的幸运，一个学校拥有好老师是学校的光荣，一个民族源源不断涌现出一批又一批好老师则是民族的希望。在教育法治化时代，教师已经成为整个教育教学活动过程的一个非常重要的守法者和执法者。其法律素养以及法律自觉程度高低直接影响高校人才培养质量。因此，提升高校教师的法律自觉势在必行。

（二）主体道德自觉缺失

道德是一定社会、一定阶级向人们提出的处理个人与个人、个人与社会之间各种关系的一种特殊的行为规范。它以善恶为标准，调节人们之间以及个人与社会之间关系的行为规范。道德自觉是在道德意识与道德心理支配下，个体自主自愿地进行道德认知、道德判断、道德选择的个体道德实践活动过程，以及在此基础上所达到的自由自觉的道德境界。[1]道德自觉包括道德意识自觉和道德行为自控。

1. 学生道德自觉缺失

就学生而言，总体来说，大学生思想道德水平是健康向上的，他们有着与众不同的时代独特和社会个性，思想道德素养的主流是好的，但也不否认，随着社会转型和中西方道德文化冲突加剧，部分人群出现了道德信仰危机、诚信缺失、道德水准滑坡现象。就高校而言，由于市场经济的负面影响和高校在德育教育方面存在问题，再加上大学生自身原因，部分大学生

[1] 白臣："道德自觉论"，河北师范大学2014年博士学位论文。

存在一些不可忽视问题：

第一，道德意识自觉方面，道德理想、公德意识缺失，个人本位盛行。在当代中国社会生活中，部分人共产主义理想信念淡化，善恶观念模糊、是非标准不清、价值观倾斜，出现了重利轻义、见利忘义、追名逐利、金钱至上等不良现象。

《中国伦理道德报告》中对“道德信仰的主要表现是”做了抽样调查，结果显示：“道德理想目标丧失”占 50.6%，“道德情感麻木”占 59.1%，“道德生活动力欠缺”占 40.7%，“道德人格分裂”占 31.7%。“您认为现代的人们在理想信仰方面的最主要问题”做了抽样调查，调查数据显示：“价值观混乱”占 44.0%，“现实的人太功利、太注重实用，不顾及理想信仰”占 43.0%，“马克思主义理想信念教育不够”占 12.0%，“其他”占 1.0%。[1]

就部分学生而言，要求入党入团的人越来越多，但缺乏坚定信仰，缺乏对马克思主义信仰和对中国特色社会主义的坚定信心。学习专业知识认真，学习“两课”理论马马虎虎。存在一些糊涂观念，目的就是为了考公务员、当官、提干等。其人生观、价值观出现异化，把金钱看成是实现人生价值的根本保证。不懂礼仪、不遵守公共秩序、不受护环境和公共设施。有的同学不懂礼貌，上课迟到早退不打报告，来去自由。在教室里吃东西，吃过的垃圾、喝过的饮料瓶随手乱扔，随意践踏草评，在墙上乱涂乱画。黑板没人擦，地面没人扫，干活怕累怕脏，宿舍更是脏乱差。有的学生评教中通过打高分以获得老师改卷和出题降低标准；有的学生则打低分报复老师，失去了做人底线，等等。有的学生热忠于自我设计、自我发展、自我选

[1] 樊浩等:《中国伦理道德报告》，中国社会科学出版社 2012 年版，第 466 页。

择，干任何事情都是以自我为中心，实用主义盛行，对于集体活动漠不关心。学习是为了就业，入党是为了当官，不想付出只想回报，知行脱节，完全把个人置于集体、社会之上。

第二，道德行为自控方面，知行脱节，诚信缺失。随着市场经济的发展，社会诚信危机已经蔓延并渗透到社会生活的各个领域，高校也不例外。就学生而言，有的同学只求索取不愿回报，缺乏诚信意识和责任担当。有的为了拿到国家励志奖学金，想尽一切办法造假。访谈中某大四学生谈道："班里有位同学为了拿到国家励志奖学金，回到村里开了家庭状况贫穷的证明，顺理成章地拿到里励志奖学金。拿到之后马上给女朋友买了个苹果手机。其实他家是做生意的，经济条件很好。"（资料来源：访谈）有的同学考试作弊，学位论文抄袭已成为高校普遍现象。访谈中老师谈道："指导的一位本科生，他的毕业论文竟然抄袭了一位行政法学家的一篇文章，只是把其中的两个段落删掉了，除了姓名之外，其他完全相同。我问是否是自己写作的，学生十分肯定地说是。当我把法学家何时、何期刊发表的文章拿出来时，他竟然说只抄了一点点，实在是无语。"（资料来源：访谈）美国学术诚信中心的教授 Don McCabe 对高校学生调查结果表明：72%的学生承认在写作时有一次或多次较为严重的抄袭行为；15%的学生提交论文有较多篇幅来自学术刊物或网站；52%的学生承认使用互联网抄袭；在使用互联网抄袭的 90%学生中有也同时抄袭了其他书面资料。[1]还有的同学沉迷网络游戏，昏天黑地，精神萎靡，置学习与不顾。有的学生缺少自我约束，为泄私愤而故意毁坏公共财物，为争一口气而打架斗殴，激情犯罪等。

---

〔1〕 杨瑞春："交叉火力中的王铭铭剽窃事件"，载 http://www.people.com.cn/GB/kejiao/41/20020125/655634.html，访问时间：2002 年 1 月 25 日。

2. 教师道德自觉缺失

一个国家的兴衰很大程度上取决于该国公民素质，而公民的素质高低关键在教育，教育水平高低关键在教师。所以，一个学校能否培养出合格的人才教师至关重要。“能够迫使每个学生去检点自己，思考自己行为和管住自己的那种力量，首先就是教育者的人格，他的思想信念，他的精神生活的丰富性，他的道德面貌的完美性。”〔1〕教师不仅应该具有精湛教学技艺和良好教风，更重要的是应该具有高尚师德。因为，教育是示范性的，它能教会学生怎样做人、怎样做事，给学生提供一个值得效仿的楷模。榜样的力量是无穷的，它比纯粹的说教更有说服力，容易被学生所接受，起到潜移默化的作用。

孔子曾说，“其身正，不令而行，其身不正，虽令不行”，教师的一言一行对学生有潜移默化的影响。好的师德师风有利于引导学生健康发展，也有利于实现高等教育目标，推动社会主义物质文明和精神文明建设。总体来说，我国师德师风建设取得了良好的成绩，教师队伍思想道德素质和专业素养有了很大提高，涌现出了孟二冬教授等一大批师德模范标兵。广大教师在不断提高业务素质的同时，不断加强思想品德修养。但不可否认，随着信息时代、市场经济和全球一体化等到来，各国不同思想文化的涌入给部分高校教师的思想道德带来了冲击；加上我国市场经济发展带来的各种矛盾利益不平衡，在很大程度上影响着高校教师的思想道德观念。部分教师在职业理想和信念、职业行为、道德修养等方面，出现了一些有悖于教师职业道德的现象。

第一，道德意识自觉上。有的教师政治意识弱化，理想信

〔1〕 张星一：“教师的讲台形象在育人中的作用”，载《交通职业教育》2004年第3期。

念动摇，思想颓废，消极空虚。敬业意识和奉献精神不强，不讲奉献讲索取，开口闭口都是钱，过分追求经济利益，道德取向功利化，缺乏正确的世界观、人生观和价值观。如 2014 年 11 月 13 日，《辽宁日报》刊登学生文章：“不知从何时起，说中国坏话、骂这个社会成为了时尚，我们一个老师，逢课必讲‘瞧瞧人家国外’。案例教学时，负面的例子全是中国。如果中国真像老师们讲得这么灰暗，我们毕业之后将以怎样的姿态去面对这个社会？谁来给予我们建设这个国家的信心和力量？”〔1〕

第二，道德行为自控上，主要表现为：①自律不严，工作松散，组织纪律性差。有的缺乏职业道德意识，说话做事有失身份，也有的存在职业倦怠，不安于现在从事的教育职业，注重自己的副业，存在从业不廉、道德失范现象。有的高校教师随意迟到、早退甚至旷课，不认真履行职责或履行职责不到位等。如 2012 年 2 月 6 日，南京大学实验室甲酸泄漏事件，据当地媒体报道，事发时，一名教师正在实验室里做实验，期间出去了一段时间，甲醛也是在这个“空档”泄漏的。按照实验的规范要求，师生在做实验时，不得中途离开。事故虽未造成伤亡，但也反映出师生安全意识的缺乏。②有的缺乏责任意识。要做一个完美的老师，不仅要热爱事业，而且要热爱学生。目前，部分教师课堂教学仅仅是为了完成教学任务，认为学生的思想教育工作是辅导员、领导的事情，与自己无关，只教书不育人，对学生的思想漠不关心，缺乏责任感。③师德师风不正，自我约束不强，行为不端。有的教师搞科研急功近利，学术浮躁、论文抄袭，侵犯学生著作权现象时有发生，学术道德水平

〔1〕 源清智库舆情分析小组：“《辽宁日报》公开信事件舆情专报”，载《经济导刊》2015 年第 1 期。

下滑，出现违背学术道德的行为。有的教师把学生看成自己的打工者，利用教育教学资源自己开公司，挣外快。有的教师不公正履行对学生的评价权，存在个人喜好情况。更有甚者，有的教师以评优、入党等做诱惑，吃拿卡要，甚至性侵，等等，导致师生法律关系异化或冲突。

四、纠纷解决机制不健全

（一）高校内部纠纷化解制度存在缺陷

《国家中长期教育改革和发展规划纲要（2010-2020年）》和《全面推进依法治校实施纲要》对完善高校内部纠纷化解机制都有相关要求。要求学校把法治作为解决校内纠纷的基本方式，建立健全包含调解、申诉、信访、仲裁等在内的多元纠纷解决机制。要建立突发事件应急管理机制，妥善处置各种事端。要完善师生权利救济制度，建立相对独立的学生申诉处理机构和教师权益维护机制，完善听证制度，正确处理师生纠纷。关于校内纠纷解决机制包括调解、和解、申诉、听证等，这里主要探讨校内申诉制度。

校内申诉是师生最基本的权利和救济制度。教育申诉制度创始于1995年，这是一项基本人权制度和宪法性制度，也是一项权利救济的程序性制度。高校师生之间的纠纷是因教育教学产生，属于内部纠纷，先由学校自己解决，有利于纠纷化解，可给高校一个自我纠错的机会，避免教育行政主管部门或司法的介入，有利于维护高校管理的秩序性、稳定性，修复师生关系。

1. 学生申诉制度

关于学生申诉制度，《普通高等学校学生管理规定》《高等教育法》等从申诉受理的组织[1]、范围[2]、条件、时效[3]等方面较为详细地规定。学生可以对专业选择、课程、考核成绩、学位授予、教材、学习评价等进行申诉。但实际情况是。“高校学生对申诉的纠纷解决方式的整体满意度比较低，只有10%左右的同学对申诉制度满意，40%左右的同学感觉一般，剩余将近50%的同学对申诉制度不满意。”[4]校内学生申诉制度仍然存在以下问题：

第一，申诉机构不明确，组成人员模糊，缺少具体操作程序。《普通高等学校学生管理规定》要求成立学生申诉处理委员会，具体由师生代表、学校和职能部门负责人组成，受理取消入学资格、退学或者违规、纪处分的申诉。但实际情况是目前大多申诉处理委员会成员中缺乏双方当事人的参与，主要由学校负责人、职能部门负责人组成，不利于维护学生的合法权益。

---

〔1〕《普通高等学校学生管理规定》第60条规定：“学校应当成立学生申诉处理委员会，受理学生对取消入学资格、退学处理或者违规、违纪处分的申诉。学生申诉处理委员会应当由学校负责人、职能部门负责人、教师代表、学生代表组成。”

〔2〕《普通高等学校学生管理规定》第59条规定：“学校对学生作出的处分决定书应当包括处分和处分事实、理由及依据，并告知学生可以提出申诉及申诉的期限”。《教师法》第42条高校学生申诉的范围如下：“对高校给予的处分不服的；对高校侵犯其人身权、财产权等合法权益的行为不服的；对教师侵犯其人身权、财产权等合法权益行为不服的。”

〔3〕《普通高等学校学生管理规定》第61条规定“学生对学校处分决定有异议的，在接到学校处分决定书之日起个工作日内，可以向学校学生申诉处理委员会提出书面申诉。”第62条规定“学生申诉处理委员会应在日之内对学生提出的申诉进行复查，并在接到书面申诉之日起个一作内，作出复查结论并告知申诉人。需要改变原处分决定的，由学生申诉处理委员会提交学校取新研究决定。”第63条规定“学生对复查决定有异议的，在接到学校复查决定书之起巧个不作内，可以向学校所右地省级教育行政部门提出书面申诉。省级教育行政部门在接到学生书面申诉之起个〕一作日内，少仗当对申诉人的问题给今处理并答复。”

〔4〕张金辉：“高校学生申诉制度的实证分析与对策研究”，载《中国青年研究》2012年第5期。

且大部分学校的学生申诉委员会都是附属在别的行政部门上，不是独立机构，与管理规定不符。有学校设在监察处、纪检委，分管纪检监察工作的校领导为委员会主任（如厦门大学设在监察处，北京师范大学设在纪检委）；有的与学生处合作，由分管学生工作的校领导为委员会主任（如复旦大学）；有的甚至直接连接校长办公室，分管依法治校工作的校领导为委员会主任（如华东政法大学）。这种用行政管理来处理学术案件设置方式，不利于学术案件的处理。因为对于学生而言，申诉的内容涉及专业性质问题，单凭靠学生申诉委员会是不能完全应付和公正处理的。同时，申诉委员会作出决定可否适用《行政复议法》提起行政复议，没有规定。

第二，程序缺失。就学生申诉而言，高校对于作出开除学籍、不颁发学位证书、学历证书等重大处分决定时应当告知当事人有申请听证的权利，这些决定有可能影响学生身份的改变、影响受教育权、甚至影响到学生前途与命运。为此，有必要设置听证程序，这样一方面有利于查清事实，另一方面也有利于增强学生的主体地位，使校内申诉制度更加有效，但是很多学校缺少听证程序。问卷中有 52.78%的学生不清楚学校是否有申诉渠道。而《普通高等学校学生管理规定》要求处分学生前，要采取听证程序，这是申诉制度的必然程序和生效要件，以保证学校作出的处分更加公正、合理。但只有部分高校如北师大、华东政法、上海海事等高校进行了尝试。如武汉科技大学中南分校多名考试违纪学生，在听证后被宣布“改判”，其中 6 名学生由原来的“开除学籍”处分改为“留校察看”处分。[1]除此之外，申诉事项是否适用于诉讼，法律也没有规定。而在美国，

〔1〕 朱建华、戴劲松：“武汉一高校处分违纪学生实行听证”，载《中国青年报》2005 年 12 月 13 日。

其教育纠纷都可以进行起诉，接受司法审查，只有法律规定不能审查和问题本身的性质不适宜审查的除外，其他案件都能通过司法手段解决。

第三，申诉范围模糊。《教育法》规定学生对侵犯受教育权、人身权和财产权行为可依法向有关部门提出申诉。新《规定》对受教育权方面的申诉作了更详细的具体解释，但依旧只是对关于学生学籍和违纪处理方面的决定，与学生关系密切的学习事务方面的申诉并没有给予详细的解释。

第四，申诉程序不具体。新《规定》在程序上只说明了申诉时限、申诉机构，但对申诉的递交、权限、申辩、听证等并没有从细节上作出明确要求，显然达不到理想效果。

2. 教师申诉制度

《教师法》《高等教育法》对于教师的权利规定了教育教学权、学术研究权、学生评价权、工资待遇权、民主建议权、进修培训权等方面。但教师的救济权利只规定了申诉权一项。对于教师校内申诉，《教师法》《教育部关于加强依法治校工作的若干意见》等均有相关规定。《教师法》第39、36条[1]均有规定，行政机关必须在30天内对教师申诉做出处理，但是由谁来监督没有规定。如果行政机关没有依法执行是否需要承担相应的法律责任也没有规定等。

[1] 《教师法》第39条规定："教师对学校或者其他教育机构侵犯其合法权益的，或者对学校或者其他教育机构作出的处理不服的，可以向教育行政部门提出申诉，教育行政部门应当在接到申诉的三十日内，作出处理。教师认为当地人民政府有关行政部门侵犯其根据本法规定享有的权利的，可以向同级人民政府或者上一级人民政府有关部门提出申诉，同级人民政府或者上一级人民政府有关部门应当作出处理。"第36条规定："对依法提出申诉、控告、检举的教师进行打击报复的，由其所在单位或者上级机关责令改正情节严重的，可以根据具体情况给予行政处分"，"国家工作人员对教师打击报复构成犯罪的，依照刑法第146条的规定追究刑事责任"。

《教育部关于加强依法治校工作的若干意见》也指出，要建立校内教师申诉渠道，依法公正解决争议，维护教师合法权益。上述法律在教师申诉资格、条件、范围、管辖、处理程序等方面都作了规定，在一定程度上保障了教师合法权益，但规定太过原则和简单，没有明确的具体的启动程序，象回避制度、听证制度等程序规范缺乏，在一定程度上限制了教师权利的法律救济。问卷中有25.31%的老师不清楚学校是否有申诉渠道。而美国高校教师申诉机制设计较为完备，它的机构相对健全、程序较为公正。大学内部几乎都设有系、学院、教师评议会三个层次的申诉委员会，教师可以顺次选择申诉机构，以最便捷地实现权利保护；申诉机制包括非正式的申诉程序、正式的申诉程序、听证程序、申诉决定的作出、申诉程序的审核与送达、申诉时效等步骤。应设立专门的教师申诉评议委员会解决教师与学校以及师生之间争议。如果教师对校内申诉决定不服时，再向教育行政部门提出行政申诉。

（二）高校外部纠纷解决机制不完善

高校外部解决机制主要有教育申诉、调解、教育仲裁、行政复议、诉讼等手段。这些手段在解决高校纠纷中发挥了重要作用，但也存在以下不足：

1. 各种制度之间缺乏衔接

各种制度之间缺乏衔接主要表现为校内申诉与行政复议、行政诉讼之间缺乏衔接。以行政复议为例，用采行政复议解决师生纠纷可以节省成本，提高效率，与诉讼相比更有利于保障师生合法权益。因为复议不仅审查具体行政行为，还审查抽象行政行为；不仅审查具体行政行为合法性，还审查具体行政行为合理性。与诉讼相比，行政复议更加便捷。而且行政复议机关一般是教育行政机关，处理专业纠纷具有天然优势，可以更加准确、合理的解决纠纷。

师生纠纷要进入行政复议，必须是学生认为教师对自己作出的具体行政行为侵犯了自身合法权益而向法定的行政机关提出复议。如颁发毕业证、授予学位等。我国《行政复议法》第6条[1]规定了公民、法人和其他组织申请行政复议的范围。但由于公立高校法律地位不明确，处分学生、颁发毕业证、颁发学位是否属于复议范围的行政处罚、行政许可等具体行政行为，法律没有明确规定，司法实践中也没有相关案例，师生纠纷难以进入复议范围。从教育法律法规规定看，也不明确。《教育法》第42条、[2]《高等教育法》第53条、[3]《高校学生管理规定》第59~64条[4]对于师生能否用行政复议解决纠纷均未作出明确规定。校内申诉与行政复议、行政诉讼衔接缺少法律规定，各地做法不一，加上高校一直持消极态度，行政复议难以

---

〔1〕《行政复议法》第6条规定："有下列情形之一的，公民、法人或者其他组织可以依照本法申请行政复议：对行政机关作出的警告、罚款、没收违法所得、没收非法财物、责令停产停业、暂扣或者吊销许可证、暂扣或者吊销执照、行政拘留等行政处罚决定不服的；对行政机关作出的限制人身自由或者查封、扣押、冻结财产等行政强制措施决定不服的；对行政机关作出的有关许可证、执照、资质证、资格证等证书变更、中止、撤销的决定不服的；认为行政机关侵犯合法的经营自主权的；认为行政机关变更或者废止农业承包合同，侵犯其合法权益的；认为行政机关违法集资、征收财物、摊派费用或者违法要求履行其他义务的；认为符合法定条件，申请行政机关颁发许可证、执照、资质证、资格证等证书，或者申请行政机关审批、登记有关事项，行政机关没有依法办理的；申请行政机关履行保护人身权利、财产权利、受教育权利的法定职责，行政机关没有依法履行的；申请行政机关依法发放抚恤金、社会保险金或者最低生活保障费，行政机关没有依法发放的；认为行政机关的其他具体行政行为侵犯其合法权益的。"

〔2〕《教育法》第42条规定："受教育者享有下列权利：对学校给予的处分不服向有关部门提出申诉，对学校、教师侵犯其人身权、财产权等合法权益，提出申诉或者依法提起诉讼。"

〔3〕《高等教育法》第53条规定："高等学校学生的合法权益，受法律保护。"

〔4〕《高校学生管理规定》第59~64条只规定了学生享有申诉权，没有规定行政复议。

应用。

2. 缺少专业性的纠纷解决方式

由于师生法律纠纷性质复杂，专业性强，主体特殊，按理说应该有专业的纠纷解决机构。但现行的教育法律法规没有明确区分学生主体权益的特异性，一概使用或寻求其他法律规定的启动机制。但是，其他法律并未明示学生权益的特殊诉讼机制，导致司法救济很难启动，需要法官创造性解释立法本义，这种状况是不利于学生权利救济的。[1]毕竟，由于纠纷专业性强的原因，法官难以把握，缺少专业机构，如教育法庭的缺失。以加拿大为例，不同类型纠纷规定由不同的法庭（如家庭法庭、教育法庭）审理。其最具特色的就是教育上诉法庭制度，该庭主要受理当事人对教育行政当局作出复议决定不服案件，实行一裁终局。这样能及时受理案件，并针对教育权益纷争的特点依据教育规律处理教育行政纠纷，保证了教育行政纠纷处理公正性，避免繁琐冗长的诉讼程序，维护当事人合法权益。

五、媒体介入缺少规制

在民主的国度，传媒是传达民意、表达民主的喉舌。随着现代传播技术手段不断发展，这种作用越来越大。“在任何实行民主政治和法治的社会中，新闻自由和公平审判皆为国家和社会生活中不可缺少的基本价值”。[2]但是，它是一把双刃剑，如果报道不当会造成负面影响。因为，传媒消息来源未必可靠，有时甚至是谣传，甚至有时会扩大案情，有时会受情绪化影响可能会出现非理性报道，干扰人们对案情正确预断。“诉讼案尚

〔1〕 王立峰：“高校法治研究”，吉林大学 2006 年博士学位论文。

〔2〕 ［美］T. 巴顿·卡特等：《大众传播法概要》，黄列译，中国社会科学出版社 1997 年版，第 4 页。

未了结而法庭正在积极审理时候，任何人不得对案件加以评论，因为这样做，实际上会给审案工作带来不利的影响，如影响法官，影响陪审员或影响证人，甚至会使普通人对参加诉讼一方产生偏见。”〔1〕

目前，由于媒体人员法律素质参差不齐，媒体过于追求轰动效应，《宪法》第 35 条规定〔2〕、第 41 条规定〔3〕不具备实际的可操作性，规范传媒监督司法的文件（主要是政策性规定与新闻职业道德规则）不具有权威性；再加上司法制度本身存在缺陷，因此，在高校师生纠纷问题的报道上有时会失实，甚至会扩大某些负面影响，给师生纠纷的正确解决带来不利影响。以马加爵案为例，媒体存在严重越位现象。由于媒体介入缺乏规制，给师生纠纷解决带来了不必要的麻烦，需要正确对待。

---

〔1〕［英］丹宁勋爵：《法律的正当程序》，刘庸安等译，法律出版社 1999 年版，第 21 页。

〔2〕《宪法》第 35 条规定：“公民有言论、出版、集会、游行、示威的自由。”

〔3〕《宪法》第 41 条规定：“公民对于任何国家机关和国家工作人员，有提出批评和建议的权利。”

第四章

域外及中国台湾地区关于师生权义的保护及启示

他山之石，或可攻玉。鉴于域外教育法制化程度比较高的国家和中国台湾地区对高校师生权益保护具有成功的经验做法，本书选取美国、德国、俄罗斯、日本和中国台湾地区作为研究对象。美国注重判例法、习惯法和制定法，特别重视判例的法律效力。德国通常通过制定成文法来维护师生权益。二战以后部分大陆法系国家也开始使用判例法。日本则具有上述两大法系特点，一方面成文法比较健全，同时，判例也成为保护师生权益的重要依据。我国台湾和大陆有着千丝万缕的联系，基础条件有相似之处，其救济制度独有特色。本书选取以上国家和中国台湾地区开展研究，非常必要。通过分析其在保护师生权义方面的实体与程序保障经验做法，以期构建符合我国特征的师生权义保障体系。

第一节 美国关于师生权义的立法与司法保护

美国是世界高等教育的强国，属于英美法系，也是法律制度最为完备的国家之一。其公立大学由联邦、州或地方政府所设立或支持。州机关的公立大学是州政府的一部分，不具有法人资格，在法律上没有独立性，须受州行政法的约束。公共信托的公立大学多具有公法人的法律地位，学校作为州政府的信托财产由大学的董事会经营，学校具有相当自主权、独立性。依宪设立的自治大学，具有独立的公法地位。在一定的权限范围内拥有不受州政府、议会、法院干涉的特权。[1] 美国师生的权利来源于宪法、判例法、教育法及专项法规定。

一、师生权义的教育立法保护

（一）对学生权利立法保护

20 世纪 60 年代以前，由于其特殊政治、经济、文化传统和种族歧视，美国学生法律权利是有限的，常常被视为是“二等公民”。60 年代以后，美国先后颁布了一系列法律，在一定程度上保障了学生（黑人）权利。1964 年通过的民权法禁止教育歧视（如国籍、种族、肤色等）。1970 年《残障儿童教育法案》规定了残障学生的权利，1974 年教育修正法规定为所有儿童提供平等的教育机会，《家庭权利和隐私法》规定了家庭教育权利及隐私权，等等。这一时期，学生也通过自身诉讼获得了大量的权利。如布朗诉阿肯萨斯州坦皮卡学区教委会一案，最高法院判决阿肯萨斯州坦皮卡学区教委会败诉，其种族分离分校制度违反宪法规定，结束了美国歧视黑人的黑白学生分校教育制度。这些判例法所规定的学生权利广泛而具体，称为美国学生权利状况的地方特色。

第一，言论和自由表达的权利。美国学生有权对政治、经济和社会问题表达自己的观点。言论自由权利是美国联邦宪法第一修正案赋予美国公民的一项基本权利，因此也成为第一修

---

〔1〕 胡建华：“大学的法律地位分析——研究大学与政府关系的一种视角明”，载《南京师大学报》2002 年第 5 期。

正案权利。它包括言论出版和集会自由。表达自由的内容不只限于口头、书面和其他的直接表达方式，也包括以行为表达观点象征式言论，例如绑上臂章或焚烧国旗等，内容与形式相当多元且复杂。这一权利认可和保护是在廷克指控德·莫伊内斯独立学区一案中确立的。[1]该案将少年与成年人享有同等法律权利保护原则确立下来，成为主张学生发表言论自由的法律准则。

由廷克判例可以看出，美国法院认为学生在校学习期间，不仅要学习文化知识和技能，也要学习社会生活能力，学生在学习期间享有言论自由权利，除了诽谤、侮辱、人身攻击、攻击法律法令和校规校纪行为不予以保护并且禁止外，只要学生的观点不危害他人，就有权发表言论。表达自由因地点不同而有所差异。如果是在自我的土地上表达，通常不会受到限制。如果是在他人的土地上表达，则该土地所有人可以视情况限制表达者。至于在公共土地上表达，联邦最高法院主张政府对于表达者的某些规范是合法的。集会自由方面，集会不能阻断交通，不能干扰学校教学，必须有的进行，必须适用学校政策和教学目标，必须与教学任务相关。当学生作为集会主要参加者时，应当得到校长或负责人的授权，并保证导致暂时休学或开

---

〔1〕 1969 年美国最高法院在廷克指控德·莫伊内斯独立学区一案中，廷克高中的学生在上学期间佩戴黑色臂章（袖标）以表示他们对美国政府对越战争的反对和抗议，校长以学生违反学校规定为由，给予这些学生停学处分，学生上告校方侵犯他们宪法第一修正案的权利——即限制他们表示自己意愿的自由。法院规定，要证明一个人是否触犯了禁止发表特殊言论的禁令，校方必须证明，他们的行为“不仅仅是为避免不受欢迎的观点而带来的不舒服和不愉快而造成的”。学生的行为“影响班级工作、扰乱秩序，或者是侵犯了他人的权利”时，需要被禁止。如果不存在加以限制的如此充足的理由，宪法所保障的学生言论自由权便得以实施。但是，公立学校的言论自由是受限制的。最后，美国最高法院判决校方确实违宪，要求校方恢复这些学生的学籍。

除的问题不能出现。美国联邦《宪法》第一修正案与第十四修正案规定，使得各级政府与机关，不得无故禁止人民的自由表达，学校也包括在内。[1]

第二，停学、开除和转学方面的权利。停学是对非严重违反校规者采取的可能被排斥在学校之外达十天左右措施，分校内和校外停学两种。“91%的学区使用过校内停学这种处罚学生的手段，而使用校外停学方法的学区达到了95%。”[2]在美国每天有150多万的学生因为受到一天以上的停学或被逐出校园的惩罚而不能上学，绝大多数停学不是因为违法或犯罪行为，而是由于诸如抽烟或旷课、逃学等违纪行为。[3]开除是指迫使学生长时间地离开学校的措施，有半学期的、一学期的、一学年的，对于严重违反校规、有犯罪行为者采取永久性措施排斥出校外。如哈佛大学《教师手册》规定：“警告，勒令退学，没有骚乱的自愿退学，建议无惩罚的委婉告诫警告，勒令退学，有骚乱的自愿退学，建议留校察看一学期；警告，勒令退学，拒绝退学或者必须有警察的护送，建议委婉告诫，留校察看一学期或一年警告，勒令退学，拒绝退学，严重妨碍言论自由，建议根据扰乱的严重程度，留校察看一年，或休学一年因暴力袭击立即驱逐出学校，建议至少休学一年或以上。”[4]对于停学、开除和转学的学生，其在被开除前享受到适当的诉讼程序，如给予某种形式的警告通知和提供某种形式的听证会以及解释事

---

〔1〕 秦梦群：《美国教育法与判例》，北京大学出版社2006年版，第202页。

〔2〕 Nathan L. Essex（2005），School Law and the Public Schools（3rd ed.），*Boston*：*Pearson Education*，Inc. p. 94.

〔3〕 李晓燕：《学生权利和义务问题研究》，华中师范大学出版社2008年版，第276页。

〔4〕 Handbook fou Faculty of Harward Uniwersity，http://www. fas. Harwardedu. /home/academic_ afairs/faculty_ handbook. pdf，访问时间：2008年3月22日。

情真相的机会。这些权力来自于1975年最高法院审理“戈斯诉卢佩兹案”[1]。

第三，人身权。美国学生的人身权主要表现为以下方面：

不受不合理搜查权利。没有正当理由，学校不得对任何学生的身体及私人财务进行搜查。如果有合理根据，证明能通过搜查而获得学生违法及违反校规的证据，学生则必须服从搜查。进行搜查以前，校方管理人员必须征得学生的同意搜查其口袋及其他随身物品。如果学生提出拒绝，且校方会因和其父母及监护人进行联系而导致延误，而且断定这种没根据的延误会导致不法物品的流失或者侵扰了正常的教学秩序，校方可着手对学生人身及私人物品进行搜查。

避免体罚的权利。美国《宪法》第十修正案意旨是州政府享有体罚决定权，而地方立法无法涵盖所有管教事项，州政府往往将体罚裁量权授予地方学区教育机构。因此，在实践上是由州政府和学区来主导体罚权的实施，而联邦政府和法院一般予以尊重和承认。[2]体罚权不需要经过父母授权或者许可，它来源于法律的强制授权，除加州之外的大多数州教育法明确授权学校可以在未经父母同意的情况下实施体罚。如佛罗里达州

---

〔1〕 1975年最高法院审理“戈斯诉卢佩兹案”。审理这一案件时法院大多数人不同意校方官员的观点，理由是学生应该有合法的接受公立教育的权利。法官认为，对于停学的学生必须被给予某种形式的警告通知和提供某种形式的听证会以及解释事情真相的机会，警告通知和听证会应该规定责令学生退学的相关程序。开除作为剥夺学生受教育权的惩戒方式，学校和教师必须提供正式的听证程序。如为学生和家长应被提供一定的手续、一份特别指控的陈述，还要提供给学生（诸如可以由律师代理、可以提供证据、可以对证并对不利的证词进行盘问等）基本权利。强行转学适用于学生行为具有破坏性，正常的矫正措施无效的特殊情况下，出于惩戒性目的而进行的，而且应在事先通知和申诉之后实施。

〔2〕 Friedman, J. S., Andy's Right to Privacy in Gradingand the Falvo Versus Owasso Puclic Schools Case, ClearingHouse,（2002）76（2），Washington.

是允许体罚的州之一，许多学校董事会制定了较为详细的政策来限制体罚手段的使用，但不能禁止体罚的使用。使用体罚要进行合宪性审查〔1〕，如1977年“英格拉汉姆诉赖特案”，〔2〕如果教师违反这些政策规定过度的体罚学生，或进行不合乎情理的体罚，或因私怨体罚学生，教师有可能被法律指控，可能会被解雇。

第四，隐私权。关于学生隐私权保护规定在的《家庭教育权利与隐私法》中，简称FERPA〔3〕。该法对学生档案和成绩保密作出了相关规定。该法案保障学生家长有审核他们的子女学校记录的权利，或18岁周岁以上在中等以上教育机构学习的学生有审核自己学校记录的权利。该法案规定父母双方都有权看学生记录，除非法院对监护权另有规定。根据《巴克雷修正案》，18岁以下的学生可以看自己的记录，但必须有家长书面告知学校的证明。在看记录上对学生有几个限制，而不是对家长的。如家长可以看医生记录和其他非教育治疗记录，而学生则需要至少18岁以上。只要学生不放弃其权利，他们可以看机密的推荐信。即使学生开始放弃了，当后来他因某种原因需要看时，还是可以看。另外，《哈奇修正案》对学生的隐私也产生了一定影响。《哈奇修正案》明确规定与“任何一项研究或实验项

〔1〕审查其是否违反了《第八修正案》禁止粗暴的和异常的体罚的规定，体罚之前是否需要提前发出警告通知单和进行某种形式的预备程序。它代表了国家所确定下来的学生个人安全与传统上认为某种有限的体罚可能在学生教育过程中是必要的．在这种长期有效的权益协调下，只要纪律性的体罚在习惯法特许的限度之内就不可能有实质上的权利剥夺．

〔2〕ingrahamv. Wright. 430U. S. 651（1977）.

〔3〕1974年之前，大部分学生的考试成绩纪录只存在学校里而不对学生及其父母公布，但是未来的雇主、政府机构及学分委员会成员却被允许查看学生的成绩档案。在这种情况下，如果一旦他们从成绩上判定某名学生很差的话，那么他们可能对该名学生进行辱骂和嘲弄。

目”相联系的教材，必须得到学生家长或监护人的认可方能实施。不能要求学生参加了解有关政党属性、性行为或态度、心理问题、收入状况及其他私人事情为主要目的的测试、心理测评或治疗。因此，教师必须仔细考虑，收集关于学生背景或信仰方面的信息是否服务于合法目标。[1]

第五，宗教信仰自由权。美国《宪法》第一修正案（1791年批准增订）的部分条文规定：“国会不得制定法律，建立宗教或禁止信教自由。”这一条款包含了两个基本原则：一是建立条款所确立的政教分离原则；二是宗教自由条款所涵盖的信仰自由。对公立学校，联邦最高法院一方面坚持要维护学生宗教自由，另一方面严守政教分离的原则。宪法修正案虽规定了宗教信仰自由，但并不意味着与宗教信仰有关的行动不受限制。1934年在汉密尔顿诉加利福尼亚州大学董事会案中[2]，联邦最高法院认为学校有权拒绝或开除任何不肯参加军训的身体健全的学生，其行为并未违宪，联邦最高法院最终支持了州政府的规定。

第六，平等保护权。法律平等保护原则规定在美国《宪法》修正案第十四修正案[3]。这项规定最初主要适用于种族歧视方面。南北战争以后，1868年美国《宪法》第十四修正案确认了美国公民的平等保护权。联邦最高法院在布朗案中裁定实行种

---

〔1〕 孙晓莹、梁宗华：“美国教育法律中的学生权利及其保障研究”，载《沈阳师范大学学报》2006年第4期。

〔2〕 1934年，两个加州大学的学生因为拒绝参加强迫性的后备军官训练而遭到校方开除，他们以宗教立场为拒绝参加的理由，并声称学校开除他们是剥夺了宗教信仰自由的保证。联邦最高法院支持州政府的规定，认为并未违宪，学校有权拒绝或开除任何不肯参加军训的身体健全的学生。[美] 亨利·斯蒂尔·康马杰：《美国历史文献选萃：西弗吉尼亚州诉巴耐特案》，今日世界出版社1979年版。

〔3〕 美国《宪法》修正案第十四修正案规定：“任何州不得对在其管辖下的任何人拒绝法律的平等保护。”

族隔离违反宪法的平等保护原则。在20世纪60年代以后，联邦最高法院把平等保护原则的适用扩展到了其他领域。[1]美国有两个重要的联邦法律保证每个学生不管是否残疾都有权利上免费的、适当的公立学校。《残疾儿童教育法案》特别规定了接受特殊教育服务的程序，并对一些同意遵循这一程序的学校提供了联邦经费。《1973年康复法案》第504节是有关残疾人的基本公民权利法律，其禁止学校制度中出现以残疾为理由拒绝接受残疾儿童入学的规定。它要求像对非残疾儿童一样，充分满足所有入学儿童的受教育需求。不论其所提供的教育服务是普通的还是特殊教育的班级。另外，每个州都有详细说明如何向残疾学生提供教育服务的法规，州的法律规则不能与联邦法律相冲突，但它们能够并经常提供比联邦法律所要求更多的服务。在美国现实社会中，除种族、宗教或道德背景的歧视外，还存在性别歧视。美国《宪法》第十四修正案和联邦、州的各种法律也禁止学校以性别为理由歧视学生。在1972年的《教育修正案第九编》（第九权利法案）中，国会禁止所有类型的接受联邦资助的教育项目中的性别歧视。由于大多数学校计划不受联邦资助，《教育修正案第九编》不直接适用于它们。对学校性别歧视提出异议可直接以宪法为依据。《教育修正案第九编》的权利对学生仍然是重要的，因为任何法院都会原支持宪法那样支持"第九权利"。通过"第九权利"而特别地规避违法的做法是不可能的。公立学校不可以设定女孩和男孩的定额，因为"第九权利"法案禁止学校为不同性别的学生规定定额。联邦法院也认为性别歧视的做法是违法的。女孩不可以被禁止上所谓"男孩的"课程。"第九权利"法案禁止接受联邦资助的教育教学项

[1] 马立武："二战后美国高等教育领域中的宪法权利保障探析"，河北大学2004年博士学位论文。

目以性别为理由的歧视。管理这项法律实施的教育部对其作出了解择，指出学校不得以性别为基础提供课程或实施教育，或对学生隔离活动，或拒绝某些学生参加这些活动等。

第七，程序性权利。关于公民生命、自由或财产等保护的正当程序规定主要体现在1791年在美国《宪法》第五修正案和第十四修正案中〔1〕，为了保障宪法和民权法所赋予的权利得以实现，教育法明确规定，在剥夺学生的任何权利时，按照法定手续需经过下列程序：清楚明确的书面指控说明，告知学生有律师代表，合理时间准备辩护，有权提出反证，拥有与证人对质、盘问证人的权利，要求法庭举行听证会的权利等。以体罚为例，学生必须事先清楚地知晓何种违纪行为有可能遭到体罚，在体罚实施前，向学生说明体罚的事实依据，并给予学生陈述答辩机会。任何对学生所采取的管教行动都必须有记录，禁止教师单独实施体罚。如俄亥俄州教育法规定，教师才能实施体罚必须有至少一位教职员工在场作证。否则，法院将判决撤销体罚。〔2〕

关于程序性权利在各个大学的处分中规定的更为详尽，以斯坦福大学为例。其《学生司法宪章》于1997年制订，2005年6月的修正。宪章规定了受指控学生的权利、其他学生权利以及证人的权利。其他学生享有参与权，有权参加陪审团工作。证人有权拒绝"自证其罪"、有权免受报复、恐吓、骚扰或恶意指控和被书面告知权利。受指控学生的权利多达22项。伯克利分

〔1〕 第五修正案规定："未经正当法律程序不得剥夺任何人的生命、自由或财产。14条修正案规定无论何州，不得制定或执行减损美国公民权或豁免的法律，不得于未经正当的法律程序时剥夺任何人的生命、自由或财产。"

〔2〕 吴亮："论美国教师的体罚权及其法律监督"，载《比较教育研究》2011年第3期。

校也同样重视纪律处分中学生隐私权的保护问题。[1]以上权利的规定对于保障学生实体权利的实现具有重要意义。

（二）对教师权利的立法保护

第一，基于合理理由制定规则权利。美国国家法律及各州的制定法均设有相关的学校及教师是否有权利对学生的服饰和发型进行限制规定。各学校制定的限制学生服饰发型的规章，承认尊重学生拥有受到宪法保护的权利，并将学生的宪法权利与学校及教师拥有的管理、限制学生权利的强制性放在一起进行权衡，一般来说法院都会支持学校限制学生服饰、发型等行为。

第二，基于合理理由对学生进行人身搜查权利。美国制定法明确授予或者暗示学校为保护学生人身安全、身心健康和其他福利，在不侵犯学生宪法权利前提下，有权制定关于学生健康和安全的规则及规章。如果有人举报某个学生在校园里携带刀具，为了避免其他学生及学生自己受到伤害学校及教师可以搜查。对学生实施搜身时必须遵守起因正当和搜查的范围合理且正当原则。起因正当出于保护学生的善意、良好愿望。搜查范围合理正当指仅仅针对被举报的学生进行搜查，且用证据证明其行为违反法律法规或政策。怀疑学生要有针对性，如针对学生个体或违法事件，只有针对这种怀疑，才能实施搜

〔1〕 其学生行为准则规定对学生违反校园行为准则或听证处理结果的信息都要严格保密，只有在教师和职员基于“合法的教育利益”时才能使用。“所有的学生行为处分都会记录在学生的行为档案上，学生行为档案从该案件被处理之日起至少要保存七年。在此之后，学生档案会被销毁。如果学生被开除，该档案会被永久保留。为了保护学生的隐私，听证一般不公开举行，非应学生书面请求承诺放弃隐私保护并独立听证官同意，才可进行公开听证。而且，如有必要保护听证参与者（包括学生证人）的隐私权，独立听证官可决定结束公开听证。对于涉及性行为或其他有重要隐私价值的指控，如果独立听证官认为听证会致其中一方或证人陷入困境，也可以结束听证。”

查。[1]

第三，查阅学生档案信息权利。学生档案信息属于个人隐私范围。教师作为学生的直接管理者，出于良好的愿望、不带有任何有损学生名誉的意图的前提下有权利查阅、增添或删减学生的档案资料。1974 年《家庭教育权与隐私权法案》规定了中小学教师管理学生档案的权利，包括学生个人信息、评价记录、家庭住址、教育档案等。教师经请求可以提供学生的真实信息，不属于侵权行为，但家长可以监督学生档案管理。《家庭教育权与隐私权法案》规定，家长可以查阅并评论其孩子在校档案，但教师所作的学生评价记录除外。没有学生家长书面同意，学校及教师不可将学生的档案资料透露给外人。[2]

第四，体罚权利。教师的体罚权在性质上被视为是父母惩戒权的转移。[3]学校接受家长的委托，处于代理家长的地位，负有体罚的权力和职责，但是，学校权利小于父母权利，如 1976 年"匹查案"。[4]同时，体罚权来源于法律的强制授权，如 1975 年"贝克尔案"。[5]如果学校和教师对超越合理限度的

---

〔1〕 NewJersey v. T. L. O. , 469U. S. 809; 105S. Ct. 68; 83 L. Ed. 2d19, 1984.

〔2〕 对于具有合法的教育目的的学校教师，或者当法院下达命令的时候，此规定是无效的。

〔3〕 Encyclopedia of Everyday Law: Discipline and Punishment. Retrieved March 18, 2007, fromhttp://law. enotes. com/ev-eryday-law-encyclopedia/discipline-and-punishment, 2010-06-02.

〔4〕 罗里达州的一名教师对拒绝在早晨向国旗敬礼的中学生施予体罚，并强迫其敬礼。受罚学生不服、诉至地方法院。法院判决认为，父母有权基于血缘关系，通过体罚强制子女向国旗敬礼、吃早餐或午餐。但是，学校并不享有等同于父母的管教权力，若通过体罚强制学生向国旗敬礼，就违反了宪法第一修正案的言论、宗教自由权。

〔5〕 该案中，学生家长主张某中学教师不顾家长反对而对其子女实施体罚，侵害了该未成年人的权利。地方法院判决认为，如果学区和学校具有比父母更加重要的管教利益，州政府就有权向学校授予体罚权。

体罚则不享有免责权，如 1987 年“加西亚案”。[1]教师对学生实施体罚要符合美国《宪法》第八修正案规定，不得处以残酷而异常的惩罚。体罚要坚持“善意原则”，以管教、帮助学生作为唯一目的，不得恶意、无正当理由地实施体罚。如“加西亚案”。[2]体罚还要坚持合理原则。不能逾越合理和仁慈的范围，体罚手段与管教目的之间的相当性和体罚对学生造成的伤害程度，如 2000 年“尼尔案”，[3] 2003 年“科特兰德案”。[4]

第五，学业评价权。美国高校学生完成学业实行“学分”制，学业的质量则以“评分等级”来衡量。学业评价标准由教师决定，不同的项目或课程教师会采用不同的标准和要求。以密苏里大学堪萨斯城分校课程评价为例，教师一般按出勤率、课堂报告、发言情况、课程论文以及期末考试成绩等进行评价。

---

〔1〕 一名 9 岁的女生被教师多次倒吊并殴打，造成身体多处受伤。医院鉴定认为依据该学生的受伤程度，教师的行为已构成虐待。学生家长因而诉至法院，第十巡回上诉法院判决原告胜诉。法院认为，一旦查明体罚不属于“合理且必要”的情况，教师和学校就要受到严厉的法律制裁，包括追究“民事故意侵权责任”“刑事犯罪责任”和“违教师伦理的责任”。

〔2〕 该案中法院认为，体罚的目的只能是维持良好的学习气氛和校园秩序；动用体罚的教师如果夹杂着个人对学生的敌意、愤怒或恨意的情绪，或者恶意报复和虐待学生的目的，那么体罚都被视为违法。

〔3〕 乔治亚州某校中学生持链条锁与同学发生互殴，被教师制止。教师和校长随即用链条锁对他进行体罚以示“公平”，但是结果造成该生左眼受伤。法院判决认定学校的体罚过当，已经构成对学生的身体伤害。法院在判决书中列举出判断体罚是否合理的因素如下：学生的违纪情节，包括犯错行为的严重性、学生违纪的动机、违纪行为对其他学生的影响程度；体罚所使用的工具是否足以造成虐待学生的危险。

〔4〕 一位高中生由于违反校规而被校长用金属条殴打，造成学生头部肿胀和疼痛。学生因而诉至法院。第十一巡回上诉法院判决原告胜诉。法院在判决书中对“学生伤害的严重性”进行阐明，法院以罚站为例，认为学生在教室内、大庭广众之下或寒风刺骨中等不同场所罚站，对于被处罚者的身体伤害效果就会有所不同。因此，确定体罚对学生造成的伤害，需要顾及个别学生的可承受能力，考虑年龄、体型、性别、受罚场所、肢体残疾情况、身心发展状况等因素。

教师在第一堂课就会向学生具体说明评分办法。同时，教师决定学生的毕业标准。一般情况下，本科生修满规定学分就能毕业，而研究生除了修满学分，还要通过学位论文答辩。所以，相同年级、经历和背景的学生，能否按时毕业差别较大。从某种程度上说，教师决定着学生能否毕业。

第六，言论与学术自由权。美国《宪法》第一修正案属于限制法，它明确规定〔1〕，禁止国会制定任何限制人民言论出版权利的法律。第一修正案保护了大学教师发表言论内容的自由和保护大学教师发表言论方式的自由。言论自由是任何一位教师在开展正常教学活动和学术活动中的一个特权，占了非常重要的地位。大学教师学术自由的权利已经被美国法律广泛认可。但教师只能发表于自己所教授学科或所研究领域相关的言论。否则，被视为超出了教师言论自由的范围。最著名的案例是 1968 年 Pickering v. Bd. of Educ. 案，〔2〕联邦最高法院判学校败诉。

最早提出学术自由观念的是德国的洪堡，他在 1809 年创建柏林大学时提出了寂寞与自由观念。认为大学教授必须忍受做学问的寂寞但享有高度自由。学术自由包括学术自由主体和学术自由内容。学术自由主体包括机构自由和个体自由，学术自由内容包括在不违背公共利益下选择教材、选择适当教学方法以及在某些学校中赋予其适当自治。法兰克福特指出："大学拥有四项基本自由权利，即决定'谁来教、教什么、怎么教、教

---

〔1〕 国会不得制定关于下列事项的法律：确立国教或禁止宗教活动的自由；限制言论或出版自由；或剥夺人民和平集会和向政府请愿申冤的权利。

〔2〕 一位教师在社区报纸上批评校方被解雇，于是上诉法院。联邦最高法院判学校败诉。认为教师有权公开表达对有关教育议题的看法，而且文章中的错误并不严重，且多已为当地人所知悉。教师发表文章的动机在表达对教育的关心，并无任何恶意。就此而论，学校无权以此理由解雇教师。

给谁’，这是学术自由的经典性定义。”[1]哈金斯则将学术自由分为“校内的自由”和“校外的自由”，前者包括讲授争议性问题的自由、拒绝向国旗致敬的自由、选择教学方法的自由，后者包括结社自由、参与政治性活动的自由以及发表公共言论的自由。[2]“美国大学教师在课堂中不能把自己的观点强加给学生，对有争议的问题必须保持中立。更不能对专业领域以外的问题随意发表言论。”[3]以科恩诉圣贝纳迪诺谷学院案为例，教师有选择适当教学方法自由，但必须是适当，否则，可能会触及法律。所以，美国大学教师的学术自由与学术责任是统一的，享有学术自由必须履行相应的学术责任，即积极履行对国家、对社会的责任。

再如1952年的艾德勒案。[4]教室是“观念的市场”，因此学生有自由表达观点的自由。Tinker案所确立的原则是，除非教师或学生的言论实质性，而且根本地（materiallyandsubstan-tially）干扰了学校经营所需要的纪律，否则不得压制其表达自由。[5]

另外，美国高等教育立法也规定了教师的职责：一是所有

---

〔1〕 沈文钦：“美国联邦最高法院的学术自由判例及其法律意涵”，载《学术界》2007年第1期。

〔2〕 udgins，H. C. Lawandeducation—contemporaryissuesandcourtdecisions，Charlottes-ville，Va.：MichieCo.，c1985：229，234~235，212，221，205~239.

〔3〕 李子江：“美国大学学术自由的特色”，载《比较教育研究》2005年第6期。

〔4〕 阿德勒是纽约公立学校教师，因参加颠覆性组织，纽约市教委依州的费恩伯格法（FeinbergLaw）将其解雇。他上诉至联邦最高法院，提出纽约州法律违宪。以大法官明顿（Minton）为主的多数意见认为州法律没有违宪，支持原法院判决，法院的多数意见认为：“教师在教室这一敏感的环境中工作。在教室中，教师型塑了青少年对社会的态度。在这一点上，政府有非常重大的利害关系。它必须维持学校的纯净（integrity）。依此，教育领导部门有权甄别它的行政领导、教师和职员……这一点毋庸置疑。”

〔5〕 沈文钦：“美国联邦最高法院的学术自由判例及其法律意涵”，载《学术界》2007年第1期。

的正式教师都要从事教学工作，每个大学教师一学期教授两门或两门以上的课程。二是从事科学研究，发表论文或著作。三是担任本科生或研究生的指导老师，指导学生论文。四是对学生的校外活动提供与专业相关的咨询、顾问或其他服务工作。

二、师生权义的教育司法保护

美国高校纠纷解决具有途径多元化、纠纷解决机构中立化、纠纷处理程序正义化特点。无论是教师纠纷解决机制和使学生纠纷解决机制都比较完善。

（一）教师的教育司法保护

为了保障教师的权利不受侵犯，美国设立了较为完善的教师申诉制度和听证程序。如果教师认为自己权益受到侵害，可以通过申诉机制来实现自己合法利益。

20 世纪 70 年代，申诉机制逐渐在美国许多大学中出现、采纳并付诸应用。美国教师的申诉救济制度分为两种：校内申诉和校外申诉。

第一，校内申诉机构。校内申诉机构有系会、学院和教师评议会申诉委员会。申诉的范围是："学校管理中的不公正待遇；学术活动中的不公正待遇；解聘，续聘，终身教职等涉及学术身份的不公待遇。申诉程序完备：教师有听证权、可委托律师、召集证人和质证、请求回避等。"[1]申诉机构为常任制，申诉委员会成员不包括各部门领导。教师启动申诉程序逐级进行。先由申诉委员主席处理，如果不满意，再向委员会主席申请处理。如果申诉方对处理决定还不满意，再向学院提出申诉。如果对学院委员会的审理结果仍部满意，就诉诸教师评议会申

〔1〕 张少华："美国高校教师申诉机制探索，一密歇根大学迪尔伯恩分校个案研究"，载《比较教育研究》2007 年第 2 期。

诉委员会，教师评议会申诉委员会决议为最终决议。

第二，校外申诉制度。美国的教育管理是各州的责任，州教育法规通常会对教师任期、退休、集体协商、解聘程序等一些细节的问题作出规定。如各州教育委员会对教师申诉制制定原则性条，具体的操作规程则由各学区教育委员会制定实施。以集体协商制度为例，美国教师通常会通过教师工会或其他教师自律组织（美国大学教授协会）与学区教育委员会协商。集体协商的内容主要有工作时间、工作环境、薪酬等。还有不续聘教师的“程序问题”也可列入协商议题。

第三，听证程序。在申诉机制程序规定中，最为突出的是对听证制度的规定。

听证制度是美国宪法赋予公民的一项法定权利，通常发生在教师不被续聘以及被解聘两种情形中。具体程序是申请人先提出书面申请，不符合召开听证会情形的，听证委员会作出不准许听证决定并说明理由；符合的应当在一定时间内安排进行。听证会上，当事人需要就个人的基本情况进行陈述、论证、出示证据，也可以召集证人出席对证据进行质证等。在听证会结束后，由听证组织者将听证情况和听证裁决结果上报教师申诉委员会。如果申请者对听证裁决满意，则听候教师申诉委员会处理；如果不满意，可以向上一级别的申诉委员会上诉，直至实现自己的诉求。

（二）学生的教育司法保护

美国高校学生纠纷解决都比较重视发挥校内纠纷解决机制的作用，鼓励采用非诉讼手段较多，纠纷解决过程严格遵守正当法律程序原则，注重学生隐私权保护，强调听证的民主性、独立性和多方参与性。

以加州大学伯克利分校为例，其管理学生事务的主要机构是学生行为中心，处理学生纪律及其纠纷解决的政策文件是学生行为准则。[1]学生行为准则规定了学生的权利和义务。学生的义务有遵守学生行为准则，在即将来临的与学校的沟通程序中要诚实，对沟通和会谈要求要及时回应，要站在他人立场考虑问题，采取行动时要遵守学校的行为准则。学生享有的权利有收到正式的被指控的通知，无罪推定，选择不参加行为处理过程，选择顾问，听证的机会和上诉的机会。[2]伯克利分校学生纪律纠纷解决的一般程序包括填写投诉表、学生行为中心会对投诉的不当行为进行调查、投诉案件的非正式方式解决[3]、投诉案件的正式方式解决[4]、教务长的决定、向副校长申诉、申诉的最终决定。

由上分析可以看出，伯克利分校的学生纠纷处理采取多元化的解决机制，既有非正式方式，也有正式方式，不同纠纷使用不同方式处理，且优先采用非正式方式。其纠纷处理机构中立化，尤其是独立听证官主持委员会听证，使得学校的行政听证机制更为独立或中立。纠纷处理过程中正当程序原则贯穿于

---

〔1〕 该准则包括七个方面的内容：第一部分规定学生享有的权利；第二部分规定纪律处分及争议处理的程序；第三部分界定主要概念；第四部分规定学校的管辖权；第五部分规定学生违纪行为的类型；第六部分规定学校的制裁与处分类型；第七部分为杂项。Berkeley Campus Code of Student Conduct. （2015-01-17） [2015-06-15]，http://sa. berkeley. edu/sites/default/files/UCB-Code-of-Conduct-new%20Jan 2012_ 0. pdf.

〔2〕 申素平、陈瑶："美国高校学生纪律规范及纠纷解决机制探究"，载《中国高教研究》2015 年第 11 期。

〔3〕 非正式纠纷解决方式主要包括调解、同行审查委员会、恢复性程序等。

〔4〕 听证是处理学生违纪案件的正式方式。学生可以选择委员会听证或行政听证。如果学生未作选择，则由独立听证官为其确定委员会听证。委员会听证是由一个委员会作为听证团进行听证并作出结论，其成员来自学生行为委员会。独立听证官是委员会听证的主持人，但不参与撰写处理结论及提出制裁建议。行政听证是由独立听证官作为听证团进行听证并作出结论，其他程序方面与委员会听证相同。

纠纷解决机制始终，如听证的相关程序，包括听证前的准备、听证提问方式、证据规则、听证记录等都是比照法院诉讼程序设计的。这种严密的正式程序正是其贯彻正当法律程序原则的体现。[1]再如普林斯顿大学制定的“校内诉讼程序”，堪称美国高校遵循“正当程序原则”的典范。所有这一切都保证了案件得到客观公正解决。

第二节　德国关于师生权义的立法与司法保护

德国属于大陆法系国家，由16个州组成，其法律大部分属于成文法，也有为数不多的习惯法和判例法。德国的教育立法体系是联邦和州并行立法，以州为主，联邦为辅。联邦在联邦范围内制定关于教育基本问题或原则性问题的法律，如德国《基本法》德国《高等教育总法》等。各州则将联邦关于教育的法律变为本州教育法的内容，其教育立法体系可分为州宪法、州教育法和州教育部所发布的行政命令。如《巴伐利亚州宪法》《巴伐利亚州高等教育法》《学校法》等。州宪法规定本州的教育基本原则和目的，通过颁布专门法令规定学校设立、维持、发展原则；师资培训进修，学生在学校中的地位，教育补助等。目前，联邦德国的教育立法主要有中小学校法、高等教育法、教师法、成人教育法、特殊教育法、职业教育法、各种艺术教育法、留学生教育法等。其关于高等教育的立法主要有德国《高等教育总法》等。由上看出，德国宪法中有关教育的条款，还有单独的教育法律、政令、部令及各种条例，一系列的法律、条款、政令、部令等构成了严密的、完善的、覆盖了整个教育

---

〔1〕 申素平、陈瑶：“美国高校学生纪律规范及纠纷解决机制探究”，载《中国高教研究》2015年第11期。

领域的教育法规体系。德国师生权益保护主要表现为立法保护和司法保护两个方面。

一、师生权义的教育立法保护

(一) 学生权利的教育立法保护

学生权利的教育立法保护主要表现为受教育权、国家资助权、学习自由权、参与权、学业咨询权、获得文凭权等方面。

第一，受教育权。德国基本法规定了公民的受教育权，其受教育权包括自由选择教育形式、自由选择教育的内容，以及个体自由发展权利三方面。另外，德国《基本法》第7条第2款还规定："教育权人对于子女是否接受宗教教育享有决定权。"即子女能否接受宗教教育家长有决定的权利。

第二，国家资助权。国家资助权规定在《巴伐利亚州宪法》和《高等学校年轻科学人才资助法》中。《巴伐利亚州宪法》第128条规定："每个巴伐利亚居民都有权接受与他们的外在能力和内在实名相应的教育。有优异才能者在就读小学和大学时，在必要的情况下得到国家资助。"另外，《高等学校年轻科学人才资助法》第2条第1款规定："大学毕业后具备攻读博士学位条件的人，如果其学术计划可对研究起重要作用，学习和考试成绩表明具备特别工作才能，可得到奖学金以准备博士论文，博士论文需在本法律适用范围内的高校完成。"

第三，学习自由权。[1]学习自由权规定在德国《高等教育法》中。这一权利主要包括自由选课的权利，自由选定专业学习的重点权利，有提出和发表科学艺术方面观点权利等。

第四，参与权。参与权即学生有权参与学校事务的权利。

---

〔1〕 德国《高等教育法》第3条第4款规定。

《巴伐利亚州宪法》第138条规定："高等学校享有自治权，学生必须参与属于他们的事务。"

第五，学业咨询权。德国《高等教育法》第14条规定："高等学校有向学生和入学申请者介绍学习的选择机会、课程学习内容、结构和要求；随着学业的进展，还要向学生提供专业性的咨询。"

第六，获得文凭权。[1]这一权利规定在德国《高等教育法》中。该法规定，完成职业培训的学生，由学校颁发大学注明所学专业课目的毕业文凭。另外，州法可以规定高等学校授予达到职业培训学历的学生以硕士学位。

除此之外，《巴伐利亚州教育教学法》规定："学生按年龄和学校中的地位规定享有下列权利：参与学校生活，在学校调理和教学计划范围内参与组织教学；充分了解学校中的重大事宜；了解成绩并获得提高成绩的指教；受到不公正评价或对待时享有救济权；享有言论自由权，等等。"

在规定学生享有权利的同时，《巴伐利亚州宪法》《高等教育法》也规定学生应当履行下列义务：

第一，接受义务教育的义务。《巴伐利亚州宪法》第129条规定："所有青少年都有就读于国民学校和职业学校的义务。"德国巴伐利亚州义务教育法也作了相关规定。[2]

第二，不得妨碍高等教育设施的正常运转、妨碍高等学校机构的不工作或妨碍高校教学活动的进行的义务。如果学生使用暴力，或引起暴力，或以暴力相威胁而造成下列后果，则取消其入学注册资格：妨碍高等教育设施的正常运转，妨碍高等

---

〔1〕 德国《高等教育法》第18条规定。

〔2〕 郝维谦、李连宁：《各国教育法制的比较研究》，人民教育出版社1997年版，第35页。

学校机构的不工作，或妨碍高校教学活动的进行。组织或企图阻止高校人员履行自己的权利和义务。

第三，遵守学习考试制度的义务。德国《高等教育法》第3条第4款在规定学生学习自由同时，规定学生不得违反学习考试制度。

第四，遵守学校管理规定的义务。德国《高等教育法》第3条第5款规定："在行使本条第2到第4款权利时（科研自由和学习自由），应遵守学校为维持正常秩序而做出的管理规定，不得损害他人权利。"

（二）教师权利的教育立法保护

联邦德国教师法规定教师是国家的行政官员，由国家任命为终身职务，纳入国家公务员管理，工资较高，在教学和学术的探讨方面受到法律保护。具体而言，教师的权利主要有：

第一，享有学术自由权。即教师作为学术机构的教学者和研究者，在学术上占有绝对的主导地位，享有充分的学术自由，享有科研成果的发表权，德国《高等教育法》第3条第2款规定了科研自由（包括课题的提出、研究方法的确定、研究成果的评价及传布），第24条规定："凡对科研项目作出科学贡献或其他重要贡献的同事，在发表科研成果时需作为合作者署上他们的名字。如有可能，应具体注明他们的贡献。"

第二，享有职业保障权。教师作为国家的公务员，一旦被正式任用，其所任职务就成为终身职业，非经法定程序不得免职。只有在严重渎职的情况下才会被解雇。

第三，享有教学自由权。德国《高等教育法》第3条第3款规定了教学自由。包括在教学任务范围内有权开展教学活动，有权确定教学内容和教学的方式方法，有权发表学术观点。在不妨害国家监督权之限度内，宗教教育得依宗教团体之教义施教，教师不得违反其意志而负宗教教育义务。[1]《巴伐利亚州宪法》第 136 条规定："教师不得被迫或阻止讲授宗教课。"

第四，享有惩戒权。教师惩戒的形式有两种，即教育性措施和维持秩序措施。教育性措施如取消学生表演、郊游等，教育性措施依照学校教育目的、基于专业自助券可行使。维持秩序措施如书面告诫、暂时离开学校、退学或开除学籍等，适用于严重违反校纪校规的学生。同时对教师的义务规定也比较严格。

第五，享有参与、表决、管理权。德国《高等教育总法》第 37 条第 1 款规定："参与学校的自我管理工作是高校人员的权利和义务。只有在具有重要理由的情况下，才可以拒绝接受个人在管理工作中的职务。"德国《高等教育总法》第 38 条第 4 款规定："就直接涉及科研、艺术开发项目、教学或教授的聘任等事项的决定时，参加有关机构工作的学校领导人或领导委员会成员、教授、高级讲师、主任助教、主任工程师、文理科和艺术科助教、学生，以及按本法第 36 条第 2 款和第 3 款同等对待的人员均可参与意见，并有表决权。"《巴伐利亚州高等教育法》第 18 条第 1 款规定："有选举权的人员均可参与学校的管理。"

第六，享有公正对待权。《联邦德国高等教育总法》第 37 条第 3 款规定："高校管理人员不能因参加本校事务管理工作而受到不公正对待。"《巴伐利亚州高等教育法》第 18 条第 3 款规定："高等学校人员不能因作为各小组代表参加会议机构的工作而在各方面受到不公正待遇。"

第七，享有休假权。这一权利规定在德国《高校教师法》

[1] 德国《基本法》第 7 条规定。

中。该法第 12 条第 4 款规定："教授在无授课任务时享有休假的权利。"

德国教育法在规定了教师享有权利的同时也规定了教师的义务，具体如下：

第一，完成工作任务的义务。德国《高等教育总法》第 36 条第 5 款规定："高等学校的所有人员及其他具有同等对待资格的人员，在不影响其履行公务员聘用合同或劳务聘用合同中规定的其他职责的情况下，需齐心协力，使学校及其所属机构能够完成工作任务，使他人在履行自己在学校中富有的权利和义务时，均不受到妨碍。"

第二，参加教学改革、学业咨询、开设课程等工作的义务。德国《高等教育总法》第 43 条第 1 款规定："教授独立承担本校的科学艺术、科研和教学工作。"包括参加教学改革和学业咨询，参与学校管理，主持考试等。第 2 款规定："教授在其职务规定范围内，有义务在本学科中开设课程。"德国《高校教师法》第 9 条第款规定："教授根据聘用关系的具体规定，独立承担本学科范围内的科学、艺术和教学方面的任务。"第 2 款规定："教授有义务在聘用关系规定的范围内展开本学科所有课程的教学活动、参加教学改革和咨询、参与管理、考试工作等。"

第三，保密义务。《巴伐利亚州高等教育法》第 18 条第 4 款规定："高等学校的人员及其他同等对待的人员，有义务对本人在学校担负职务或任务所获知的任何内部情况保守秘密。"

第四，尊重学生和宗教感情的义务。《巴伐利亚州宪法》第 136 条规定："在所有学校的教学中均应尊重学生和宗教感情。教师讲授宗教课需要由宗教团体授予全权。如果没有授权，则不得讲授宗教课程。"

第五，监管义务。德国《基本法》第 34 条规定："如果有人在行使被委托的公职时违背了其相对于第三者应尽职务义务，原则上由其供职的国家或社团承担责任。”而教师是学校一员，则直接承担监管义务。这里的监管义务包括使被托付的学生免受损害和避免他人和他者面授学生侵害。

第六，进修义务。教师有义务参加政府教育团体或各校举办的讲习所、研讨会和观摩会，各州设置教师进修中心，举办各种继续教育活动。教师可以长期请公假到大学或教育学院深造，以获取新的资格。进修的内容包括外国留学生的教育、学校的训育活动和教育商谈、新的情报技术、通讯媒介教育、多样化的可能性和界限、成绩评价问题、职业选择准备、在自然科学家教学中的实验、特殊教育、环境教育、体育以及帮助取得在教师不足的学科所必要的教师资格等等。

二、师生权义的教育司法保护

对师生的司法保护主要是程序保障，包括分事前保障和事后保障。

（一）事前保障

事前保障即对师生作出惩戒和处分要严格依照法律规定的惩戒种类和条件实施。在德国，由于教师具有公务员身份，一旦聘用，就可终身就职，只要不违法或触犯法律规定的其他禁止行为，就免受失业的威胁。对学生而言，如果作出处罚就必须将行政法上的比例原则引入教育惩戒之中，要求学校及其教师采取最小侵害方法实施惩戒，这样既有利于维护教育秩序又有利于保学生合法权益。如德国巴伐利亚州规定，对学生实施处罚必须给学生发表意见的机会。学生及其监护人有权委托所自己信任的教师为其发表意见。要取消学籍，则必须遵循法律规定和程序。

（二）事后保障

事后程序保障是师生获得各种救济的权利程序，即司法审查。二战之前，德国受传统特别权力关系理论的影响，司法不介入学校学生管理纠纷。二战以后，依据乌勒的二分理论，司法开始介入涉及学生身份改变的纠纷。之后，联邦宪法法院又通过诸多判决形成“重要性理论”。即只要是涉及“重要事项”(如学生基本权利)，都可以采取司法救济。如考试争讼经历了从司法消极审查（学校享有“判断余地”）到积极审查（考生享有“作答余地”）的过程。德国《基本法》[1]规定任何人都有权单独地或与他人联名向相应的机构和议会机构提出书面的请求或诉愿，任何一个主观权利[2]遭受公权力侵害的公民都可以诉诸法律途径，寻求行政或司法救济。以侵犯受教育权为例，其法律救济包括以下几种途径：非正式的法律救济。包括向公共机关声明异议[3]，向监督机关提出非正式申诉；向公共机关提出复议申请；向行政法院起诉；宪法申诉；针对公共机关的工作人员因过错造成的损害提出职务赔偿之诉；向欧洲法院提起保护个人权利的诉讼或向欧洲人权法院提出个人申诉。

第三节　日本关于师生权义的立法与司法保护

二战后日本大力发展教育事业所采取的重大举措之一就是建立了完善的教育法律体系。在日本，国会是教育立法机构，作为日本法律组成部分的教育法律必须经过国会讨论同意，最

〔1〕 德国《基本法》第17条、19条。

〔2〕 主观公权利是指公法赋予个人为实现其权益而要求国家为或者不为特定行为的权能。

〔3〕 异议人对行政主体所作出的行政处分不服时，可以先向原处分机关提出，请求审议，这称之为声明异议。

后以法律形式公布实施。日本国会由众议院和参议院组成，教育法律经国会两院决议后才能通过。在各个县可根据国家的教育法律，再制定具体的实施细则，便于执行。

战后，日本形成了以宪法和教育基本法为顶点的教育法规体系。该体系包括国家颁布的教育法规和地方行政机构颁布的教育法规。国家颁布的教育法规包括：一是国家颁布的日本《宪法》，其中第 23、26 条是有关教育问题规范；二是国会制定“法”字号的法律，如的包括《教育基本法》《学校教育法》等；三是由内阁发布的“令”字号的法规，如《学校教育法施行令》等；四是由内阁大臣发布的府令以及由文部大臣发布的省令，如《学校教育法施行规则》等规则类法规；由人事院和委员会所制定的各种规则，如《特殊勤务津贴》等；六是告示、训令、通知等（由文部大臣、各委员会和各厅长官发布）。另外，关于教育方面的条约也是必须遵守的教育法规。

地方行政机构颁布的教育法规主要有：第一层次为条例（地方议会制定），第二层次为规则（地方行政机构的长官制定），第三层次教育委员会规则（地方教育委员会制定）。

一、师生权义的教育立法保护

（一）教师权利的教育立法保护

《教育公务员特例法》《国家公务员法》和《地方公务员法》都规定，日本国立、公立学校教师均为国家公务员和地方公务员，他们享有下列权利：

第一，劳动基本权。日本《宪法》规定[1]：“教师首先享受对劳动者一般要保障的权利。”教师作为日本公民，和其他日

〔1〕 日本《宪法》第 28 条。

本公民一样享有宪法规定劳动权利，即劳动保障权。

第二，要求重新处理权。教师有权对工作条件、劳动时间、工资等向人事委员会、公平委员会、人事院要求提出重新处置与安排。上述委员会接到申请后，必须进行调查或口头处理，如果认为理由正当，应当予以受理处理。

第三，申诉权。这一权利是在教师受到处分或惩罚时采用的。如果处分或惩罚违反教师本人意志，损害教师利益，教师有权在接到处分通知的翌日起至60日内或在履行该处分的1年之内，向人事委员会、公平委员会提出申诉，请求审查。该委员会必须按照规定进行审查，并作出需要维持原处分、修正原处分或撤销原处分的决定。教师对处理结果仍不服，则可提起法律诉讼。

第四，休假权。日本教职员的休假权较为广泛，具体包括教职员失望假日休息权、带薪休假权、产前产后休假权、育儿时间权等休假权利。

第五，进修权。教育公务员到上司允许和不影响教学情况下，为了履行其职责，可离开工作岗位进修，也可在工作岗位上接受长期的进修。

第六，对学生惩戒权。这一权利规定在《学校教育法》中。该法第11条规定："校长及教员认为在教育上有必要时，可根据监督部门规定，给学生以必要的惩戒，但是，惩戒时不得施加体罚。"

（二）学生权利的教育立法保护

对学生权力的立法保护主要体现为受教育权、教育机会均等权、信仰自由权、生存权和男女平等权等方面。

第一，受教育权。受教育权规定在日本《宪法》《教育基本法》《学校教育法》中。1946年日本《宪法》第26条规定：

“一切国民，按照法律规定，都享有按能力同等受教育之权利。”《教育基本法》（1947 年）规定了教育目的方针，社会教育、义务教育以及教育机会均等等内容。之后制定的《学校教育法》对整个学校教育做出了全面而又详细的规定。

第二，教育机会均等权。教育机会均等权即所有国民都具有平等地接受适应其能力的教育机会的权利，与此同时，国家要采取必要的教育援助。这一权利规定在《教育基本法》〔1〕中。

第三，信仰自由权。信仰自由权规定在日本《教育基本法》〔2〕中。该法对宗教信仰采取了宽容的态度，规定学校不得进行特定宗教教育，宗教在社会生活中地位必须在教育上得到尊重。

第四，生存权。生存权规定在《教育基本法》中。该法第 4 条规定：“要有尊重生命、爱护自然的态度及保护环境的态度。”

第五，男女平等权。男女平等权规定在《学校教育法》《教育基本法》中。《学校教育法》规定，改革学校制度，以实现教育机会平等，摒弃性别歧视。《教育基本法》〔3〕也规定男女平等，尊重公益与责任。

---

〔1〕 日本《教育基本法》第 4 条明确要求：“所有国民都具有平等地接受适应其能力的教育的机会，不得因人种、信仰、性别、社会身份、经济地位或门第的不同而在教育上受歧视。国家和地方公共团体为了使有障碍者能够适应其障碍的状态，接受充分的教育，必须采取必要的教育援助。国家和地方公共团体对于尽管有能力但因经济原因而就学困难的人，必须采取就学奖励措施。”

〔2〕 日本《教育基本法》第 15 条规定：“对宗教的宽容态度、关于宗教的一般教养和宗教在社会生活中的地位，必须在教育上得到尊重。国家和地方公共团体设置的学校不得进行面向特定宗教的宗教教育及其他宗教活动。”

〔3〕 日本《教育基本法》第 2 条规定：“尊重正义与责任、男女平等、对自己和他人的热爱、相互合作，同时，基于公共精神，培养积极地参与社会建设并为其发展作出贡献的态度。”

二、师生权义的教育司法保护

战后日本由于受美国影响，其在司法体制中撤销了行政法院，涉及民事和行政诉讼案件统一由司法法院受理，公法和私法界限不再明显。涉及受教育权的法律救济有两条途径解决即民事诉讼和行政救济。行政领域救济主要受《行政不服审查法》《行政案件诉讼法》《国家赔偿法》的调整。

日本受教育权纠纷处理程序是一般是按照先民间（教育行政主管部门)、后行政（所在地区的人事院或人事委员会、公平委员会)、再司法（法院）的程序。国立学校、公私立大学和高等专门学校等教育行政主管部门由文部省受理。如果对处理结果不服的，再由人事院等处理，最后是司法机关处理。以学生为例，如果学生对公立学校的处分不服，首先向学校提出申诉，对申诉处理不服再向其隶属的教育行政机关请求，之后还可向教育大臣提出再审查请求。对审查结果仍不服，向司法法院起诉。但是，无特殊情况，不经过教育行政主管部门的裁决，不得上诉。上诉到司法机关后，对判决仍不服还可逐级上诉。

第四节　俄罗斯关于师生权义的立法与司法保护

苏联的教育根本大法主要是立法纲要，苏联解体之后，俄罗斯联邦制定了俄罗斯教育的根本大法俄罗斯联邦《教育法》，其规定俄罗斯联邦按照联邦法律和国际法规来实施教育，界定了国家权力机构和各层次管理机构间的教育权限，维护和保障俄罗斯联邦公民享有宪法规定的受教育权，为俄罗斯联邦教育体系的完善发展提供了保障。

俄罗斯联邦的立法权限分为俄罗斯联邦的教育权限，俄罗斯联邦共和国、边境区州、莫斯科和圣彼得堡市、自治州、自治区的教育权限，联邦各主管部门教育管理机构教育权限的划分、地方自治机构的教育权限、教育机构的权限和责任等。其教育法规体系有国家法、部门法、地方法三类。国家法是由国家最高权力机关以及党和国家最高决策机构依照宪法规定的程序制定的、运用于整个国家的教育法；部门法是指由专门负责教育机构的中央业务部门制定的、一般涉及教育部门内部事务的教育法规；地方法是指地方根据宪法或其他国家法律制定的只在本地区运用的教育法规。

一、师生权义的教育立法保护

（一）学生权利的教育立法保护

学生权利规定在俄罗斯联邦《教育法》和俄罗斯联邦《高等教育法》中。

俄罗斯联邦《教育法》规定的学生权利有：第一，受教育权。受教育权是俄罗斯联邦公民不可剥夺的宪法基本权利。《教育法》第 51 条规定："学生有选择教育机构和受教育形式的权利。在未经授权的教育机构中以家庭教育和自我教育形式接受教育的公民，有权在相应类型的经授权的教育机构中以考试的形式获得鉴定。"俄罗斯联邦《高等教育法》第 16 条规定学生享有教育自由和学术自由权利。[1]第二，有权接受国家教育标准的教育；第三，在符合国家教育标准的教育范围内有权选择按照个别教学计划进行学习；第四，如果有速成班教育学生有

---

〔1〕 具体包括：学生有权选择相应院系、教研室开设的选修课和选择课程；除所选专业方向的学习课程之外，有权掌握本校所授任何其他学习课程，根据章程预先规定的程序，还有权掌握其他高校所授的课程。有权发表自己的作品，其中包括在高等学校出版物中的发表。俄罗斯联邦和按照联邦法律和国际法规来实施教育。

权参加学习；第五，有权接受补充教育服务；第六，作为学校一员有权参加教育机构管理；第七，有权享有人格的尊重；第八，享有信仰自由权和信息自由权；第九，有权自由表达个人观点和信念；第十，国立与非国立教育机构的毕业生在升入下一级教育机构时有平等的权利。

大学生享有科学研究自由规定在俄罗斯联邦《高等教育法》中。该法总则第3条规定：“高等学校中大学生享有科学研究自由，大学生享有根据个人兴趣爱好和要求获取知识的权利。”第16条规定：“高等学校学生有权在遵守高等教育国家教育标准要求条件下，参加自身教育内容的编制、参与高校管理、使用教学资源、接受军事专业教育、接受高校服务、申诉控诉、免费学习等权利。”[1]

俄罗斯联邦《教育法》规定了学生基本义务是独立完成个人学习计划，即学生必须在认真学习掌握教学大纲前提下，学好学计划规定的各门课程、教学大纲所规定的教学任务。俄罗斯联邦《高等教育法》规定的义务有独立完成规定学习任务和遵守学校有关规定。即高等学校大学生应当独立完成高等职业教育的教学计划和教育纲要规定的全部学习任务，要遵守学校章程、内部规章和社会生活（宿舍）规则。如果大学生违反这些义务，学校有权对其进行纪律处分，直至开除。

（二）教师权利的教育立法保护

教师的权利在俄罗斯联邦《教育法》和俄罗斯联邦《高等教育法》均有规定。俄罗斯联邦《教育法》规定教育机构工作人员享有的权利有：

第一，科学研究自由权。俄罗斯联邦《高等教育法》总则

[1] 俄罗斯联邦《高等教育法》第16条。

第3条第3款规定，高等学校中作为教授-教师协会成员的教育工作者、科研人员和大学生享有科学研究自由，大学生享有根据个人兴趣爱好和要求获取知识的权利；第二，参加教育机构的管理权；第三，保护自己的职业荣誉和尊严权；第四，享有法定的6小时工作日和速度按日期的工作周，以及每连续工作10年有权享受一次1年的长假权；第五，最低工资额和职务工资按高于俄罗斯平均工资额确定权；第六，为了有助于向教育机构的教育工作人员提供图书和期刊每月可发给他们数额为职务工资10%的补贴权；第七，远离城市中心的教育机构以及国家权力和管理机关认定的同类机构的教育工作者，享有当地为农业专家提供的优惠权。

俄罗斯联邦《高等教育法》[1]规定了高等学校科研教学人员享有的权利具体有选举和被选举、参与学校讨论与问题的决定、免费利用高校和其他部门资源与服务、规定课程内容、自主选择教学方法与教学手段、控诉、申诉以及职业保障等方面权利。

俄罗斯联邦《教育法》规定的教师义务有：第一，遵守法律，遵守道德规范和伦理规范；第二，遵守教师的职业道德；第三，尊重学生的荣誉及维护学生尊严；四是禁止利用教育活动强迫学生接受违背其意愿的各种信仰（包括政治信仰、宗教信仰或其他信仰），禁止煽动学生对社会、种族、民族、宗教仇恨，以及鼓动学生做出违反俄罗斯联邦宪法等行为；第四，禁止对学生和受教育者进行身体和心理上的强制惩罚；第五，在职进修义务。俄罗斯教师每五年参加一次在教师进修所、教授法中心和中央教师进修所进修。

---

〔1〕 俄罗斯联邦《高等教育法》第20条第4款。

俄罗斯联邦《高等教育法》第20条第5款规定："高等学校科研教学工作人员有下列义务：遵守高等学校章程；保证科研和教学过程的高效率；培养学生职业品质、公民意识，以及适应现代社会的劳动与生活能力；发展学生的独立性、主动精神、创造能力；不断提高自己学习能力和专业技能水平。"

二、师生权义的教育司法保护

（一）学生权利的教育司法保护

第一，程序保障。关于程序保障俄罗斯联邦《教育法》和俄罗斯联邦《高等教育法》均有规定。俄罗斯联邦《教育法》第42条规定了对掌握基础教学大纲有困难，或者在发展和社会适应方面遇到困难的学生如何提供教育心理、医疗援助和社会援助等方面问题。俄罗斯联邦《高等教育法》第16条第9款规定了对违反高校章程及其内部规则义务学生进行纪律处分、包括开除在内的纪律处分的程序（应当从其收到书面通知后实施）。

第二，学生自治。在教学活动、科研活动和日常生活中，高等学校学生都有自治管理组织学生会。学生会和学生管理部门的首要目标就是维护学生权利。无论是国立大学还是私立高校，法律规定都要选举学生组织学生会。学生会和各个学生管理部门一起通过开展各种活动，如发布学生资助信息、对学生住宿管理开展监督、参与学校宣传、帮助联系学生就业，以及开展联谊活动等等，来维护学生的合法权益。另外，在大学生工会委员会中也要求设大学生教学—教学法委员会，参与班级的教学监督等。

第三，司法保障。俄罗斯联邦《教育法》[1]规定了对困难学生要提供心理、医疗和社会方面的援助。尤其是对未成年学生犯罪嫌疑人、被告人，或者刑事案件的被告人、受害人或证人提供心理、医疗和社会援助。

（二）教师权利的司法保护

关于教师权利的保护主要体现在内部劳动规章中。对于教师而言，其纪律责任由内部劳动规章决定。学校中的任何一个工作人员，若违反劳动纪律，则应对之批评教育或采取纪律处分措施。处分有批评、警告、严重警告、调任爆出较低的工作或降职、开除。纪律处分由学校校长以及国民教育机关有关的负责人在法律赋予他们的权限范围内行使。同时俄罗斯联邦《刑法》也规定了刑事处罚责任。

第五节　中国台湾地区关于师生权义的立法与司法保护

随着经济和教育发展的需要，经过了几十年的建设，台湾目前已形成了一个结构比较完整的教育法规体系，新订和修订的大量教育法规几乎包括了从幼儿教育到研究生教育的各个方面。纵向的有宪法、教育专项法律，教育行政规章、命令等；横向法规有学校教育法、社会教育法、机构组织规程、人事制度等等。如“宪法”“基本教育法”“国民教育法”“大学法”“学位授予法”“幼稚园法”等。

一、师生权义的教育立法保护

（一）学生权利的教育立法保护

关于学生权益规定主要体现在“宪法”“大学法”“教育基

[1] 俄罗斯联邦《教育法》第42条。

本法”中。学生权利主要有：

第一，受教育权。受教育权规定在“宪法”和“教育基本法”中。“宪法”第23条规定：“人民有受国民教育之权利。”“教育基本法”第2条规定：“人民为教育权之主体。第8条规定，学生的学习权和受教育权，国家应予保障。”

第二，学力鉴定权。学力鉴定权规定在“教育基本法”中。该法第14条规定：“人民享有请求学力鉴定之权利，国家应当予以保障。”

第三，参与权。参与权规定在“大学法”中。“大学法”第13条规定[1]，大学应当设校务会议，在校务会议中，学生是其中的组成人员之一。

第四，申诉权。申诉权是为保障学生的合法权益而设立的一种救济权。“大学法”规定[2]，大学应成立学生自治团体处理学生有关事项。建立学生申诉制度，选举学生代表出席校务会议，以保障学生合法权益。

第五，学位权。学位权规定在“大学法”第23条、25条中。学生学习成绩优异，在如果在规定的修业期限届满前一学期或一学年修满该学系应修学分者，可以提前毕业；如果未在规定修业期限修满应修学分者，则可以延长修业期限。如果学生修业期满，成绩合格，有实习年限并完成实习，则可授予学士学位。如果是研究生修业期满，经考核成绩合格，则分别授

---

〔1〕“教育基本法”第13条规定，大学设校务会议为校务最高决策会议，议决校务重大事项，以校长、副校长、教师代表、学术与行政主管、研究人员代表、职员代表、学生代表及其他有关人员代表组织。

〔2〕“大学法”第17条规定，大学为增进教育效果，应由经选举产生之学生代表出席校务会议，并出席与其学业、生活及订定奖惩有关规章之会议。大学应保障并辅导学生成立自治团体，处理学生在校学习、生活与权益有关事项；并建立学生申诉制度，以保障学生权益。

予硕士、博士学位。

关于学生义务主要规定在有“宪法”和“教育基本法”中。“宪法”第23条规定：“人民有受国民教育之义务。”为保障这一义务落实，“教育基本法”第6条规定教育应本中立原则。学校不得为特定政治团体或宗教信仰从事宣传，主管教育行政机关及学校亦不得强迫学校行政人员、教师及学生参加任何政治团体或宗教活动。

（二）教师权利的教育立法保护

关于教师权利的规定主要体现在“宪法”“教师法”“基本教育法”中。教师权利规定主要有：

第一，言论、出版自由权。言论、出版自由权主要规定在“宪法”中。现行“宪法”第11条规定：人民有言论自由权、讲学自由权、著作权和出版自由权。

第二，生存及保障权。生存及保障权是现行“宪法”规定的一项宪法权利。现行“宪法”第15条规定，人民之生存权、工作权及财产权应与保障。

第三，兴革意见权、合法权益保障权、学术交流权、申诉权、拒绝参与与教学活动无关权、非因法定事由不得解聘听聘权、诉讼权等。“教师法”第11条、第19条、第21条、第29条规定的权利。

关于教师义务：主要体现在“教师法”第17条、“教育基本法”第4条规定中。主要有维护学校荣誉和学生受教之利益、实施教学活动、引导学生发展培养其健全人格、进修研究、参与学校活动、严守本分、保护学生信息、保障学生接受平等教育等。

二、师生权义的教育司法保护

师生权利的司法保护主要体现在申诉制度和诉讼制度方面。

“宪法”第16条规定，人民有请愿、诉愿及诉讼之权。“教育基本法”[1]规定了教师享有专业自主权，学生享有公平救济权，政府应依法令提供。对学生而言，“大学法”[2]规定了学生申诉制度，以保障学生权益。大法官解释第684号在“宪法”的框架下，对法律保障的人民的诉愿权、诉讼权在公权力危害到时，作出了可以遵循法定程序提起诉讼解释。除了受教育权外，学生们的言论自由权、结社自由权、集会自由权、人格权、财产权以及基本程序权等，都可提起行政诉讼，这就扩展了学生权利救济的范围。“教师辅导与管教学生办法”要求学校成立申诉评议委员会，“大学及专科学校学生申诉处理原则”，对学生申诉受理范围、组织、时效、原则、处理时限以及后续救济途径做出了详细规定，这些法律法规对保障学生权益发挥了至关重要作用。就教师申诉而言，“大学法”规定[3]，教师不服解聘或停聘处置，可以向申诉评议委员会申诉。申诉评议委员会之裁决，不影响当事人提起司法争讼之权利。另外，“教师法”[4]规定建立教师“申诉及诉讼制度”，为教师提供了申诉和诉讼救济途径。

第六节　域外及中国台湾地区关于师生权义保护的启示

任何一个国家和地区的教育立法都有自己的特点和优势，都有值得别国学习和借鉴的优势。综合美国、德国、俄罗斯、日本以及我国台湾地区关于师生权益的立法与司法保护经验，

[1] “教育基本法”第15条。
[2] “大学法”第17条。
[3] “大学法”第19条，第21条。
[4] “教师法”第29条。

具体表现为以下方面：

一、法律规定比较健全详细

无论是美国、德国、俄罗斯、日本还是我国台湾地区，一个共同特点是法律规定较为健全详细。如美国经过几百年的发展，目前已经建成了相对较为健全的教育法律法规体系。[1]关于师生权利及救济的法律规定分为联邦（联邦宪法、联邦教育法、联邦最高法院的判例、总统令、联邦教育部的法令等）、州政府（州宪法、州教育法、州高等法院的判例、州长令、州教育局法令等）、学校内部（学校章程、教师手册、各职能部门制定的各项规章制度和学院层面的规章制度。）以及联邦政府和州政府制定的相关法律三个层次。

德国的教育立法体系采取的是联邦和州并行立法，以州为主，联邦为辅的立法体系。联邦制定的法律有德国《基本法》德国《高等教育总法》等。各州教育立法体系可分为州宪法、州教育法和州教育部所发布的行政命令。德国宪法中有关教育的条款，还有单独的教育法律、政令、部令及各种条例，一系列的法律、条款、政令、部令等构成了严密的、完善的、覆盖了整个教育领域的教育法规体系。

日本的立法涉及范围宽，层次较为完备。日本教育法律体系包括经议会通过而颁布的教育法律[2]和大量的行政机关和司法机关等颁布的命令、规则、条例等。同时，从结构看，日本已形成了以教育基本法的基础，以学校法或部门法为核心，以

---

〔1〕 美国教育法的体系由宪法条款、成文法、行政法规和普通法组成。

〔2〕 经议会通过而颁布的教育法律包括教育行政立法、教育财政立法、教育职员立法、学前教育立法、义务教育立法、高中教育立法、师范教育立法、高等教育立法、社会教育立法、职业教育立法、终身学习振兴法等。

其他法规为辅助的，纵横交错、层次分列的教育法律体系，保障了学校教育及其相关活动依法进行。

俄罗斯联邦的立法权限分为俄罗斯联邦的教育权限，俄罗斯联邦共和国、边境区州、莫斯科和圣彼得堡市、自治州、自治区的教育权限，联邦各主管部门教育管理机构教育权限的划分、地方自治机构的教育权限、教育机构的权限和责任等。其教育法规体系有国家法、部门法、地方法三类。这些法律法规对于促进俄罗斯教育发展发挥了重要作用。

我国台湾地区形成了一个横向和纵向结构比较完整的教育法规体系，新订和修订的大量教育法规几乎包括了从幼儿教育到研究生教育的各个方面，促进了台湾地区教育的发展。

二、救济制度相对完备

救济制度较为完备是各国和台湾地区一大亮点，也是值得我们借鉴的地方。如美国高校纠纷解决方式既有非正式方式，也有正式方式。美国法律制度为高校师生权利救济提供了有力保障。当权利遭遇侵害时，师生可以自由选择权利救济途径。且救济制度有相对完备的程序支持，程序设计中也重视对当事人各项权利的保护。以普林斯顿大学为例，该校针对不同的纠纷设置了不同的诉求途径：(1) 一般性的纠纷，采用非正式途径（谈话、调解、和解等）解决。其“校内成员间纠纷解决规定”倡导在相关部门负责人的帮助下，成员之间真诚沟通解决分歧与冲突。如师生纠纷可以由系主任或者研究生院主任解决，工作人员之间的纠纷可以由上级主管或部门经理、人力资源代表和员工援助计划顾问解决。(2) 严重违反学校规定产生的纠纷则适用正式的“校内诉讼程序”。如学术纠纷中，学生如果对教师评定的成绩产生怀疑，可以先与任课教师沟通；认为分数不公，可与所在系主任或者开设该课程的系主任交涉，如对答复仍不满意，可将报告转给学院院长。通过以上方式如仍对处理结果不服，学生可以向考试和常务校务委员会提出正式的控诉。[1]由非正式方式转为正是方式。就教师申诉制度而言分为校内和校外，就校内而言又分为三级，并且规定了严密的听证程序。救学生惩戒而言，明确规定了惩戒原则，惩戒（短期停学、长期停学、转学、体罚）的正当程序。同时，美国还规定了权利救济的明示制度。为了便利教师认知和运用法律救济手段，将法律救济的相关规定写入教师手册中。既普及了法律知识，也为救济手段的便利实提供了方便，体现了制度的人文关怀。

日本的教育纠纷处理程序是先由主管教育行政部门来处理，再上诉所在地区的人事院或者人事委员会、公平委员会，之后再上诉司法机关。[2]俄罗斯则注重救济的程序保障和司法保障，同时发挥学生自治作用。德国则注重事前保障和事后保障的有机结合。台湾地区的申诉制度和行政诉讼制度完备，以申诉制度为例，台湾地区制定了“大学及专科学校学生申诉处理原则”，对学生申诉受理范围、申诉组织、申诉时效、申诉原则、处理时限以及后续救济途径均有规定，这些都值得我们借鉴。

三、判例发挥重要作用

美国是一个判例法为主的国家，教育判例法在补充制定法

---

〔1〕 王慧：“美国高校纠纷解决机制及相关的启示”，载《江苏高教》2014 年第 6 期。

〔2〕 具体程序是各级各类国立学校、高等专门学校和公私立大学的纠纷由主管的文部省来处理，公立中小学校的纠纷由主管的都道府县教育委员会来处理，私立中小学的纠纷由主管的都道府县知事来解决。如果对主管部门的处理不服，可以上诉所在地区的人事院或者人事委员会、公平委员会。若对它们的裁决仍不服，上诉司法机关。

方面，具有特殊的作用。在判例法方面，仅美国最高法院从1964年至1993年的30年中，涉及“学院与董事、行政管理人员和教职工”等内容的就达92件。〔1〕从美国高校很多师生权益保护是通过创设判例的方式获得的。例如，在高等学校学术自由问题上，通过“斯威兹诉新罕布什尔州政府”〔2〕和“凯伊西安等诉纽约州立大学董事会”两个判例，美国高校教师获得了在学校教育教学和科研活动中的学术自由权。这两个案例判决书的共同特点是，把学术自由解释为美国《宪法》第一修正案所保护的一种具体权利，原告通过联邦宪法的原则最终确立了美国高等学校的学术自由权，使异议少数得到保护，最大限度地确立了学术自由，否定政府部门对大学教学研究活动的干预，保护教师的受聘权利。但其教育判例法一般不涉及学术、课程等方面的实体内容，只涉及学生和教师如言论自由、集会自由、法定程序等方面的宪法权利。美国保护大学教师和学生权利的判例有的是高等教育领域里直接与大学教师和学生权利有关的

〔1〕 Kapiln, williamA. the Law of Higher e: Education: a ComPresive Guideto Legal ImPlicarions of AdminisrartiveDecisionMarking, SanFraneiseo: Josse - yBassPublishers, 1995.

〔2〕 斯威兹是哈佛大学经济学教授，“古典的马克思主义者”及“社会主义者”。他在新罕布什尔大学作演讲后受到该州检查总长以“颠覆活动”为名的传唤和询问。斯威兹拒绝回答检查总长所询问的部分涉及演讲内容的问题后被控以蔑视法庭罪。最后该案上诉到联邦最高法院。首席大法宫沃伦代表法院多数发表的意见认为，检查总长的行为无疑是一种对上诉人在学术自由及政治表达等领域自由的侵犯，而那些领域正是政府应该要极端谨慎地去行走的。……学术是无法在一个猜忌和不信任的环境中得以增进的。教师和学生必须永远有自由，以便调查、研究、评价，去获得新的成果和知识，否则我们的文明将衰败下去。此案的判决中，6位大法官均从学术自由的观点出发，强调当事人在宪法上所保障的权利，法院裁定如果没有紧急的原因，州不能干涉4种实质性的学术自由，即教学者、教学内容、教学方法以及教学的对象。联邦最高法院认定学术自由是一个实质性的和程序性的权利，罕布什尔州检查总长的行为，违反了美国《宪法》第十四修正案的正当法律程序。最终终止原判决对斯威兹的解雇，根据第五修正案，得到了恢复。

案件的裁定，有的是其他领域里对大学教师和学生的权利的保护产生影响的案件的判决。

日本虽是大陆法系国家，其教育判例同样发挥了重要作用。20 世纪 50 年代以后，日本的教育判例渐理论化、系统化。日本通过“杉本判决案”“有勤评裁判”“学力调查裁判”“家永判决案”“农田荣年判决案”等判例，丰富了教育法律的形式，与教育成文法一起构成了教育法律形式的两大系统。教育判例除具有法律以外，它对教育政策的制定，特别是促进国民的教育权利意识和自主意识觉醒，发挥了重要作用，成为教育法律适用的重要形式。

四、纠纷处理注重程序公正

以上国家和地区在程序规定方面相对具体、公正。美国是一个标榜正当程序的国家，正当程序原则贯穿于纠纷解决机制始终。如普林斯顿大学在整个纠纷处理过程中保证了程序正义。它赋予每位诉讼参与人相应的权利（有权选择辩护顾问，有权向司法委员会提供书面诉状、证人、物证清单，有权询问出庭证人，有权收到庭审程序的书面记录，有权免受由其他参与者或旁听者的骚扰或威胁）。“校内诉讼程序”由指控程序、通知程序、审前会议、开庭审理程序 、裁决程序五个部分组成。[1] 日本的教育纠纷首先由主管教育行政部门来处理，对主管部门的处理如果不服，可上诉所在地区的人事院或者人事委员会、公平委员会。若对它们的裁决仍不服，可上诉司法机关。对判决不服仍还可逐级上诉。

---

〔1〕 秦惠民：“高等学校法律纠纷若干问题的思考”，载《法学家》2001 年第 5 期。

五、客观对待域外经验做法

法律是统治阶级意志的体现，西方的教育法律是西方国家统治阶级意志的体现，其所要达到的教育目的显然与我国社会主义制度下的教育目的大相径庭。因此，对待西方国家经验做法需要客观、辩证地吸纳借鉴。

取人之长补己之短，彼此相互借鉴，教育才能发展。两大法系制定教育法律的经验、教训、捷径、弯径、特殊的经验，或者具有普遍意义的规律，对我们都将有所裨益。但是，对于域外的教育法律法规，我们既不能一概排斥，也不能全盘吸收。一概排斥，不利于创造；而全盘吸收，不仅政治上有害，就教育创造的本意而言，也是南辕北辙的。推崇要建立在真实了解的基础上，借鉴必须依赖于本国国情。因此，要冷静思考，辩证对待，立足于我国教育的实际，做到洋为中用。

第五章 我国高校师生法律关系问题的消解

习近平总书记多次强调，在改革发展中“要有强烈的问题意识，要以重大问题为导向，抓住关键问题进一步研究思考，着力推动解决我国发展面临的一系列突出矛盾和问题”。问题导向是推动人类文明进步的动力。古往今来，人类总是在不断发现、分析、研究、解决问题的过程中前进，发现问题的目的在于解决问题。正视高校师生法律关系问题，目的是为了完善师生法律关系。要完善二者关系，需要坚持以下原则与对策：

第一节 高校师生法律关系问题的消解原则

一、坚持事前预防、事中稳妥解决、事后快速跟进相结合原则

由于师生法律关系问题具有特殊性，为了更好化解师生矛盾，完善师生法律关系，应当坚持事前预防、事中稳妥解决、事后快速跟进相结合原则。

其一，坚持事前预防。事前预防是指将未来有可能发生的师生矛盾根源发现并找出来提前处理，将其消灭于萌芽之中。古人云，良医者，常治无病之病，故无病。圣人者，常治无患

之患，故无患。荀子曰：一曰防，二曰救，三曰戒。防为上，救次之，戒为下。事前预防能将矛盾消灭于萌芽之中，尤为重要。因此，“事前预防”是关键。坚持事前预防首先要树立关口前移、以预防为主理念，充分认识事前预防重要性。要建立信息畅通机制，如通过微信、QQ、电子信箱、问卷以及各种方式对可能引发矛盾纠纷的信息进行判断、分析，及时处理师生之间可能出现的矛盾纠纷，早发现、早化解。其次，要建立应急机制，针对不同情况、不同类型的矛盾纠纷，制定相应的应急方案，研究处置方法，提高高校各职能部门防范重大突发事件的能力。再次，要建立心理健康教育网络。对全校师生进行心理健康普查，根据结果建立有潜在心理问题师生的档案，并积极开展心理辅导。最后，还要对学生开展生命健康教育。教育学生珍惜生命、热爱生命、尊重生命，认真对待生命健康。

其二，事中稳妥解决。即矛盾纠纷发生之后，要快速反应，对纠纷性质作出准确判断，不回避、不推责、不拖延，要依法、公正、客观、合理地处理问题，尽快平息纠纷，避免和减少因纠纷而引发新的纠纷发生，作出让双方当事人满意的处理结果，否则可能会激化矛盾。如2010年12月东北农业大学应用技术学院“羊活体解剖学实验”事件，[1]在这一事件的处理上，东北农业大学不够迅速及时，处理欠妥当。

其三，事后快速跟进。事后快速跟进是指纠纷解决之后，为了防止新的矛盾纠纷发生要及时跟踪做好思想工作，尽快修复师生关系，使已经善生裂痕的师生关系恢复如初。因为，对于纠纷解决者来说，他只注重纠纷解决的形式，至于当事人是否满意，纠纷是否实质上解决，他一般不关注。“法院的生效判

---

〔1〕 张昊：“反思东北农大事故：校园生物安全还有哪些漏洞?”载《健康报》2011年9月13日。

决表明司法处理过程终结，却未必能使双方当事人的纠纷终结，某些当事人可能重新寻求新的救济途径；双方也可能因此产生更深的芥蒂，酝酿着新的纠纷；而处理结果得不到执行或履行、胜诉当事人并未获致任何救济的情况并不鲜见。”〔1〕“纠纷解决的标准首先是纠纷的消除和合法权益的保障，其次是恢复法律秩序的权威与尊严，再次，从更高的层次上考察，纠纷的解决还意味着纠纷主体放弃或者改变一种心态，这种心态就是蔑视乃至对抗现行的法律制度和统治秩序，增强与社会的共容性，避免或者减少纠纷的重复出现。”〔2〕所以，纠纷解决的本质是纠纷主体达到最满意的可接受程序。

因此，鉴于师生纠纷的特殊性，要坚持事前预防、事中稳妥解决、事后快速跟进三结合原则，这样才能防患于未然，才能有效预防和化解高校师生纠纷，才能达到法律效果与社会效果有机统一。

二、坚持德治与法治相结合原则

人类社会的稳定与有序发展需要多种手段加以调节与保障。作为调节法律关系的法律手段必然居于首要位置，但仅仅依靠强制力的外在约束还远远达不到目的，因此，必须将法律手段与道德手段相结合，即实现道德和法律相辅相成，法治与德治相得益彰。

江泽民同志曾指出：“法治以其权威性和强制手段规范社会成员的行为，德治以其说服力和劝导力提高社会成员的思想认识和道德觉悟。道德规范和法律规范应该互相结合，统一发挥

〔1〕 范愉、李浩：《纠纷解决——理论、度与技能》，清华大学出版社 2010 年版，第 15 页。

〔2〕 顾培东：《社会冲突与诉讼机制》，法律出版社 2004 年版，第 29 页。

作用。”之后，又明确提出了“把依法治国与以德治国紧密结合起来”的治国方略。这一方略也是我们实现依法治校、正确处理师生纠纷必须坚持的原则。

德治与法治都属于社会价值范畴，二者均起源于社会的公共习俗，是由社会最基本的风俗习惯演变而来的，两者互相渗透、互相制约、互相保障，目的统一，都是通过其规范人们的行为，培养适应社会需求的合格公民。从法律与道德的关系来看，很多法律所关注的问题也是道德问题。道德是最高的法律，法律是最低的道德。但二者又是有区别的，是性质不同的规范体系。道德以社会意志形式出现，而法以国家意志形式出现；道德制裁是社会直接实施的，而法律制裁是由专门机关实施的；道德以义务为本位，而法律以权力为本位；道德要求人的内部行为和内部动机都要符合道德要求，而法则调整人的外部行为，通过告知各种行为外在法律后果的方式，通过外部力量引导人们的行为，等等。总之，道德和法律是社会规范的并行调节器，缺一不可，法律是首先的底线，道德则是高标准的社会规则。法律与道德犹如车之两轮、鸟之两翼，不可分离。

处理师生法律关系问题应当坚持德治与法治的有机结合。

治国不可无法，治国无法则乱，这是被历史证明了的真理。同样，治校不可无法，治校无法则乱。高校要实行依法治校，就必须坚持法治。如果学生内心缺少对法律的敬畏，仅靠道德诚信等软法教育显然不够。进行法治教育，不仅使其知法、懂法，更重要的是使其树立法治理念和法律信仰。

治国不可无法，但治国更不可无德，同样，治校也是如此，也需要道德治理。处理师生法律关系问题同样离不开道德，在坚持法治的前提下必须坚持德治，要以马列主义、毛泽东思想、邓小平理论为指导，以为人民服务为核心，以集体主义为原则，以“五爱”为基本要求，建立与法律体系相配套的社会主义思想体系，并使之成为师生普遍认同和自觉遵守的行为规范。

法律是最低的道德标准。作为教学自由和学习自由的主体——教师与学生之间的关系如果仅从法律意义上探讨是远远不够的，因为权利和义务之间除了利益的衡量外，没有师生情感的渗透和交流，仅仅从权利义务关系界定教学自由与学习自由的关系，那么当学生在诉求自己的权利的同时，伤害了教师的感情，瓦解了师生关系的和谐，最终破坏了教学自由和学习自由，使师生关系渐行渐远。因此，德治与法治是处理师生关系问题必须坚持的原则。

需要注意的是，德治与法治二者不可偏颇。道德在法治建设中的作用不容忽视，我们也不能容忍纯粹的道德程序在法治中的泛滥，不允许将道德作用绝对化，因为道德没有外在强制性。同理，既不能片面扩大法治作用，也不能排斥其作用。要坚持以法治体现道德理念，强化法律对道德建设的促进作用；以道德滋养法治精神，强化道德对法治文化的支撑作用。只有把握好二者关系才能处理好师生关系问题。

三、坚持解决问题与修复关系相结合原则

通常情况下，纠纷解决一般是指通过运用一定手段、方式，化解双方冲突，使受损方合法权益得到维护，义务方的义务得以履行的活动。包括实现合法权益和保证义务的履行，纠纷的化解和消除等。师生纠纷是社会纠纷的一种特殊形式，自然适用社会纠纷解决方式。

那么，怎样才算是师生纠纷真正解决了呢？有没有具体标准？不同人由于出发点不同观点各异。关于纠纷解决的标准，19 世纪英国法学家威廉马克白爵士认为解决一项纠纷，就是作

出一种权威，或关于孰是孰非的具有约束力的决定，也是关于谁的观点在某种意义上能够成立，谁的观点不能成立的一种判定。[1]而我国学者顾培东教授则主要从主观效果的角度，分析了纠纷解决的三个层次标准：一是纠纷的消除和合法权益的保障，二是恢复法律秩序的权威与尊严，三是纠纷的解决从更高的层次上考察，意味着纠纷主体放弃或者改变蔑视乃至对抗现行的法律制度和统治秩序，增强与社会的共容性，避免或者减少纠纷的重复出现的心态。纠纷解决对于法官而言，只要依法走完了法定的程序，得到了一个裁判结果，就算是案结事了。对于当事人而言，愿望得到了满足和实现，纠纷也就算是解决了。对于社会公众而言，他们看重的则是裁判结果是否符合社会主流价值。

事实上，在整个案件中，关键是双方当事人对案件的处理结果是否满意。由于双方当事人之间存在利益冲突，所以裁判结果在双方当事人看来不会绝对公平，一方认为是公平的，另一方很可能认为是不公平的，如果出现了这种想法，很可能会使裂痕越来越大，因此，案件审结之后，还需要做大量的工作，尽量使被破坏的社会秩序和师生关系恢复如初。所以，解决师生纠纷，必须坚持解决问题与修复关系相结合原则，只有这样，才能回复师生关系本真状态，才能促进师生健康成长，才能提高教学质量，也才能构建和谐校园。

四、坚持司法的法律效果与社会效果相统一原则

法律效果与社会效果统一原则是司法裁判追求的目标。司法的法律效果是指司法裁判应当严格适用法律，维护法律尊严

---

〔1〕［美］马汀·P. 戈尔丁：《法律哲学》，齐海滨译，三联书店 1987 年版，第 217 页。

和法律确定性、统一性，解决纠纷以实现人们确定的行为预期但不能机械地适用法律；而司法的社会效果是指司法裁判时应充分考虑本国国情或本地的历史习俗、文化观念、民情与社会实际状况和当事人的能力以及裁判结果为社会公众及当事人的接受认可度、满意度。〔1〕

事实上，法律效果与社会效果是对立统一的，首先表现为二者统一性。法律目的和功能具有社会性，法律是用来调整社会关系的，是用来解决社会问题的，法律的终极目的是为了实现社会的福利。〔2〕正如苏力教授所言，一个社会的法律的全部合法性最终必须而且只能基于这个社会的认可，而不是国外的做法或抽象的原则。最终说了算的，必须是以各方面表现出来的民意。〔3〕所以法律效果与社会效果具有统一性。其次，二者存在冲突。由于法律规范的有限性。虽然立法者在立法的时候会尽可能地考虑到社会效果，但是立法只能作出一般性的或者普遍性的规定，它难以穷尽社会生活的方方面面，如果出现特殊情况，法律规范会捉襟见肘，导致法律效果与社会效果的冲突。再加上法律稳定性与社会变动性之间存矛盾冲突，如果新型社会关系、新的社会现象发生，原有的法律规范就会出现真空地带，难以发挥其社会控制功能。

法律效果是社会效果的前提和基础，是实现社会效果的手段；社会效果是法律效果的内在要求，是司法裁判追求的高级目标，是法的社会作用在司法中的体现。因此，需要正确把握二者关系，把握司法的法律效果与社会效果应该综合考虑各方

---

〔1〕 张文显、李光宇："司法：法律效果与社会效果的衡平分析"，载《社会科学战线》2011年第7期。

〔2〕［美］本杰明·卡多佐：《司法过程的性质》，苏力译，商务印书馆1998年版，第39页。

〔3〕 苏力："面对中国的法学"，载《法制与社会发展》2004年第3期。

面的价值要求，做到主观与客观、现实与未来、眼前利益与长远利益的统一，不能迁就某一方面的价值或要求。

坚持法律效果与社会效果统一是解决社会纠纷的原则，同样也是处理师生纠纷问题应当坚持的一项基本原则。在处理师生纠纷时既要看法律效果，也要看纠纷解决的社会效果，最大限度地追求二者统一。

五、坚持公正与效率相结合原则

由于高校师生纠纷是在学校的教师与学生之间、是在教育教学过程中（包括教学的相关活动）产生的，它具有不同于一般主体纠纷的特殊性，解决这一纠纷既要坚持公正，还要兼顾效率，做到公正与效率的有机结合。

公正是人类文明进步的显著标志，是司法机关的生命和灵魂。公正是指在司法的过程和结果中体现公平正义，它包括实体公正和程序公正。效率通常是指投入与产出关系。而诉讼效率是指诉讼中所投入的人力、物力、设备等司法资源与所取得诉讼成果之间的比例。提高诉讼效率就是要求尽可能以较少的司法资源投入取得尽可能多的诉讼成果，即降低诉讼成本，提高工作效率。

公正与效率二者是辩证统一的关系。通常情况下，二者具有统一性。诉讼效率越低，诉讼持续的时间就会越长，对当事人权利的损害就越大，即“迟来的正义为非正义”。同时，程序的公正有利于诉讼效率的提高。当二者发生冲突时，要坚持公正优先兼顾效率。反之，对司法效率的追求不当，可能会使司法公正无法在诉讼活动中得以体现，从而导致冤狱丛生，影响公正实现。因此，要正确处理好二者关系。

教育是培养人的活动，高校师生纠纷特殊，性质复杂，专业性强，证据种类多，裁决难度大，解决此类纠纷必须处理好公正与效率的关系。通常情况下，要坚持公正与效率并重，如果过于追求公正会则影响效率，会导致案件久拖不接，影响师生的合法权益。以教育评价权为例，如果教师对学生做出不公正评价，学业成绩不合格，则可能会影响学生正常毕业。在就业形势严峻的今天，此类案件如果得不到尽快解决，则会影响学生就业，影响学生发展。反之，如果过于追求效率，草率行事，忽视法定程序，剥夺当事人的知情权、申诉权等程序性权利，则可能会侵犯学生合法权益，影响公正的真正实现。

六、诉讼与非诉讼、校内与校外纠纷解决机制衔接协调原则

处理师生纠纷应当坚持诉讼方式与非诉讼方式、校内纠纷解决机制与校外纠纷解决机制有机结合，形成统一协调、良性互动、功能互补、程序衔接的有效机制：

1. 诉讼方式与非诉讼方式衔接协调

诉讼在现代纠纷解决中居于主导和核心地位，它是传统的、权威的纠纷解决方式，是保障公正的最后一道防线，具有最高的权威性。但它又是一种高成本的救济方式，“诉讼会吞噬时间、金钱、安逸和朋友”等等。[1]随着法治的发展和“诉讼高潮”的到来，传统诉讼模式负荷日益沉重，诉讼的高成本和审判的迟延成为世界性问题。而非诉讼解决方式具有灵活、多样、成本低、迅速、便利特点，突出当事人的自治，依靠当事人的平等、理性的对话，合理利用资源，在诉讼泛滥和法律中心主义的社会背景下，能更高效、和谐地解决私法领域纠纷，最大限

---

〔1〕 范愉：《非诉讼纠纷解决机制研究》，中国人民大学出版社 2000 年版，第 142 页。

度补充诉讼方式不足，且非诉讼方式在我国有悠久的法文化传统，如调解、和解、仲裁等。因此，两种纠纷解决方式需要互相配合，合理衔接，相互弥补彼此不足，才能更有效地解决师生法律纠纷。且不可偏袒一方而忽视另一方，要具体问题具体分析，根据不同主体、不同纠纷做出合理选择，最大限度化解矛盾。如果各种解决方式各自为政，不能互相配合与衔接，不但不能快速有效解决纠纷，更有可能造成资源的浪费与纠纷的久拖不决。

2. 校内与校外纠纷解决机制衔接协调

校内纠纷解决机制这里主要指校内申诉制度。高校师生之间的纠纷是在教育教学过程中产生的，它属于高校内部纠纷，如果先由高校自己解决，这样既为高校提供一个自我纠错的机会，又有利于在良好的氛围中化解纠纷，修复师生关系。同时，在校内申诉过程中引入听证程序，给师生提供一个陈述申辩的机会，这样，既有利于查清事实，也有利于增强高校师生的主体地位，使校内申诉制度更加有效。如果师生对校内申诉决定不服时，可再向教育行政部门提出行政申诉。即通过校外纠纷解决机制来解决。除了行政申诉外，校外纠纷解决机制还教育仲裁、调解、和解、行政诉讼、刑事诉讼、民事诉讼等纠纷解决方式。校内与校外纠纷解决机制要有效衔接。师生纠纷先在校内解决，这样，省时省力，不会激化矛盾。当当事人对校内解决结果不满意时，校方要支持当事人通过校外纠纷解决机制解决，不可剥夺当事人的诉权等相关权利。

第二节　高校师生法律关系问题的消解对策

一、用法治思维、法治方式化解纠纷

党的十八届四中全会指出："党员干部要自觉提高运用法治思维和法治方式深化改革、推动发展、化解矛盾、维护稳定能力。"[1]这不仅是对党员干部要求，也是化解师生纠纷必须坚持原则。

法治思维和法治方式是党的十八大报告首次提出的概念。所谓法治思维，在本质上区别于人治思维和权力思维，其实质是各级领导干部想问题、作决策、办事情，必须时刻牢记人民授权和职权法定，必须严格遵循法律规则和法律程序，必须切实保护人民和尊重保护人权，必须始终坚持法律面前人人平等，必须自觉接受法律的监督和承担法律责任。[2]"法治思维具有合法性、民主性、程序性、限权性、透明性特征。法治方式是人们运用法治思维处理和解决问题的行为方式，是指公权力执掌者在法治理念和法律精神的指导下，通过制定、执行法律、法规，运用法律、法规创制的制度、机制处理各种经济、社会问题，解决各种社会矛盾，促进经济、社会发展的措施和手段。"[3]法治思维是法治方式实施的思想基础，法治方式是法治思维得以彰显的动力保障。

运用法治思维和法治方式化解师生纠纷要做到以下方面：

---

〔1〕《十八大报告辅导读本》，人民出版社 2011 年版，第 28 页。

〔2〕袁曙宏：《全面推进依法治国，十八大报告辅导读本》，人民出版社 2012 年版，第 221 页。

〔3〕姜明安："要善于运用法治思维和法律手段治国理政"，载《中国法律发展评论》2012 年第 4 期。

1. 全面认知法治

首先，要明确法治思维与道德思维、政治思维、经济思维区别。法治思维侧重的则是合法违法分析，政治思维侧重分析朋友与敌人，道德思维侧重的是分析善与恶，经济思维侧重的是分析有益与无益。处理法律纠纷要善于采用法治思维。

其次，要把握法治思维合理性、合法性、合目的性。合法性是法治思维的基础，即公民要养成尊重法律的习惯，坚决抵制“权大于法，以言代法，以罚代法，徇私枉法”的作为。合理性是法治思维的本质，即通过法治思维、运用法治方式实现社会与个人的公平正义是法治的题中应有之义。在按照法律进行法治思维的过程中，要时刻铭记合理、公平、正义为法律的价值基础，对做出影响师生合法权益的行为一定要合法合理。合目的性是方向，法治思维要求的并非单纯“唯法律是从”的思考方式，而是在“合目的性”的指引下，发现法律的目的之所在，以实现其目的，而不是盲目地死守条条框框的呆板规定。〔1〕

2. 树立法律至上思维

法治和人治的最根本的区别在于，当法律权威与个人权威发生冲突时是谁高于谁的问题。如果个人权威凌驾于法律权威之上就是人治，反之，则是法治。法律之上即法律在所有社会规范中具有最高权威和效力，政府、组织和个人行为要符合法律要求，它是法治的核心内容、核心理念，是法治国家应有的精神内涵。法律是全体公民意志的体现，具有至高无上的权威，时时刻刻在保障公民的合法权益，被誉为“自由的圣经”。法律至上，就是要让宪法、法律在每个人心中树立崇高的地位，每

---

〔1〕 吕世伦：“法治思维探析”，载《北方法学》2015年第1期。

个人都应该服从制度和规则，而不是服从个人的意志和权力。任何组织或者个人，都不得有超越宪法和法律的特权。同时，当宪法、法律与其他任何社会规范发生冲突后，必须优先服宪法、法律。树立法律至上思维就是要严格依法办事，崇尚法律，公正司法、依法合理化解师生矛盾纠纷，做到“法无授权不可为、法定职责必须为”，让权力和责任在法治的阳光下运行，严格依法办事。法律有明确规定的，严格遵循法律规定；没有法律没有明确规定的，遵循法治原则。在情况紧急、问题复杂的时候，越要理性，用法治思维去思考、处理。要考虑目的、权限、内容、手段、程序是否合法。必须改变过去那种“人治”思维方式，牢固树立起办事依法、遇事找法、解决问题用法、化解矛盾靠法的思维方式。

3. 坚持师生为本，尊重师生权利

法治的终极价值目标是规范公权力运行来保护公民合法权利。法社会学大师罗斯柯·庞德说过：“法学之难者，莫过于权利也。”〔1〕法律的真谛在于对人权和公民权利的确认和保障，法治的根本宗旨在于尊重和保障人权和公民权利，这是法治国家和法治社会的基本特征。化解师生纠纷，一定要确立和强化师生权利神圣的观念和信念，只有尊重权利，才能在管理过程中积极维护师生权利，减少和避免侵犯权利的现象发生，坚持师生权益的优先性，充分保障师生的实体权利和程序权利。最终应使学生形成这样的权利观念：“自由就是指有权从事一切无害于他人的行为。因此，各人的自然权利的行使，只以保证社会上其他成员能享有同样权利为限制。此等限制仅得由法律规

〔1〕 程燎原、王人博：《赢得神圣——权利及其救济通论》，山东人民出版社1998年版，第2页。

定之。”[1]权力本源上来自权利的自由让渡，要自觉遵循权力的运作规则，审慎行使手中的权力，不得侵犯师生的合法权利。

4. 坚持公平正义思维

公平正义是社会制度的首要价值，是法的内在要求和核心功能，也是法治的价值追求。坚持公平正义就是在纠纷解决过程中无论是诉讼解决机制还是非诉讼解决机制，都要保证师生双方权利救济平等、法律适用平等、裁决公正。尤其是诉讼解决机制，它是保障社会公平正义的最后一道防线，如果被突破，人们将会失去对法律的信任和对法治的期待。因为，一次不公正的司法判决其恶果甚至于十次犯罪，因为犯罪只是弄脏了水流，而不公正的判决却是弄脏了水源。“弄脏了水源”本质是破坏了司法和法律的公正，也摧毁了司法和法律的公信力。[2]古罗马皇帝康德茂之所以在决斗场上从未输过的真正原因是格斗规则由他制定，自己既是运动员又是裁判员的方式，完全违背了程序中立公正原则。正如马克思所说，当规则利己和偏私的时候，公正就没有任何意义了。因此，处理师生法律纠纷必须坚持公平正义，既要坚持实体正义，也要坚持程序正义。

5. 要坚持程序思维

“法治乃程序之治，程序是法治的核心，是法治从法律形态到现实形态的必不可少的环节。”[3]正当程序决定了法治和人治的根本区别。“一方面，程序可以限制恣意，约束政府官员的自

〔1〕“人权和公民权宣言（1789 年 8 月 26 日）”，载人大与议会网 http://www.yihuiyanjiu.org/yhyj_readnews.aspx? id=2240&cols=1313，访问时间：2007 年 3 月 31 日。

〔2〕张文显：“运用法治思维和法治方式治国理政”，载《社会科学家》2014 年第 1 期。

〔3〕［美］罗斯科·庞德：《通过法律的社会控制、法律的任务》，沈宗灵等译，商务印书馆 1984 年版，第 22 页。

由裁量权、维持法律的稳定性；另一方面，程序容许选择的自由，使法律系统具有更大的可塑性和适应能力，保障理性选择的作出。”程序的设计要科学、理性、民主、公正。要改变过去那种只问结果、不计手段，只强调实质性价值判断，而忽视程序公正做法。要处理师生纠纷，就必须树立程序思维，完善师生权利救济程序，坚持程序正义，在程序规定的范围之内，严格按照程序要求处理师生纠纷，做到不越位、不缺位。只要确定了开放、公平、透明的程序规则，既定程序对每一个人都一样，严格按程序办事，最终结果即使不尽如人意，各种不满也都会自我释然。因此，针对高校存在的程序思维缺失现象，解决师生纠纷必须树立程序思维。

6. 坚持理性思维

理性是和感性相对应得一个概念，是指处理问题按照事物发展的规律和自然进化原则来考虑，不冲动，不凭感觉做事情。理性思维是人类思维的高级形式。

理性是法治的核心要素，是法律的生命，法治思维是一种理性思维。正如爱德华·科克所言，普通法本身无非是理性。理性的法治思维要求我们在解决师生纠纷时要有耐心，以积极负责的态度去认识、化解师生纠纷，不能简单化、极端化和武断化。要正确处理好法与权，法律与情感、道德、舆论的关系，不能以权压法、以权代法，用伦理代替法理、用舆论干扰司法以至冲击法律的执行和适用。

7. 树立规则思维

法治的核心是规则统治。规则思维作为法治思维的核心，强调以法律规则为基准，以遵守规则、尊重规则、依据规则、运用规则对所遇到的问题进行理性规范认识、分析、评判、推理和形成结论。“权利的普遍实现有赖于所有公民共同遵守权利义务系统的规则，在市场经济主导的社会中，规则意识的形成直接影响到各层面的制度安排能否有效运行。”[1]因此，树立规则思维就是要充分认识规则思维的重要性，它对于化解矛盾、解决纠纷、维护校园秩序稳定与和谐意义重大；规则思维就是要把合法有效的规则作为思维的标准和依据，而不是依据权力、关系、任性以及其他；树立规则思维就是要坚持当规则发生冲突时要坚持上位法优于下位法、特别法优于一般法、新法优于旧法原则。“必须使人民认识到法律既是保障自身权利的有力武器，也是必须遵守的行为规范，增强全社会学法尊法守法用法意识。”[2]

8. 树立权衡思维

权衡思维就是想问题、办事情、做决策要权衡利弊、瞻前顾后、兼顾各方，要依法处理好当前和长远、局部和全局、个别和一般的关系，要处理好正义与利益、秩序与自由、公平与效率、平等与差别、生存与发展等不同价值之间平衡问题。用法治方式解决师生纠纷，要尽量做到平衡好师生利益，在师生之间做到既尊重多数又保护少数，既维护秩序又尊重自由，既注重形式正义又注重实体正义，以实现各价值追求的耦合，实现双赢甚至多赢。

二、健全法律法规体系与学校规章制度体系

健全制度体系主要是指健全法律法规体系和学校规章制度体系。

---

〔1〕梁君、王娜：“对当代大学生权利意识及教育问题的思考”，载《思想政治教育研究》2008年第4期。

〔2〕《中共中央关于全面推进依法治国若干重大问题的决定》，人民出版社2014年版，第33页。

（一）健全完善法律法规体系

历史和现实的经验都告诉我们，高等教育的发展需要一个良好的环境，需要法律的保障，一个法制完备的高等教育体系才是富有效率的、充满活力的高等教育体系。[1]我国教育法律法规无论从立法的数量、立法质量、立法的技术、立法体系的完备，还是到执法、司法的运用，还相对薄弱。因此，建立健全法律法规体系尤为必要。在要建立健全教育法律法规体系一方面需要增加教育法律的数量，制定一些新法，另一方面要修改完善现行的教育法律法规。

1. 制定新的法律法规

德国著名的法学家柯勒曾经说过："没有永恒的法律，适用于这一时期的法律决不适用于另一时期，我们只能力求为每种文明提供相应的法律制度。"[2]因此，高等教育法律法规必须顺应社会政治、经济、文化发展的潮流与趋向，不断地作出调整。

事实上，世界各国都非常重视教育立法工作。以日本为例，1947 年日本国会颁布了《教育基本法》，它是制定其他教育法规的依据。其中明确规定了国家教育方针目的，以及教育机会均等、义务教育、教育行政等基本原则。日本的教育法律有 100 余种，其教育法律法规齐全，有力保障了日本教育发展。随着我国教育的快速发展，现行的法律法规已经不能完全不能适应教育发展的需要，急需针对目前法律空白的情况进行教育立法。

欲知平直，则必准绳；欲知方圆，则必规矩。我国现行的教育法律法规体系是按照教育层次设置的，缺少按照组织机构进行的立法，如《学校法》《家庭教育法》《学前教育法》《终身学习法》《考试法》等。以《学校法》和《考试法》为例，学校

---

〔1〕 劳凯声：《中国教育法制评论》，教育科学出版社 2002 年版，第 25 页。
〔2〕 杨兴培等：《中外法律名言录》，学林出版社 1987 年版，第 24 页。

是国家教育权的具体实施者，学校的权力或者权利、职责或者义务分散于不同的法律制度中，这些法律制度之间互不协调，有时甚至冲突，因此，需要制定《学校法》以明确学校设置标准、法律地位及其内外部法律关系，避免因其权利义务关系不明确导致的纠纷。再拿国家考试来说，它关系着教育公平，也是社会矛盾多发领域，需要制定一部统一的《考试法》，以充分保障考试公平。虽然国家中长期教育改革和发展规划纲要提出了“六修五立”的教育立法计划，[1]但需要做出艰苦努力，还有许多复杂的工作要做。

制定新的法律法规要注意：一是要尊重教育规律和特征。教育与社会发展之间、与人的身心发展之间的本质必然联系是教育的基本规律。教育立法要符合这一教育规律，以有利于人的发展和社会发展为立法依据。同时还要考虑受教育者的心智发展特征以及教育的公共性特征，这就需要在制定新的法律法规时要吸纳教育界专家学者来共同探讨与修正，以避免脱离实际或过于局限。只有这样才能制定出善法。立善法于天下，则天下治；立善法于一国，则一国治。立善法于教育，则教育治。二是既要尊重考虑现实，又要适度超前。尊重现实才能稳步发展，适度超前才能保证其稳定性和指导性。

2. 建立高等教育判例制度

法院先前的某一判决具有法律的效力，进而成为以后同类案件的审判依据即为判例。在国外，终审法院或者各个州和联邦的最高法院，对一个案件的判决，形成一个先例之后，以后所有下级法院，包括本级法院，就这个案件的判决，都必须要

---

〔1〕 即根据经济社会发展和教育改革的需要，修订《教育法》《职业教育法》《高等教育法》《学位条例》《教师法》《民办教育促进法》，制定《考试法》《学校法》《终身学习法》《学前教育法》《家庭教育法》等法律。

依循先例原则。英美法系国家是以判例法为主的国家，大陆法系国家一般不承认判例是法的渊源。在我国最高法院对一些具体案件所做的司法解释与英美法系国家的判例有类似的作用。

其实，在我国古代就存在判例法。如皋陶造律就说明中国"法生于例"。自春秋战国始，经秦、汉、宋、唐、明清等各历史发展时期，都有过判例法的存在。1985 年创刊的《最高人民法院公报》以及相应的其他刊物曾明确提出，所刊登的案例不同于法治宣传或是学者为说明观点而编撰的教学案例，它们具有典型性、公正性和权威性，应该是最高法院指导地方法院审判工作的重要工具。[1]判例是曾经的判决结果有着法律一般的效力，对同类案件有约束意义，其公正、稳定、透明等特点是成文法无可替代的。事实上，刘燕文诉北京大学案，以及之后发生的相关判例，已经发挥了教育判例作用。因此，我们可以总结以往的成功做法，建立和完善高等教育的判例制度。

3. 修改完善法律法规

改革开放以来，我国的教育法律制度从无到有，已初步形成由宪法中的教育基本条款，教育基本法单行法、教育行政法规、部门或地方教育规章等组成的教育法律体系。如依据《宪法》制定的《教育法》时我国的教育基本法，由全国人民代表大会制定，是第一层次的法律。它规定我国教育的性质、地位、任务、基本原则和教育制度等，是制定教育部门其他法律法规的依据。第二层次的是教育法单行法，由全国人民代表大会常务委员会制定。主要有《学位条例》《义务教育法》《教师法》《职业教育法》《高等教育法》《国家通用语言文字法》《民办教育促进法》，规范调整各个教育部门的内外部关系。第三层次的

---

〔1〕 姚云："美国高等教育法治化的特征"，载《教育研究》2004 年第 5 期。

是教育行政法规，由国务院制定和发布，主要是为了实施教育法和高等教育法等单行法而制定的规范性文件。主要有《学位条例暂行实施办法》《普通高等学校设置暂行条例》《高等教育自学考试暂行条例》《义务教育法实施细则》《教师资格条例》《幼儿园管理条例》《学校体育工作条例》《学校卫生工作条例》《残疾人教育条例》《教学成果奖励条例》《中外合作办学条例》《民办教育促进法实施条例》《教育督导条例》等等。第四层次是地方性法规、自治条例、单行条例、部门规章和地方政府规章。

以上教育法律法规都不同程度地存在法条滞后、操作性不强问题，不能完全适应国家整体法治推进和教育改革发展的步伐和需要，不能满足教育治理体系和治理能力现代化的基本要求。法律的滞后性也决定了现实中的某些师生纠纷发生时无法找到其确切的依据，给纠纷解决带来困境。如《教育法》《教师法》和《高等教育法》是十几年前颁布实施的，有些条款已经不能满足形势发展的需要了。“我担任十一届全国人大常委期间，没有通过一部新的教育立法，从 2003 年以来近十年没有通过一部教育法律。而十二届全国人大关于今后五年的立法规划里，也只有修订《职业教育法》一项规划，社会呼声极高的《学前教育法》《学校法》等都不在此列。”[1]《学位条例》颁布于 1981 年，距今已有 30 多年时间。因此，修改完善现行的教育法律法规势在必行。

良好的法律依据是师生主张权利的基础，教育法律法规是师生权利保障的主要依据。修改完善现行的教育法律法规要注意以下问题：

---

〔1〕 朱永新：“教育立法是依法治教的前提”，载 http://www.zhongjiaomedia.com/z/1292.html，访问时间：2015 年 1 月 21 日。

第一，立法价值取向相统一原则。具体说下位法立法价值取向要服从上位法的立法价值趋向。前面提到，《教育法》关于学生权利的规定采取的价值取向是权利价值取向，而《高等教育法》采取的价值取向是义务价值取向，《教育法》是基本法，所以《高等教育法》采取的价值取向应与基本法价值取向相同。

第二，加大师生程序性权利保护。程序规范一旦缺失就会导致实体规范所界定的权利与义务流于形式，要通过立法、修法、司法解释等工作明晰权利救济方式、机构、程序要求等权益保障渠道。即完善申诉权、听证权、起诉权等程序性权利，尤其是要增加学生程序性权利规定。

第三，对现有法律法规修改要明确师生法律关系的性质及双方的权利义务，为师生法律纠纷解决提供明确依据。

第四，细化法律规定，使其具有可操作性，如《学位条例》仅有 20 条，规定得较为笼统粗糙。从 1980 年 12 月 12 日第五届全国人民代表大会常务委员会第十三次会议通过，几十年间仅在 2004 年的十届全国人民代表大会常务委员会第十一次会议上进行了补充修改。很多条款已经不适应当下情况，应当针对当下在校大学生受到纪律处分后不能获得学位的情况，从立法上进行修订，以最大限度地保护学生的合法权益。尤其是学生程序性权利的规定要增加事前和事中救济条款。《教师法》也应与时俱进，要增加教师权利救济制度的条款，增强法律法规的可操作性，对教师申诉的各个环节，明确规定受理机关。

第五，消除不同法律法规之间的冲突。从法理上讲，教育法律体系的效力层级是清晰的，下位法律必服从于上位法律，不得有与上位法相抵触的内容，否则自动失效。《教育法》是基本法，其他教育法律法规应以其为依据制定和修改。如《高等教育法》中高校对学生的处分可采用法律保留原则，尤其对与学生受教育权相关的处罚手段应由法律作出明确具体规定，以防学校制定的内部处理办法出现“越阶”现象。以申诉范围为例，《普通高校学生管理规定》第5条规定的范围显然与《教育法》第42条明确规定的申诉范围有出入，因此要修订《普通高校学生管理规定》中关于申诉范围的条款，使其与《教育法》规定的申诉范围相一致。通过立法修改与补充、立法解释，以及法规清理等适时地对相关规定整合，消除歧义与矛盾之处，堵住法规漏洞，实现各级规范的配套统一，权限明晰。例如，修改《教育法》《教师法》中关于学校、教师、学生的权利规定，明确其法律地位，界定其权利范围，在诉讼中可得到直接有效参考适用。

第六，增加配套规定。如针对《高等教育法》在实施中没有配套性法律法规的现象，要及时增加配套规。

经过长久努力，2015年12月第十二届全国人大常委会第十八次会议表决通过了修改《教育法》和《高等教育法》的决定。决定对《教育法》第5条、第6条、第11条第1款、第12条、第19条、第25条、第66条、第61条第1款、第76条、第79条等十处条款进行修改，并增加一条作为第18条。[1]对《高等教育法》[2]进行了七处修改，涉及高等教育办学方针、人才培养、高校设立、学术委员会职责、评价制度、经费筹措等方面。新修订的高等教育法更具可操作性，将于2016年6月1日起施行。但是，要完成“六修五立”的教育立法计划还有很长的路要走。

---

〔1〕《教育法》第18条规定：“国家制定学前教育标准，加快普及学前教育，构建覆盖城乡，特别是农村的学前教育公共服务体系。”“各级人民政府应当采取措施，为适龄儿童接受学前教育提供条件和支持。”

〔2〕《高等教育法》第4条、第5条、第24条、第29条、第42条、第44条、第60条第1款等。

（二）完善高校规章制度

建立完备科学的规章制度是依法治校的基础。要完善高校规章制度目前主要是制定大学章程和修改完善清理现有的规章制度。

1. 修改完善大学章程

《国家中长期教育改革和发展规划纲要（2010-2020年）》要求，高校应依法制定章程、管理学校。教育部《全面推进依法治校实施纲要》也要求高校到2015年全面形成一校一章程的格局。目前这一目标已基本实现。

一个有效的大学管理者，其法治思维必定无处不在；一个高效的现代组织，其规则制度和章程约束也必定样样具备。大学章程也就是高校规章，是高等学校依据法律，按照一定程序制定的，规范各项工作与活动，对高校内部主体具有普遍约束性的章程和规定的总称。[1]大学章程相当于大学的“宪法”，具有“最高法”“基本法”地位，在学校治理中发挥着指导性的作用，是学校各种规章制度的制定依据，其他规章制度不得与其冲突。大学章程作为大学治理的重要手段，既是大学内部治理的指导方针，也是协调大学与社会外部关系的准则，为真正实现大学依法治校、自主办学奠定基础。[2]学校章程在校内规则体系中处于龙头地位，也是学校内部治理的“宪法”，是学校自主办学、民主治理的根本法。

大学章程是高校内部的“宪法”，它规定和制约着其他内部规范。《教育法》和《高等教育法》都明确授权高校制定大学章程。目前各个高校已基本实现一校一章程。但是，已制定的

---

〔1〕 王立峰：“高校法治研究”，吉林大学2006博士学位论文。

〔2〕 刘军仪：“民主、协商、合作：来自美国明尼苏达大学共同治理模式的经验”，载《外国教育研究》2011年第12期。

章程还存在一些问题。因此，大学章程修改完善要注意以下方面：

第一，从内容上讲，大学章程应当规定学校的重大根本性、全局性问题，要体现我国国情。如高校的管理体制、组织机构设置、民主管理监督机制、财务管理制度，以及高校与政府、社会关系，民族教育政策、重大事项决策程序、师生权利义务、奖惩措施等规定等，而不是具体、细节问题，具体细节问题由其他规范性文件规定。

第二，从形式上讲，大学章程应符合法律性文本的基本要求。〔1〕具体而言应该包含大学作为教育组织法人所必须具备的基本条款、大学内部治理结构和基本制度、大学各成员及利益相关方的权利、义务，等等。要做到结构完整统一。

第三，从修订原则上讲，要符合合法性、合理性、科学性原则。既然大学章程来源于《教育法》和《高等教育法》的授权，因此，章程必须依法制定，不能超越法律授权，要做到内容合法。同时，规章制度的制定过程要有严格的立项、起草、审核、实施和废止等环节，做到程序合法。还要注意规章制度的制定应该适用法律保留原则，有些事项在法律明确规定的情况下才可以作出，法律没明确规定的就不得自行创设。要注意维护是师生合法权益。《国家中长期教育改革和发展规划纲要（2010-2020年）》要求学校要依法建立体现自身特色的学校章程和制度。好的章程必须符合法律法规、政策规定，符合自身实际与教育规律，体现学校自身办学特色和管理特色。章程要

〔1〕 一是具有科学的结构体系，即由章程名称、题注、目录和正文几部分组成。结构体系又分为总则、分则与附则，而内容体系又可分为章、条、款、项。二是制定程序明确，即由起草、审议通过、核准与公布等阶段组成。三是使用规范性术语，用语严谨、繁简适当。四是注重章程的实践性与操作性，避免流于口号式的宣言。

做到术语规范、内容简明、结构合理、内容真实、注重实效等。要遵循我国高等教育规律和大学生成长成才规律，坚持从有利于大学培养人才、科学研究、社会服务和文化引领的实际需要。

第四，从效力上讲，章程在大学规章制度中具有最高效力，是学校“宪法”。章程一经制订即对高校各主体、各项活动产生实效。

第五，从制定主体上讲，要明确章程制定主体。大学章程只能由高校制定，而不能由其职能部门制定。从立法学的角度来看，法律的制定主体包括起草人、审议人、核准人等。《高等学校章程制定暂行办法》对制定章程的主体进行了较为明确的规定。该条对章程的起草人规定较为原则，需要细化。

第六，从实施上讲，要制定具体计划和相关配套措施保障章程的实施，确实做到依章办事。

2. 清理完善制度规范

由于高校规范制度建设方面存在制定程序不规范、适用与解释混乱、内容违法以及结构与技术性差错问题，因此，高校必须有针对性地解决这些问题。

尤其对于校内规则政出多门、相互之间交叉打架、适用混乱的现象，学校应定期清理校规，及时进行废、改、立。清理完善高校制度规范需要注意以下问题：

第一，要合法。合法主要包括依据合法、内容合法、罚过相当三个方面：首先是依据合法。高校必须在自己的权限范围内制定文件，即权限法定。如果学校有权制定的文件，其“规定事项”专属于由法律、法规或规章立法法已作出规定的，学校的文件便不得制定。“举凡教育内容、学习目的、修课目录、学生之地位等有关大学生学习自由之重要事项，皆应以法律明文限制之，或有法律明确之授权。”[1]这是“法律保留原则”[2]的要求。其次是内容合法。学校的文件内容不得与国家的法律、法规和规章内容抵触。这是“法律优位原则”的要求。学校在制定文件中应当把握对于授益行为如奖励，其规定可宽于上位法除非国家有强制性规定对于不利行为如违纪处分，其规定不得严于上位法。[3]依据法律和章程修改完善规范不得违宪，不得与上位法冲突，不得擅自设定权利与义务。对师生作出不利决定时要依法作出，防止滥用权力。再次是罚过相当。在对学生进行处罚时，应充分保护受教育者的合法权益。要注意罚过相当，责过平衡，不能因小过而重罚。博登海默说过，真正伟大的法律制度，是那些以某种具体的和妥切的方式结合刚性与灵活性的法律制度。同样的，真正合理的高校处分是将惩戒和教育灵活结合的处分。[4]

第二，要具有可行性。制度规范设计科学、合理、具体，具体操作简洁明了、程序公开，防止抽象笼统，概念模糊不清，缺乏可操作性。

第三，增加程序性规范，尤其是完善听证程序。目前高校规章制度存在着程序规范缺失的现象，清理完善制度规范时要注意增加程序性规范，尤其是增加听证程序。否则，实体权利会失去保障。

提高高校规章自身的法律品质是不容忽视的方面，是高校

---

〔1〕 吴庚：《行政法之理论与实用》，人民大学出版社2005年版，第245页。

〔2〕 所谓“法律保留原则”，是指对宪法关于公民基本权利的限制等专属立法事项，必须由立法机关通过法律规定，行政机关不得代为规定。

〔3〕 胡建森：“让法治精神深入高校管理”，载《政策研究与法制建设》2004年第1期。

〔4〕 湛中乐、李凤英：“刘燕文诉讼北京大学案——兼论我国高等教育学位制度之完善”，载《中国教育法制评论》2002年第0期。

科学、严谨立法的表现。在这方面可以借鉴吉林大学先进经验。吉林大学政策法规办公室作为内设机构，其组成人员由专业人士担任，负责大学立法调研、高校规章的审核、备案、清理，以及法律咨询等方面的工作。这种制度安排能够有效保证校内立法质量，避免学生管理中出现的集团利益立法问题，为高校规章的制定营造了相当中立的立法环境。

三、提升主体法律自觉与道德自觉

解决师生法律关系问题，除了完善法律法规体系和学校规章制度体系之外，还需要提升师生主体的道德自觉和法律自觉。因为，在师生法律关系中，主体是最重要因素，其法律自觉与道德自觉程度如何将直接影响问题解决。

（一）提升主体法律自觉

提升主体法律自觉包括提升大学生法律自觉和提升教师法律自觉两个方面。

1. 提升大学生法律自觉

大学生法律自觉作为法治中国的一种文明素养，其形成非一日之功，它非主体单方面的努力即可，更需要丰厚法律文化的熏陶和良好法律理论的教育，需要本人、教师、学校、社会等诸多条件的支撑和保障。正如孙国华教授所言“社会主义法律意识不可能自发的形成，而必须有意识地培养”。[1] 因此，需要构建融学生、教师、学校、社会“四位一体”措施体系促进大学生法律自觉的养成。

第一，强化大学生自我学习意识。公民具备一定的法律知识是确立现代法治观的知识前提。公民只有了解、具备基本的

---

〔1〕 孙国华：《法学基础理论》，天津人民出版社 1988 年版，第 212 页。

法律知识，才能认识、遵守法律、寻求法律保护，进而确立法治意识。唯物辩证法认为，内因是事物变化的根据，外因是事物变化的条件，外因通过内因而起作用。大学生法律自觉的养成，需要首先充分发挥大学生的主观能动性，内外结合，提升其法律自觉。

要提升大学生法律自觉就要强化其学习自觉性。法律自觉的养成基础是必须具备丰富的法律知识，只有在对法律充分认知的基础上，才能更好地理解法律、信任法律、信仰法律和践行法律。要对法律有充分的认知，需要大学生发挥主观能动性，自觉地学习法律知识，利用一切手段丰富自己法律知识。

要提升大学生法律自觉还要积极培育大学生法治意识。在大学生充分掌握法律知识的基础上，学校要积极引导大学生将法律知识内化于心，注重明理导行，养成正确的法律观点、法律态度和价值观念。要积极培育其法治社会所必需的规则认识，权利意识、程序意识、公平正义意识，从正面引导其对法律的认同感、尊重感、信任感以及违反法律的羞耻感，引导其形成正确的权利义务观，正确看待社会个别不公现象，做到自觉掌握法律知识，自愿遵守法律规范，并坚信法律能惩恶扬善、主持公平正义。

要提升大学生法律自觉还要培养大学生提升践行法治的能力。高校除了引导大学生将法律内化于心之外，还要引导其将法律外化于行。要让大学生把法律作为自己的行为准则，并转化为自己的信仰，做到真学、真用和真信，就必须引导大学生践行法治。法治是一项人类实践活动，法律自觉养成同样离不开法治实践。只有让学生亲身体验到法治在生活中的运用，体验到法治与每个人的关系时，才会使其得到真正的教育，才能够让法治成为自己的行为准则。学校要引导大学生在自觉实践和主动参与中学习法治知识、坚定法治理想、塑造法治品质。践行法治一方面要引导大学生积极参加法治实践活动，提升参加法治实践自觉性和主动性。另一方面，要引导其在法治实践中养成自律性，正确行使权利履行义务。

第二，优化师资队伍。教育活动是教育者所实施的有目的的引导活动，受教育者所发生的变化主要是通过教育者的有目的的活动实现的。因此，教育者有意识的引导对大学生法律自觉养成中至关重要。要提升大学生法律自觉，就必须拥有一支优秀师资队伍。

清华大学原校长梅贻琦曾说："大学者非谓有大楼之谓也，有大师之谓也。"哈佛大学前校长科南特也认为"大学的荣誉不在于它的校舍和人数，而在它一代一代教师的质量。一个学校要站得住，教师一定要出色。"〔1〕哈佛大学第 21 任校长艾略特认为，大学的真正进步必须依赖于教师。第 23 任校长科南特认为，大学者，大师云集之地也，如果学校的终身教授是世界上最著名的，那么这所大学必定是世界上最著名的大学。第 25 任校长博克说："要使我们学校常居于前列，归根到底是要有好的教授。"〔2〕要提升大学生的法律自觉，师资队伍起着至关重要作用。教师法治意识水平高低、法律知识的多少、日常行为是否规范合法，都会对学生产生潜移默化的影响，如辅导员在管理班级过程中是否公平对待每个学生、是否依法公正管理、对于重大事项是否严格依照法定程序运作，等等，都会对大学生法律自觉产生直接影响。

---

〔1〕 R. H. McCaBe. 21st Century Challenges：Global Competition，population Changes，and the Need for Educationnal Parity. *the Presidency*，1999（Fall）：11～15.

〔2〕 罗云："世界一流大学学科建设的基本经验及其启示"，载《高等理科教育》2006 年第 3 期。

要提升大学生法律自觉就必须优化师资队伍：一方面要结构优化。法律基础是一门融理论、实践为一体的综合性学科，它不仅仅是交给学生一些法律知识、教会几个法律条文，更重要的是培养学生法治意识、践行法治能力。针对目前师资队伍结构单一的情况，要积极吸纳法学专业教师参与，提升整个师资队伍理论水平。同时还要积极吸纳社会组织优秀人员和司法实务部门优秀专家加入，提升师资队伍的实践能力。力求打造一支融理论与实践为一体、专职教师为主兼职教授为辅的双师型师资队伍。另一方面要提升素质。伟大的教育家陶行知先生认为："要学生做的事，教职员躬亲共做；要学生学的知识，教职员躬亲共学；要学生守的规则，教职员躬亲共守。"〔1〕德国教育家第斯多惠也说："谁要是自己还没有发展培养和教育好，他就不能发展培养和教育别人。"〔2〕可见，教师素质高低对大学生法律自觉养成至关重要。因此，需要不断提高管理者、专任教师和辅导员的法治教育水平、法治教育能力，提升其法律素养和依法育人意识。要采用走出去和请进来的方式培训教师，尽快提升其法律素养。同时，教育过程中还要遵循教育规律和青年学生成长规律，充分发挥大学生的主体性、能动性和创造性，实现教育者和受教育者的良性互动，增强法治教育效果。

第三，加强校园法治文化建设。习近平总书记强调："全面推进依法治国需要全社会共同参与，需要全社会法治观念增强，必须在全社会弘扬社会主义法治精神，建设社会主义法治文化。"〔3〕要提升学生法律自觉，就必须加强校园法治文化建设。

文化的基本功能培育人，大学的本质就是以文化人。大学

---

〔1〕 吴木鉴："香港：法治是摸不着的竞争力"，载《南风窗》2008 年第 17 期。

〔2〕 李子昊："香港之宝：法治精神"，载《新世纪周刊》2007 年第 16 期。

〔3〕 习近平："加快建设社会主义法治国家"，载《求是》2015 年第 1 期。

文化是社会主义先进文化的组成部分，对于在其中学习生活的大学生塑造思想、陶冶心灵、培养能力、发展个性具有特殊意义和极为重要的作用。大学的文化，应当是符合社会主义法治要求的文化，其学术独立、思想自由、民主平等精神正是法治的原则。

法治文化是法治建设的灵魂，是蕴藏在人们心底和行为方式中的法治意识、法治原则、法治精神、法律行为及其价值追求。校园法治文化同样应当体现法治的精神、理念、价值取向和行为方式。要加强校园法治文化建设，必须做到以下几个方面：

其一，转变法治教育理念。高校法治教育不仅是向学生传输法律知识，更重要的是引导学生领会法治精神和价值取向，从而树立法律至上的思维意识，传递法治精神，引导学生树立正确观念，做到心中有法、遵纪守法、维权依法。[1]使学生建立对我国法治建设的信心。因此，对学生进行法治教育重点是培养其法治意识和法治精神，这就要求高校的法治教育方式手段要灵活多样，要多采用启发式、讨论式、参与式的教学方法，充分调动学生主观能动性，引导学生积极参与教学，引导学生思考和决策，以达到培养其法律自觉的目标。

其二，优化课程体系，增加有利于大学生法律自觉养成的课程。高校目前开设的法治教育教材主要是《思想道德修养与法律基础》，课程单一，难以完成培养学生法律自觉的艰巨任务。因此，需要完善课程体系，增加有利于大学生法律自觉养成的课程。复旦大学在通识教育核心课程和选修课程中，与法治教育相关的课程有 31 门，其中通识教育核心课程六大模块的

---

〔1〕 黄明东、周登超、刘婷："我国高校学生法制素养状况分析"，载《国家教育行政学院学报》2013 年第 5 期。

“文明对话与世界视野”模块中，三分之一的课程可以划为法治教育课程。

其三，优化课程内容。法学的学科特点就是实践性强。针对目前存在的教学内容空洞，与实践结合度不高的问题，应该细化课程内容，增强其实践性，加大实践教学的内容。

其四，创新培育的实践载体。“无论何人要认识什么事物，除了同那个事物接触，即生活于（实践于）那个事物的环境中，是没有法子解决的。”[1]大学生法治教育应当坚持理论教育与社会实践的有机结合，让大学生对法治有更切身的体验，大学生法治意识的培养要从自身日常生活场景开始，“使现实的人在其日常生活中通过对 法治的近距离甚至面对面的直观感悟，逐步确立 起对法治及其规范与制度的信任和耐心，直至建立起对法的神圣信仰”。[2]因此，创新培育载体尤为重要。法治教育的实践载体有案例教学、法庭旁听、模拟法庭、解决个案工作法、法律辩论赛、社会实践调查、监狱服刑人员现身说法、法律社团等各种法治宣传活动（3·15 消费者权益保护日、12·4 宪法日、4·26 世界知识产权日等），提高大学生的法治实践能力。

其五，加强纪律约束。“在学生的培养过程中，纪律要求是加强约束力量、挖掘青年人潜能以及矫正他们弱点的最好方法。”[3]法律是更加严格的纪律。有了遵守纪律的品德，才能够自觉遵守包括法律。

第四，净化社会法治环境。人创造环境，同样环境也影响人，社会法治环境对大学生法律自觉的形成同样产生重要影响。

---

〔1〕《毛泽东选集》（第 1 卷），人民出版社 1991 年版，第 187 页。

〔2〕姚建宗：《法治的生态环境》，山东人民出版社 2003 年版，第 41 页。

〔3〕马小洁：《管理、服务与引领：高等学校学生事务国际学术研讨会文集》，华中科技大学出社 2008 年版，第 168 页。

法治环境是主张法律主治、依法而治所形成的特定意义上的社会环境。良好法治环境形成在于控权，即使权力受到法律约束，从法律和制度层面对国家权力的掌握者加以有效控制与制约。法治环境的出发点与归宿点都是公民权利的维护与公民权利环境的改善。我国目前社会上存在的司法腐败、有法不依、执法不公、司法不公、权大于法的现象如果得不到遏制，会对大学生法律自觉的形成产生负面影响，因此需要优化社会法治环境。

其一，强化全社会的法治意识，尤其是强化领导干部的法治意识。重点强化权利意识、规则意识、法律之上意识和公正意识，引导公民树立对法治基本价值的普遍认同，坚决杜绝有法不依、执法不严、违法不究的现象。

其二，建设理性文化。理性文化是法治文化的重要组成部分，其包含的科学精神、政治市场观念、思想市场观念、公民意识、权利义务观念、平等自由观念、多元文化观念等因素对法治文化建设有重要作用。建设理性文化对大学生法治观形成将会产生重要影响。

其三，加强监督。要建立健全权力运行的监督制约机制，加强对严格执法和公正司法监督，对于滥用权力、违法行政的情况予以坚决纠正，营造良好的法治环境。

2. 提升教师法律自觉

教师是履行教书育人职责的专业性人才，教育法治化时代，从一定意义上说，已经成为整个教育教学活动过程的一个非常重要的执法者。教师法律自觉程度如何，能否真正做到知法、懂法、守法、用法，教师能否在教育教学工作中依法执教，必将影响到依法治校的实现，影响到学生法治观的形成，也影响到师生法律关系的处理。因此，提升教师法律自觉尤为重要。针对教师法律自觉方面存在的学习法律自觉性缺失、尚法意识不足以及“权利义务观”偏差等问题。要提升教师的法律自觉应从以下几个方面入手：

第一，强化主动学法意识。人的行为受制于人的认知，认知水平越高，行为就越明确。拥有一定的法律知识是懂法、用法、护法的前提。针对部分教师法律知识尤其是教育法律法规知识缺乏的现象，要提升教师的法律自觉，首先要强化教师学法自觉性。高校教师作为育人者必须先育己。为此，学校要引导教师既要学习普通法律法规，也要学习教育法律法规，尤其是高等教育法律法规。要建立教师学法的动力机制，制定激励措施，采取考核、评比、表彰等措施提高学习的自觉性、主动性、创造性。教师自身也要充分认识到学习法律知识、养成法治意识、运用法治思维和法治方式处理问题的重要性，变被动为主动，自觉强化学习主动性，自觉提升自身法律素养，做到心中有法，行不逾矩。

第二，信仰法律。法律信仰是基于对法律油然而生的神圣情感，是对法律发自内心的认同和尊崇。信仰是对某种宗教或主义信服和尊重，并把它作为行动的准则。《韩非子》曰：“奉法者强则国强，奉法者弱则国弱”，这就是强调法治信仰。法律只有在受到信任并且因而并不要求强制力的时候，才是有效的。[1]

信仰法律首先就要内心敬畏、认同法律，认同法律目标和法律所体现的民主、自由、平等、公平、正义价值，要厘清权与法、礼与法、情与法的关系和责任担当，要增强宪法法律至上的坚定性，要敬畏宪法法律，带头维护宪法权威，保证宪法实施。要实现从法治意识到法治思维、再到法治信仰的法治教

---

〔1〕 谢晖：“法律信仰概念及其意义探析”，载《宁夏大学学报》1996年第3期。

育目标，就必须构建法治教育体系。

信仰法律还要反对特权思想，发自内心地认同、信赖、遵守和捍卫法律，坚决杜绝不受法律约束的特权思想。

信仰法律要提高理性思维。教师理性水平高低对于教师能否理性处理师生法律纠纷起着至关重要作用。人具有理性和非理性两个方面，通常情况下理性制约着非理性，要避免因情绪波动而产生冲动行为，就必须提升教师的理性水平。包括完善其知识结构和提高教师综合素养。当理性水平提高后，教师就会对学生的行为作出正确判断，理性处理。

信仰法律要增强自身守法意识、规则意识。要想把学生培养成法治社会合格公民，教师必须为人师表，从小事做起，言传身教，做守法护法表率。无规则即是无理性，规则意识是社会规则的观念形态。从价值论屋面看，规则意识为确立社会规则提供文化理念、价值导向、范式系统、评价尺度等精神支撑。[1]教师要自觉规范教育教学行为，严格遵守教育法律法规及宪法和普通法律法规。只有教师的教育教学行为合法，才能培养出合格的学生。如教师在行使教学自由权时一定要保障学生学习自由权，“借有由教学自由之保障，使教师得传播其学术上研究之成功，学生亦因之而获得专业知识之充实；而透过学习自由之保障，学生得积极参与课堂活动，教师亦得于教学中得到验证或激发研究灵感与动力，师生间彼此产生教学与求知之良性互动关系，所谓教学相长，意即在此。”[2]

信仰法律要树立正确的权利义务观。法治思维最基本的要求就是做到合法合规，这就要求师生想问题办事情必须遵循主

---

〔1〕 江启疆：《法治中国现实与选择》，群众出版社 2006 年版，第 10 页。

〔2〕 董保城：《教育法与学术自由》，月旦出版社股份有限公司 1997 年版，第 206 页。

体合法性、职权合法性、程序合法性，要养成依法依规办事的习惯，先立规矩后办事。

第三，弘扬法治文化。高校法治文化就是高校师生通过守法、信法、用法、护法而形成的共同生活方式，是师生法律自觉的体现，也是实现依法治校、依法执教的保障。为此，学校要充分发挥校园法治文化的渗透、教育、感染、激励作用，大力推进法治文化建设，浓郁的环境中，使教师在浓厚的法治文化环境中受到熏陶，潜移默化地形成学法、用法、守法、护法的自觉。要形成学法的常态化制度，把法治教育列入教师学习培训的重要内容，定期举办法治理论研讨会、论坛、演讲比赛、知识竞赛等活动，促进教师学法常态化。通过一系列法治文化的宣传教育，使得教师自觉维护社会主义法制的统一、尊严、权威，形成一种不愿违法、不能违法、不敢违法的法治环境，做到有法必依、执法必严、违法必究。

（二）提升主体道德自觉

道德是社会关系维系的基本纽带。要实现依法治校，构建和谐师生关系，化解师生法律纠纷，就需要提升师生的道德自觉。要想使道德规范转化为人的精神力量和道德品质，就必须培育人的道德自觉意识和自律精神。习近平总书记曾指出：“利益关系得到协调，思想情绪得以理顺，社会发展中的不稳定因素就能得到及时化解，各种矛盾冲突就能得到有效疏导，社会和谐也就有了牢固的基础。”[1]党的十八大报告也强调要加强社会公德、职业道德、家庭美德、个人品德教育，弘扬中华传统美德，弘扬时代新风。“一切道德体系都在教诲向别人行善……但问题在于如何做到这一点。光有良好愿望是不够的。要加强

〔1〕 习近平：“加强基层基础工作夯实社会和谐之基”，载《求是》2006 年第 21 期。

个人品德建设就必须提升个体道德自觉。”[1]因此，要提升师生道德自觉尤为重要。

1. 提升学生道德自觉

针对部分大学生道德自觉缺失现象，要提升学生道德自觉需要从以下方面入手：

第一，强化道德教育。2009 年习近平总书记提出要加强青年干部的道德修养。这不仅是对青年干部的要求，也是对当代大学生的要求。2017 年 5 月 3 日习近平总书记到中国政法大学视察时提出，青年学生要德法兼修。可见，加强道德教育可以增强大学生对道德的深刻认识和准确把握，有助于提高其道德自觉，增强公民对道德的认可。

强化道德教育，要把社会主义核心价值观作为重要内容。由于部分大学生道德理想和公德意识缺失，所以加强道德理想教育势在必行。习近平主席在 2014 年的五四讲话中指出：“核心价值观，其实就是一种德，既是个人的德，也是一种大德，就是国家的德、社会的德。国无德不兴，人无德不立。”[2]强化德育教育，就是把社会主义核心价值体系渗透于大学生德育教育中，通过道德教育活动，使社会主义核心价值体系被他们认同并接受，转化成为内在的品质，形成正确的道德意识，养成良好的道德品质和行为规范。

强化道德教育要积极弘扬中华民族优良道德传统。传统道德文化是中华文明最核心的内容，它源远流长、博大精深。优秀传统美德中的讲仁爱、重道义、守诚信、尚和谐、求大同等

---

〔1〕［英］F. A. 哈耶克：《致命的自负——社会主义的谬误》，冯克利、胡晋华译，中国社会科学出版社 2000 年版，第 9 页。

〔2〕习近平：“青年要自觉践行社会主义核心价值观北京大学五四讲话”，载 http://news.xinhuanet.com/politics./c_126477806.htm，访问时间：2014 年 5 月 8 日。

思想，积淀了中华民族的智慧，铸就了中华民族辉煌的历史，弘扬传统美德就是让大学生对其产生认同感，只有认同，才会继承和发扬。

强化道德教育要强化道德责任教育。责任是人类的特征之一，是个体成熟的重要标志，深刻的自我责任意识是一切的根基，要坚持尊重个人合法权益与承担社会责任相统一，积极承担社会责任。强化道德责任教育也是世界各国的普遍做法。早在 1972 年，联合国教科文组织就倡导“学会关心”和“学会负责”。日本也将“培养有强烈责任感和充满独立精神的人”列入了其《教育基本法》。强化道德责任教育主要强化其生命责任教育、行为责任教育、成才责任教育和回馈责任教育等。

强化道德教育要发挥大学生的主体作用，重点培养大学生的独立思考能力。道德教育要改变传统的说教方式，充分发挥受教育主体作用，使受教育者能动地自主塑造道德人格品质、生成道德自觉的主体性的创造活动。如针对大学生考试作弊盛行的问题让大学生就诚信问题展开讨论，也可以针对新闻报道的某一道德事件（如老人到底该不该扶?）组织学生进行课堂辩论，并引导学生透过事件表象深入分析潜在的道德思想，调动学生主动地参与道德的讨论与学习积极性。

强化道德教育要加强自律教育。加强自律教育就是使受教育者自觉、自主、自愿地践行道德要求，养成具有自律品格的人。加强自律教育就是要培养主体的道德责任感、耻辱感、良心、自我调适和自我反省的能力，培养学生的道德自觉意识，塑造道德自觉品质，养成道德自觉行为，使其不断提升道德自觉水平和境界。

第二，充分发挥典型示范作用。榜样的力量是无穷的，榜样教育是培育学生道德自觉的重要途径。一方面从榜样的价值取向和行为取向上，给学生带来生活目标与方式上的教益，能引导学生学习榜样的行为；另一方面，通过榜样精神感染、熏陶和激励，使学生思想境界得以净化与提升。因此，要加大宣传力度。党的十七届六中全会指出："要评选表彰道德模范，学习宣传先进典型，引导人民增强道德判断力和道德荣誉感，自觉履行法定义务、社会责任、家庭责任，在全社会形成知荣辱、讲正气、作奉献、促和谐的良好风尚。"[1]如在尊师方面，毛泽东同志就是一个非常好的榜样。

第三，强化道德实践。针对大学生存在的"知行脱节"问题，需要强化其道德认知体验、提升其道德践行能力。道德意识转化为道德行为不是由外力强制实现，而是由行为主体自我控制、自我约束实现。主体能否对自身道德行为进行自控约束是道德自觉的重要表现。道德教育的最终目的在于养成道德习惯，这就需要通过道德实践，它是养成道德自觉的重要途径。道德实践包括像社会实践活动、公益活动、志愿者服务活动、社团活动、校园文化活动、专题教育活动（如学雷锋活动）。这方面可以借鉴美国做法。美国要求学生学习承担社会责任的方式是做志愿者，其"志愿服务时间"是美国大学录取新生的一个很重要的参考指标。如老布什总统在 1990 年颁布了学生必须参加服务的"国家与社区的服务法案"，本法案在 1999 年 12 月 17 日通过修正。同时，还要重视生活化的道德行为养成，引导大学生在体验、感悟、反思生活的过程中不断提升自身道德素养。因此，我国需要将道德教育融入各项活动之中，并使其常态化。

---

〔1〕"中共中央关于深化文化体制改革推动社会社会主义文化大发展大繁荣若干重大问题的决定"，载《人民日报》2011 年 10 月 26 日。

2. 提升教师的道德自觉

邓小平同志曾说过，一个学校能不能为社会主义建设培养合格的人才，关键在于教师。“高尚的师德，是对学生最生动、最具体、最深远的教育。”[1]教师的精神风貌、思想情操、道德品质以及行为习惯等，都对学生产生潜移默化地影响，影响其世界观、人生观、价值观的养成，决定着人才培养的质量，关系着国家和民族的未来。正因为如此，所以，国家历来重视对高校教师职业道德的要求。2011 年教育部颁发的《高等学校教师职业道德规范》提出，高校教师要遵纪守法、严谨治学、教书育人、为人师表、敬业爱生、服务社会，分别从高校教师与国家、高校教师与学生、高校教师与社会的关系以及高校教师的教育教学行为、学术研究行为和社会道德责任六个方面提出了高校教师职业道德的目标要求。2014 年 10 月 9 日教育部出台的《关于建立健全高校师德建设长效机制的意见》，划出了针对师德禁行行为“红七条”。对触犯“红七条”的，将依法依规分别给予相应处分，将高校师德建设全面推向规范化、制度化、法制化的轨道。这些规定对于提升教师道德自觉，培养合格大学生促进我国教育事业的发展发挥了重要作用。

教书者必先强己，育人者必先律己。针对高校教师存在的理想信念模糊，育人意识淡薄，教学敷衍，学风浮躁，侵犯学生合法权益等问题，需要采取以下措施：

第一，明德修身。明德修身即要做到自爱、自省、自律、自警。自爱即要高度认同教师职业，热爱党的教育事业，要充分认识自己所承担的庄严而神圣的使命，发扬主人翁精神，自觉捍卫职业尊严，珍惜声誉，提升师德境界。“广大高校教师要

〔1〕《邓小平文选》（第 2 卷），人民出版社 1994 年版，第 108 页。

切实肩负起立德树人、教书育人的光荣职责……以高尚师德、人格魅力、学识风范教育感染学生，做学生健康成长的指导者和引路人。”[1]教师要坚守知识分子的良知，重拾内心的教育情结，持守职业的神圣感。自爱就是要爱职业、爱岗位、更要要关心保护学生。爱学生就要对待学生一视同仁，不能厚此薄彼，既关心学习，又关心其成长。如对学生进行评价时要坚持公平原则，做到无差别对待，不能凭自己好恶感情用事，侵犯学生公正评价权；要尊重学生的劳动成果，不能将学生的成果据为己有，侵犯学生知识产权。课堂教学中要管理好自己情绪，不将偏激的情绪发泄在学生身上，甚至言语伤人，侵犯学生隐私权。在处理上师生纠纷问题要坚持理性，不能盲目冲动。

自省即保持自我反省之心，守住道德的底线，不随波逐流，不人云亦云，不能一切向钱看，过分注重经济利益，要耐得住清贫，要做到三省吾身，教学方面是否认真履行了自己职责，有没有不到位现象；育人方面是否带头培育和践行社会主义核心价值观；是否做到了是受学生爱戴的品行之师、学问之师，做社会主义道德的示范者、诚信风尚的引领者、公平正义的维护者等。

自律即遵循法度，自我约束，严格要求自己，树立正确的世界观、人生观和价值观，做遵纪守法模范，做学生表率。要加强自我学习，自我改进，把师德规范转化为内在信念和行为品质。要积极投身教育实践，在教育实践中提高道德意识，积累情感体验，磨炼道德意志，坚定道德信仰；对待学术要忠诚真理，在追求真知的路上不断求索，捍卫知识尊严，不抄袭、不剽窃他人学术成果。对待学生要坚持“育人为本，立德树

[1] 胡锦涛：“在庆祝清华大学建校100周年大会上的讲话”，载《中国教育报》2011年第4期。

人”，遵循教育规律，实施素质教育。

自警即时刻警醒自己，心中有一盏“红绿灯”，言行不能越过“黄线”，要牢记学术研究无禁区，但课堂讲授有纪律，坚决杜绝有损国家利益的行为，坚决杜绝不利于学生健康成长的言行，时刻牢记坚持正确的政治方向，正确引导大学生健康学习，快乐成长。正如陶行知所言：“先生不应该专教书，他的责任是教人做人。学生不应当专读书，他的责任是学习人生之道。”

第二，加强校园文化建设。校园文化建设要围绕以下内容展开：①要强化教师的理想信念教育和职业道德教育。强化师德建设，就是使教师充分认识到其重要性，认识到高等教育必须坚持以学生为本，积极引导大学生学会做人做事，成长成才，培养其创新精神和创业能力。在增添学识才干同时，增进身心健康，全面发展。同时，教师应该具备求真务实、勇于创新、严谨自律的治学态度和学术精神，努力发扬优良学术风气和学术道德。[1]②建立师德激励机制。要完善师德表彰奖励制度，将师德表现作为评奖树优的首要条件。③要强化师德监督，有效防止师德失范行为。2013 年印发的《关于加强和改进高校青年教师思想政治工作的若干意见》将师德表现作为教师年度考核、岗位聘任、职称评审、评优奖励的首要标准。“要推进青年教师师德师风建设，强化职业理想和职业道德教育，激发青年教师树立崇高的职业理想，严守教育教学纪律和学术规范。”[2]采用多种方式督导检查师德建设情况，对师德问题做到有诉必查，有查必果，有果必复，建立健全违反师德行为的惩处机制。

---

〔1〕《十五大以来重要文献选编（下）》，人民出版社 2003 年版，第 2557 页。

〔2〕“加强和改进高校青年教师思想政治工作 16 条意见出台”，载中国共产党新闻网 http://cpc.people.com.cn/n/2013/0528/c164113-21645326.html，访问时间：2015 年 5 月 28 日。

可以依据“红七条”规定，对师德考核不合格者年度考核应评定为不合格，并在教师职务（职称）评审、岗位聘用、评优奖励等环节，实行一票否决。

四、完善多元纠纷解决机制

纠纷解决是通过特定的方式和程序化解纠纷和冲突，恢复社会平衡和秩序的活动和过程。人类社会发展不同阶段，都有不同纠纷解决机制与之相适应。随着社会的不断发展，纠纷解决的方式和手段需要不断丰富发展，需要探求多元化的纠纷解决机制。在现代社会中，司法纠纷解决机制（诉讼）居于主导和核心的地位，而私人间的纠纷解决（协商）机制和社会性（包括各类共同体组织和社会团体）纠纷解决机制，以及行政性纠纷解决机制则与其相互关联、共同存在，形成一种协调互动关系。[1]纠纷解决机制就是纠纷解决的各种制度之间的相互联系以及运作原理。纠纷解决机制的基本功能是解决纠纷，理想目标是纠纷主体放弃对抗行为，直至在情感上消除对抗。“高校学生与高校之间纠纷和争议内容比较多，既有教育方面的，也有教学方面的，还有业余活动和日常生活方面的。这种纠纷和争议的多面性，决定了解决这类纠纷和争议的手段也必然是多样化的。”[2]《全面推进依法治校实施纲要》要求把法治作为解决校内矛盾和冲突的基本方式，建立包括信访、调解、申诉、仲裁等在内的各种争议解决机制。这个纲领性的文件从国家教育行政部门的层面肯定了多元化纠纷解决机制引入高校教育法律纠纷解决机制的可能性和必要性。要达到这一理想目标就必

---

〔1〕 范愉：《多元纠纷解决机制》，厦门大学出版社 2005 年版，第 77 页。

〔2〕 黄明东：《高校学生与高校之间法律争议解决机制研究》，人民教育出版社 2015 年版，第 281 页。

须构建诉讼与非诉讼、校内与校外相结合且以校内为主的多元纠纷解决机制。

（一）完善校内纠纷化解机制

完善纠纷化解机制有利于师生合法权利维护。“权利保护机制进化的意义在于，给侵犯人权和公民权利的行为从程序上和体制上设置必要的障碍，并在侵权一旦发生时，能及时地施与救济。”〔1〕社会学的冲突理论为我们解释了权利为什么需要救济的思路，冲突是与现行的规范体系相悖，是对合法权利的一种侵犯，因此权力需要救济。救济的任务就是遏制或解决冲突，为权利的顺畅实施提供一种常规性的手段。

由于高校师生纠纷主体、内容、性质具有特殊性，所以构建校内纠纷解决机制更有利于解决师生纠纷。因为学校管理机构、师生都是学校成员，他们已经结成一种准熟人化的社会环境，这种社会关系内在地排斥外部裁决型的解纷机制。对于并非涉及非常重大利害关系的纠纷，学校管理机构、教师和学生也不太愿意将纠纷诉至外部解纷机制，所以，建立一个公正、合理、高效的内部解纷机制反映了校内纠纷各主体的共同意愿。〔2〕《全面推进依法治校实施纲要》也明确要求依法健全校内纠纷解决机制。〔3〕要完善校内纠纷解决机制，重点完善学生申诉机制和设立教师申诉委员会。

1. 完善学生申诉机制

申诉权作为公民的一项宪法权利，已为现代民主国家所普

---

〔1〕 夏勇：《走向权利的时代》，中国政法大学出版社 1998 年版，第 8 页。

〔2〕 梁平：“论多元纠纷解决机制的沟通之维——基于当事人心理需求角度的审视”，载《河北法学》2009 年第 12 期。

〔3〕 要把法治作为解决校内矛盾和冲突的基本方式，建立并综合运用信访、调解、申诉、仲裁等各种争议解决机制，依法妥善、便捷地处理学校内部各种利益纠纷。

遍确认。我国宪法〔1〕也作出了明确规定。学界将申诉权界分为司法申诉权和行政申诉权。本书重点探讨大学生的行政申诉权。我国大学生的行政申诉权具有明确法律规定。

关于校内申诉机制《教育法》和《普通高等学校学生管理规定》都有相关规定，教育部关于《全面推进依法治校实施纲要》也明确要求，学校应建立相对独立的学生申诉处理机构，机构的人员组成、申诉受理处理应符合正当程序原则，并允许学生聘请代理人参加申诉。规定更加明确、细化了校内申诉制度，使之更加具有操作性、更加注重程序正当，使校内申诉制度迈上了新的台阶。各高校纷纷出台本校内部申诉规定，如《中国矿业大学（北京）学生校内申诉管理规定（试行）》《北京理工大学学生校内申诉管理规定》《中国劳动关系学院学生校内申诉管理规定（试行）》《北京交通大学学生校内申诉管理办法（试行）》《北京航空航天大学学生校内申诉和听证规定（试行）》《北京中医药大学学生校内申诉管理规定》《国际关系学院学生校内申诉条例》《华北电力大学（北京）学生校内申诉管理规定（试行）》等。但仍存在一些不足之处，如根据法律规定申诉委员会应当独立设置，但实际情况是有的学校依附于职能部门。上海师范大学的申诉委员会下设的办事机构主任由校领导担任，机构是挂靠在学校办公室。常熟理工学院申诉委员会下设办公室，挂靠在学生处。〔2〕需要加以完善。完善校内申诉机制需要注意以下问题：

第一，申诉委员会组成原则。申诉委员会作为校内纠错机构，组成委员应当坚持回避、民主、专业、效率原则，这是依

---

〔1〕《宪法》第41条。

〔2〕陆波、温学书："台湾高校学生申诉制度对大陆高校学生管理的启示"，载《常熟理工学院学报》2013年第11期。

法治校需要，也是保障学生合法权益需要。

首先，申诉委员会首先要坚持回避原则。即凡是和学生处分相关者不得参与，只有这样才能保障申诉结果客观公正。只有公正的程序，才具有产生公正结果的能力。目前有些高校规定由学生处或附属于学生处的学生处分委员会作为校内纠纷处理机构，他们本身是既是处分规定的制定机构又是处分的具体执行机构，由他们来处理学生的控告和申诉其作出的处理决定难以令人信服。其次，要坚持民主性原则。《普通高等学校学生管理规定》第60条规定，学生申诉处理委员会由学校的负责人、职能部门负责人、教师代表、学生代表组成，比例要适当。但实际情况是很多学校申诉委员会的人员组成与这一规定不符。再次，要注意申诉处理委员会组成人员要具有专业性，便于纠纷解决。除了校内人员外，还可以聘请校外法律专家、教育专家和心理专家等。最后，纠纷解决要注重效率。师生纠纷能否依法、科学、合理、公正解决，对于当事人双方影响重大，因此，在坚持公正前提下要注重效率。

第二，申诉范围。关于申诉范围，《教育法》〔1〕和《普通高等学校学生管理规定》〔2〕规定是基本吻合的。但在具体实践中，《普通高等学校学生管理规定》第60条第1款〔3〕规定的申诉范围反而变窄了，这不利于学生权益保障。建议采用《普通高等学校学生管理规定》第5条规定〔4〕。

第三，赋予申诉委员会撤销权。目前，申诉委员会存在权利不足的尴尬。学生申诉委员会做出复查结论后，由校长以学

---

〔1〕《教育法》第42条。

〔2〕《普通高等学校学生管理规定》第5条。

〔3〕《普通高等学校学生管理规定》第60条对学校取消入学资格、退学处理或者违规、违纪处分以外的申诉没有规定。

〔4〕《普通高等学校学生管理规定》第5条规定。

校的名义发布结论以约束当事人。为了平衡作出决定的职能部门和申诉委员会的权力，在学生申诉委员会做出撤销或者变更的复查结论后，如果职能部门有异议，校长可以让职能部门再次陈述理由。理由充分，可以交由学生申诉委员会再次复查。如果学生申诉委员会复查仍然坚持复查结论，校长必须执行。[1]这方面可以借鉴台湾地区的做法[2]。

第四，完善听证程序。校内申诉过程中如果引入听证程序，就可以给学生提供陈述意见的救济机会，这样既有利于查清问题，作出正确的复查决定，也有利于提高申诉复查决定质量。早在2000年华东政法学院就举行了研究生留级处理听证会，这是高校第一次就内部行政管理实施的听证，2002年中山大学又召开食堂饭菜价格听证会，2004年中国科技大学对大学期间是否允许结婚、退学处理是否要听学生意见举行了听证会，2008年浙江工商大学设立全国高校第一个听证大厅等。这些有益的尝试积累了经验，维护了学生合法权益，是有意义的探索。但目前实行听证的学校少，有的学校未设置听证机构，即使是设立听证机构的学校听证程序也存在缺陷，需要加以完善。在此，可以借鉴美国加州大学伯克利分校的听证经验。伯克利分校处理学生违纪案件时听证学生有两种选择方式，即选择委员会听证和行政听证。如果学生不选择，就由独立听证官指定委员会听证。委员会的成员来自学生行为委员会，听证时由独立听证官主持委员会听证，但其不参与撰写处理结论及提出制裁建议。而行政听证时独立听证官作为听证团成员进行听证并作

---

〔1〕 彭俊："中国公立高校校生纠纷研究"，华中师范大学2011博士学位论文。

〔2〕 我国台湾地区的申评会做成评议书后，陈校长核定时，应副知原处分单位，原处分单位如认为有与法规抵触或事实上窒碍难行者，应列举具体事实及理由陈报校长，并副知申评会。校长如认为有理由者，得移请申评会再议以一次为限。评议书经完成行政程序后，学校应即采行。

出结论，其他程序方面与委员会听证相同。[1]伯克利分校的听证制度是校内解决纠纷的非正式听证，如果学生对非正式处理的结果满意，则纠纷解决。如果不满意，可以进入正式程序来解决。

建立完善高校听证制度需要注意以下问题：

一是程序要合法。可以借鉴加州大学伯克利分校听证程序，即按照法院的诉讼程序来设计听证程序，如听证前的准备、听证提问方式、证据规则以及听证记录等的符合正当程序要求。

二是听证委员会组成民主，注意听证的多方参与。可以借鉴伯克利分校的委员会听证，该委员会的成员由学生行为委员会中的五名成员组成，即教师、本科生、研究生、职员和学院院长各一名。对于一般案件，只要听证委员会中有一位院长、一位学生在内的学生行为委员会中的三名成员，听证会就可以举行。对涉及学术违纪的行为，则听证委员会中必须有两位教师。这种委员会的组成结构具有较为广泛的代表性，充分考虑到了听证中管理者、教师和学生等各方人员代表的合理性分布，

---

〔1〕 伯克利分校听证程序是：听证开始前，学生可以要求学生行为中心提供违纪档案的副本资料，学生行为中心必须在接到申请3日内将该资料给予学生。听证开始前5日，学生和学生行为中心双方应当交换听证会涉及的所有信息。听证会在学生对投诉通知作出回复的截止日期后至少15天但不超过25天内举行。听证时听证团会向所有的证人提问，学生和学生行为中心人员也可以向证人提问。学生要在听证开始前以书面形式选择是由学生和学生行为中心人员进行提问还是由学生和学生行为中心在听证过程中书面向听证团提交想要提出的问题。学生和学生行为中心都可以作开始和结束陈述。听证团只对听证过程中涉及的信息做出决定，如果特定案件适用的政策或规章出现了合宪性或合法性问题，听证人员会把这些问题以书面的形式提交给主管学生事务的副校长，由副校长向法律事务办公室咨询，但是听证会继续进行。学院院长、听证委员会、听证官都无权驳回案件。只有通过听证程序才能做出处理结论。如果学生未能参加听证，听证会可在学生缺席的情况下继续进行，此时做出的听证决定效力与学生参与听证的效力相同。

也增强了其听证的公正性和合理性。[1]

三是注意效率。学校毕竟不是一个专司裁判的机构，而其教学工作循序渐进的特点也决定了对于学生的处分决定不可能像司法判决一样漫长。因此，学生处分听证制度的设计必须贯彻效率理念。[2]

四是注意保护学生隐私。高校纠纷中很多纠纷涉及学生隐私权，如果程序设计不严谨很可能会侵犯学生的隐私权，给学生造成二次伤害。因此，听证程序的设计在这方面同样可以参照诉讼程序设计，什么情况程序可以公开、什么情况程序不能公开等应该有一个明确规定。

第五，注意与其他程序有效衔接。校内申诉并不是大学生最终的权利救济方式。校内申诉制度在师生纠纷解决方面具有其他方式不具备的独特优势。但它只是一种内部纠错机制，如果处理结果当事人满意，则纠纷解决成功。如果当知人对纠纷解决结果不满意，则可以向教育行政部门提出申诉行或向人民法提起院诉讼。现实中经常遇到的现象是申诉委员会久拖不结。如果在规定的时间内申诉处理委员会不能作出明确答复，学生可以采用其他救济方式（复议或诉讼）来维护自己的合法权益。所以，校内申诉制度和校外其他相关制度的衔接对于师生矛盾化解，对于保障师生合法权利意义重大。

但是，目前《教育法》《高等教育法》《普通高等学校学生管理规定》等对教育纠纷发生后，学生能否用行政复议的方式来解决纠纷，都缺乏明确规定，这就给学生校外申诉带来困难，

---

〔1〕 申诉平："美国高校学生纪律规范及纠纷解决机制探究"，载《中国高教研究》2015 年第 11 期。

〔2〕 乔玉华："试论高校学生处分听证制度的建立与完善"，载《国家行政学院学报》2006 年第 11 期。

所以需要完善校外申诉制度。修改《教育法》第42条规定，对校内申诉不服的，可以向教育行政机关申请复议。明确对学校的申诉不服的，可按行政复议法的规定向教育主管机关提出行政复议。令人遗憾的是，新修订的《教育法》对此未作出修改，《高等教育法》也唯有相关规定。所以，完善申诉机制，实现校内外申诉制度的有效衔接，对于有效化解矛盾，解决师生纠纷尤为必要。

2. 完善教师校内申诉机制

教师申诉制度是《教师法》专为教师设立的一项法律救济制度。当教师的教育教学权受到侵害时，有权依法向教育行政主管部门提出申请并要求处理的制度。《教师法》第39条、《教育法》42条和教育部《全面推进依法治校实施纲要》都对教师申诉做了相关规定。但相关规定过于原则和简单，没有明确具体的启动程序，很多高校、其他教育机构、教育行政部门和地方人民政府，尚未设置独立处理教师申诉的机构和配备专门的人员，且校内校外申诉如何对接没有相关规定，需要加以完善。

建立健全教师申诉制度需要注意以下事项：

第一，坚持合法、公开、公正、时效、回避的原则。设立教师申诉委员要依据《教师法》《教育法》和教育部《全面推进依法治校实施纲要》的相关规定。申诉程序要合法、公开，学校应将有关申诉制度的规定提前向教师公布，对处理结果应说明理由，特别是作出涉及教师重大权益的行为事前和事后都应告知。处理结果要公平公正，注意时效，不拖延，在法律规定时效内完成。要坚持回避原则，对受理申诉、作出申诉处理决定的利益相关者实行回避原则，防止“被申诉人”既当“裁判员”又当“运动员”的现象发生。

第二，引入听证制度。保证申诉人、被申诉人和教师申诉委员会之间相互对质，允许教师辩解、提供证据、说明理由。允许教职工代表、工会委员等参与听证，实施监督，保证申诉委员会全面客观调查核实证据，作出公正裁决。

第三，落实调查责任制度。在教师申诉的程序中，必须对事件进行调查。对违反申诉制度规定，或者徇私舞弊的人员追究其法律责任。

第四，申诉委员会组成要注意专业性、权威性、合法性、合理性。除了职能部门的负责人、教师代表、专职人员外，申诉委员会还应吸纳教育专家、法律专家和社会人士。这才能更加突出申诉处理的公正性、专业性。

（二）完善校外纠纷解决机制

校外师生法律纠纷的解决方式主要有诉讼解决方式和非诉解决方式：

1. 非诉解决方式

非诉讼解决方式简称为 ADR（Alternative Dispute Resolution），是代替性纠纷解决方式的缩写，是在诉讼制度以外采取的非诉讼纠纷解决方式或机制的总称。非诉解决方式可以节约双方时间、精力，节约司法资源，提高效率。我国常采用的非诉讼解决方式主要有：

第一，和解。和解是双方当事人之间在诉讼或者非诉讼过程中，本着互谅互让、自愿达成协议原则，终止诉讼程序或冲突对抗状态的活动。和解的主体是具有实体处分权的诉讼参加人，其目的是解决终结纠纷，它是双方当事人之间合意达成协议的行为。不同于由第三方主持的调解活动。

第二，调解。调解是人民法院、调解委员会或其他组织，依法对当事人进行劝说、疏导，促进他们相互谅解，进行协商，并自愿达成协议、化解纠纷的活动。一般有诉讼内调解和诉讼外调解两种形式。调解要坚持合理合法、自愿平等、尊重诉权的原则，调解协议达成后双方当事人应按照协议内容履行。

第三，教育申诉。教育申诉制度是作为教育行政管理相对人的师生在其合法权益受到侵害时，依法向相应的教育主管行政部门或学校申诉理由，请求处理或重新处理的权利救济制度。对申诉处理结果不服，申诉人可选择提起复议或诉讼。它强调尊重并保护个人在教育法律关系中的申诉权利。教育申诉分为校内申诉和行政申诉两种。

第四，教育行政复议。教育行政复议是一项重要的救济制度，与申诉关系密切。教育行政管理相对人对教育行政机关作出的具体行政行为不服，有权向上一级教育行政机关或其所属的本级人民政府提出申请，受理机关对发生争议的具体行政行为是否合法、适当进行复查，并决定是否给予相对人予以救济的活动。教育行政复议作为非诉讼救济手段，具有便利、廉价、快速的特点。

第五，教育仲裁制度。即解决教育法律纠纷的裁决制度。当涉及教育权利义务关系的法律纠纷发生后，学校师生有权将其提交给教育仲裁委员会，由其对教育纠纷进行处理并作出裁决的活动。教育仲裁具有专业性、公正性、准司法性、保密性的特点，可以快速、直接、便捷地解决师生纠纷。

2. 诉讼解决方式

诉讼解决方式是指法院在纠纷当事人双方及其他诉讼参与人参加下就纠纷案件进行审理和裁判的活动，它具有裁决的专有性、规范性和强制性特点。目前主要有行政诉讼、民事诉讼和刑事诉讼三种方式〔1〕。前面分析得知，校外纠纷解决机制存

〔1〕 因我国尚未建立宪法诉讼制度，侵犯教育权类案件列入行政诉讼范围。

在着各种制度之间缺乏衔接以及缺少专业性的纠纷解决方式等问题，因此，完善校外纠纷解决机制要重点解决两个问题：纠纷解决制度之间的衔接以及设立专业化的纠纷解决方式。

第一，注意校内外申诉制度之间的有效衔接。就教师申诉而言，应该对《教师法》第39条规定的“申诉”作出扩大性立法解释[1]。另外，教育行政部门要设立受理教师申诉机构，申诉机构由受理部门负责人、法学专家、教育行政部门负责人以及教育工会代表等组成。

就学生申诉制度而言，当学生出现隐私权、健康权、荣誉权、人身自由权等受侵犯，教育行政部门应当受理，如果学生对复议决定不服提起诉讼，法院应当受理，只有这样才能使教育法律纠纷得到有效解决。

第二，设立专业的教育法庭。教育法庭是指人民法院依法设立的，专门审理教育法律关系主体之间，因在教育教学或者教育服务过程中产生教育纠纷，而向法院提起的教育诉讼的组织机构。设置教育法庭主要目的是客观、公正、合法地解决教育纠纷，维护学校师生的合法权益和正常的教育和教学秩序，有利于促进学校依法治校和教师依法治教。

由于师生法律纠纷具有四性特征，原有的纠纷解决机制已难以胜任此类案件审理。再加上教育纠纷往往涉及行政、民事和刑事问题，内容复杂，种类增多，专业性、技术性很强，同时案件又具有及时解决的需求，而目前我国法庭任务繁重，案件审理需要严格遵守诉讼程序，就会造成久而不决的现象，不利于当事人的合法权益的保护和学校正常的教育教学秩序维护。

---

〔1〕 即对学校或者其他教育机构侵犯其合法权益的，或对处理不服的，可以申请教育行政部门处理。教育行政部门应当在接到申请的30日内作出处理。对这一处理不服的，教师可依法申请行政复议或者提起行政诉讼。

同时，随着经济全球化，国际教育交流与合作越来越密切。在教育国际化的形势下，我国的开放办学也取得了显著成效，因此，解决教育纠纷的途径就需要与国际接轨，否则难以适应教育国际化的需要。设置教育法庭，使得教育纠纷解决专业化，这不仅是教育纠纷解决的需要，也是实现依法治校、教育法治化的根本要求。

早在 1995 年，我国就开始了对教育法庭设置的探索。1995 年 12 月上海市长宁区人民法院设立了教育巡回法庭设立，审理有关教育法律、法规的各类案件。1993 年底湖南省张家界市永定区成立了教育法规执行室，实行区法院和区教委双重领导的管理体制。为了适应依法治教需要，吉林四平中院的教育法庭，专门审判教育方面的纠纷案件（包括行政诉讼案、民事纠纷案和刑事案件案），在完善教育违法案件的申诉、受理、判决等司法程序上进行了积极探索，等等。以上探索虽然存在某些不尽如人意的地方，但是为教育法庭的设置和完善提供了丰富的实践经验。

其实在国外，无论是英美法系还是大陆法系国家，其教育司法审判机构较为完善。主要有四种模式：其一，教育机构内设的司法（或准司法）机构，比较有代表性的国家就是印度教育机构内设的司法（或准司法）机构。其二，教育行政机关内设的准司法机构。如加拿大教育上诉法庭有权独立审理，当事人对教育行政当局作出的复议决定不服上诉案件。其三，作为教育审判机构的普通法院，如美国的联邦最高法院和各州法院具体审理裁判教育纠纷。其四，专业性的教育司法机关：教育法院或教育法庭。德国的教育法院、法国的专业性法院等。各国对于各种教育纠纷一般是按先民间、后行政、再司法的程序办理，且已积累了丰富经验，可以为我们设置教育法庭提供借鉴经验。

由于教育法庭具有特殊性，所以设置教育法庭应注意以下问题：

（1）设置层次应为基层人民法院。教育法庭的设置不同于一般的人民法庭设置，最低应设置在基层人民法院内部，与其他的专业法庭设置相同。

（2）审理案件法官除了具备法律知识外，还应具备解决教育纠纷的专业知识，如人民陪审员的选定可以从教育领域选取专家型的陪审员；

（3）案件的审理除了遵循一般案件审理的基本原则，还需要根据教育诉讼的特殊情况决定是否公开审理。因为，学校的教育和培养活动具有封闭性和稳定性特点，学校师生经不起纷争与动荡，需要避免外界的干预，以保障教育教学秩序的安定性。

（4）诉讼程序上应简化。除了使用一般诉讼程序外，还应考虑教育诉讼特殊性尽量提高诉讼效率，在最短时间内审结案件，保证当事人的合法权益。

（5）诉讼过程中可根据案件的具体情形也可以使用和解，和解须在法院的主持下进行，以此确保和解协议不会因为其达成的随意性而导致不公平现象的发生，同时避免当事人可能借和解之机规避法律，损害法律的稳定性。

五、规制媒体介入

舆论是公众的意见和态度。大众传播在反映舆论、形成舆论和引导舆论过程中有很大作用。随着现代传播技术手段的不断发展，这种作用越来越大。但媒体是一把双刃剑，过度的传播会带来负面作用，如果过度强调师生纠纷中的负面新闻，会扰乱视听。因此需要发挥传播在舆论的形成和引导中的积极功能，减少消极影响。这就需要对其失范行为进行规制。《中共中央关于全面推进依法治国若干重大问题的决定》提出了要加强包括党内监督、人大监督、民主监督、行政监督、司法监督、审计监督、社会监督、舆论监督的制度建设，要形成科学有效的权力运行制约和监督体系，增强监督合力和实效。要规范媒体对案件的报道，防止舆论影响司法公正。具体来说：

1. 制定新闻法

新闻法是由国家立法机关制定的管理新闻业的法律，是国家制定的有关新闻工作的法律、法令、条例、决定、规则等法律文件的总称，是新闻活动必须遵守的行为准则。通过制定《新闻法》对媒体监督的范围、对象及内容、监督的程序、方法、主客体的义务和权利进行明确规定。采取的新闻立法形式来规范新闻出版等活动是一些国家常有的做法。像法国出台的《出版自由法》（1881 年）是一部内容广泛的（涉及印刷业、报刊业、报刊销售业、广告业等）新闻法典。我国宪法规定，公民有言论、集会、结社和出版等自由。但目前没有《新闻法》，加强新闻立法，在赋予新闻界以采访、报道、评论等权利的同时，让其承担一定的义务，防止其行为失范，对社会和公民个人造成损害。多国新闻法均比较明确地严格规定了传媒在司法方面可以报道与不能报道的范围以及报道的方式、手段等。现实中，不少国家规定（或在实践中形成了）法官对传媒的自由表达有限制权、对违规表达有惩处权，从而将现实中传媒与司法间的冲突交由法官最后裁断，化解了它们之间的纷争。[1]我国应该尽快制定《新闻法》，既促进传媒业的正面发展，又能规

---

〔1〕 左卫民：《在权利话语与技术权力之间》，法律出版社 2002 年版，第 141 页。

制其带来的负面影响。

2. 传媒自律

基于对职业职能认识和对职业名誉维护而自我约束职业行为为传媒自律。马克思说："道德的基础是人类精神的自律，而宗教的基础则是人类精神的他律。"〔1〕要是实现传媒自律可以像美国、英国、德国、加拿大、日本、瑞典、韩国等建立传媒自律组织。如报业评议会、新闻协会、报业荣誉法庭、报业伦理委员会、民营广播联盟等。传媒组织人员可以由传播界、法律界、学术界等方面的专家学者组成，他们的职责是接受投诉，并对其予以评议、裁决，对媒介提出建议、劝告、警告，或者要求解释、更正、取消、勒令道歉，情节严重者将其开除会籍等。这些措施对传媒发挥了一定监督约束作用。我国应该借鉴起成功经验，尽快建立自律组织。同时，舆论监督应当以理智、严谨、严肃的态度开展，遵守职业道德，遵循适度原则，不夸大、不枝蔓、不偏激，克服"猎奇"心理，避免片面追求"轰动"效应。媒体对某个事件跟进时，媒体从业人员一定要有自己的客观、全面的调查结论，一定要核实当事人所述的事实，不能不加核实地写入报道中，以免误导舆情。〔2〕

3. 强化社会公众监督

美国传播学家、"传播学之父"施拉姆也认为："新闻并不是绝对的，而是有限制的。控制报刊是法律的任务。"〔3〕《宪法》规定了公民的舆论监督权利与义务，事实上，新闻媒体监督权事实上来自于此。因此，新闻媒体应该接受公众监督。

---

〔1〕《马克思全集》（第2卷），人民出版社1995年版，第119页。

〔2〕代振华、贾国飚："媒体监督司法的合理性思考"，载《新闻界》2010年第1期。

〔3〕［美］威尔伯施拉姆等：《报刊的四种理论》，中国人民大学新闻系译，新华出版社1980年版，第57页。

第六章 结论与展望

本部分属于总结部分，将简要回顾一下本书的主要研究结论以及需要进一步研究的方面

第一节 主要结论

在法治背景下，以法治理论和社会冲突理论为指导，探讨高校师生法律关系问题需要回答以下问题：为何用法治理论来指导？当前我国高校是师生法律关系现状如何？如何认识和完善高校师生法律关系？域外教育强国及我国台湾地区关于师生权利的立法保护与司法保护有何启示和借鉴？导致师生法律关系问题根源是什么？完善师生法律关系需要坚持什么原则、采取何种对策？

一、高校师生法律关系是依法治校基础

要实现依法治校，就必须理顺校内外各种法律关系，就校内法律关系而言，高校教师与学生之间法律关系是基本法律关系之一，因为，教师与学生是教育法律关系中最重要的主体，教师的教育教学和学生的学习是教育活动的主要内容和基本形式，师生之间的法律关系是产生师生权利与义务的基础。在教

育教学活动中，教师对学生负有管理义务，要关心、爱护、尊重学生人格，要平等对待学生，促进学生全面发展。因此，高校师生法律关系是否合理，师生法律纠纷能否依法、合理、有效化解，影响师生关系和谐、影响依法治校实现，也影响人才培养质量提升。所以，处理好高校师生法律关系意义重大，它是依法治校基础。

二、解决师生法律关系问题必须坚持以法治理论为指导

高校师生法律关系问题实质是权利义务关系。权利义务之间既对立又统一，高校师生冲突主要是权利义务失衡所致。应然状态的师生法律关系应当是权利义务相对应、权利义务对等、师生之间平等民主。权利义务失衡会导致师生关系异化、冲突等现象发生。因此，要正确认识师生法律关系必须以法治理论为指导，运用法治思维和法治方式分析师生法律关系。

三、完善师生法律关系必须提升主体法律自觉

本书借鉴道德自觉概念，提出了法律自觉观点。解决高校师生法律关系问题是一项系统工程，其中，提升主体法律自觉尤为重要，因为外因是事物变化条件，而内因才是事物变化发展的根据，只有师生自身法律自觉提高了，权利义务明确了，才能从根本上预防和减少冲突发生，同时，使得已经发生的纠纷获得理性解决，使师生法律关系回复本真。

四、消解师生法律关系问题需要坚持特殊原则与对策

高校师生法律关系既有一般法律关系特征，又有自己特殊性。因此，正确处理师生法律关系问题既要遵循一般法律关系处理原则和方式方法，又要遵循符合师生法律关系特殊性的原

则和方式方法。

第一，消解二者关系问题必须坚持六大原则，即做好事前预防、事中妥善解决、事后快速跟进相结合，解决矛盾要与兼顾修复关系相结合，德治与法治相结合，公正与效率相结合，司法的法律效果与社会效果相统一，坚持诉讼与非诉讼、校内与校外纠纷解决机制衔接协调相结合原则。

第二，消解二者关系问题必须坚持五大对策，即要坚持用法治思维、法治方式解决纠纷，通过完善制度体系、提升师生主体法律自觉和道德自觉、规制媒体介入，构建容诉讼与非诉讼、校内与校外纠纷解决机制为一体的多元纠纷解决机制。这才是化解师生纠纷的有效途径。

第三，为了消解二者关系问题，还应该借鉴世界高等教育强国美国的成功经验，除了建立完备的教育法律体系之外，还要建立教育法庭制度。

第二节　研究展望

本书虽然试图提出一些具有前瞻性的思想和观点，如从主体方面要提高其法律自觉与道德自觉，要运用法治思维与法治方式化解师生纠纷，要建立高等教育判例制度，要采取特殊原则与对策消解问题等等。但由于积累的资料和理论基础知识不够丰富，实证调查时间、人力、财力投入不够，本书还存在以下不足：

第一，比较研究不够深入系统。由于自身知识能力所限，掌握的第一手资料和最新数据欠缺，国内外比较研究不够全面，需要深化。

第二，实证研究的范围不够广泛。问题的问卷调查设计、访谈对象等方面不够广泛，新的网络调查方法运用不够，影响了研究实效性。

第三，研究内容有待于进一步细化和拓展。在师生法律关系问题研究上还需要从民事法、刑事法、行政法和教育法学不同视角进行更深入探究。

针对以上不足，今后在下一步的研究中，还需要进一步深入探讨和切实解决以下的问题。许多值得继续深入探讨的问题。如：

第一，要开展深入细致研究。本书是从教育法学的视角来研究高校师生法律关系，希望为我国目前高校教育教学管理工作提供一些启示或指导。如消解对策方面，本书提出了五大对策，这些仅仅是以点概面或仅仅提供了解决问题的框架，在具体运用上往往是不够的，还需要下更多更大的功夫。

第二，拓展实证研究的范围，包括网络技术采用、问卷设计、访谈对象范围扩大等，为本研究提供更加充足的实证材料。

第三，扩大比较研究范围。在对域外师生权利保护的探讨中，需要加大资料收集和最新数据运用，使得研究向深入、细致、全面发展，辩证分析其成功经验，以消解我国师生法律关系问题。

总之，关于高校师生法律关系研究既是一个跨学科研究的新课题，也是一个极富挑战性的难课题，也正因如此，对它的研究就更具动力、压力和较高的期望，但囿于学识和能力，恐难企及，本书虽有志于此，谨冒昧为之。

参考文献

一、中文文献

（一）著作类

1. 马立武：《现代美国高等教育中平等权利法律保障研究》，北京师范大学出版社 2010 年版。
2. 马怀德：《学校法律制度研究》，北京大学出版社 2007 年版。
3. 王旭东：《国外师生关系研究》，海南出版社 2000 年版。
4. 王晓华：《美国教育立法研究》，北京师范大学出版社 2010 年版。
5. 尹晓敏：《高校学生管理法治化研究》，浙江大学出版社 2008 年版。
6. 李步云：《论法治》，社会科学文献出版，2008 年版。
7. 李晓燕：《我国教师的权利和义务及其实现保障机制研究》，广东教育出版社 2001 年版。
8. 刘旺洪：《法律意识论》，法律出版社 2000 年版。
9. 苏力：《法律如何信仰·制度是如何形成的》，北京大学出版社 2007 年版。
10. 劳凯声：《中国教育法制评论》（第 6 辑），教育科学出版社 2009 年版。
11. 陈鹏：《公立高等学校法律关系研究》，高等教育出版社 2006 年版。
12. 张静：《学生权利及其司法保护》，中国检察出版社 2004 年版。
13. 张维平、马立武：《美国教育法研究》，中国法制出版社 2005 年版。
14. 张维平、马立武：《美国教育法研究》，中国法制出版社 2004 年版。
15. 张晓京：《美国高校学生事务管理：基于八所大学的个案研究》，中国传媒大学出版社 2010 年版。
16. 周光礼:《教育与法律——中国教育关系的变革》，社会科学文献出版社 2005 年版。
17. 范愉、李浩:《纠纷解决——理论、制度与技能》，清华大学出版社 2010 年版。
18. 郝维谦、李连宁、顾明远:《各国教育法制比较研究》，人民教育出版社 1991 年版。
19. 姚金菊:《转型期的大学法治——兼论我国大学法的制定》，中国政法大学 2005 年版。
20. 段海峰:《行政法视角下的高校管理》，人民出版社 2010 年版。
21. 秦梦群:《美国教育法与判例》，北京大学出版社 2006 年版。
22. 龚向和:《受教育权论》，中国人民公安大学出版社 2004 年版。
23. 龚钰淋:《公立高等学校法律关系研究》，人民法院出版社 2013 年版。
24. 黄明东:《中、美、法高校教师法律地位比较研究》，武汉大学出版社 2011 年版。
25. 曹子建、李志平:《我国高校教师的权利义务》，四川大学出版社 2012 年版。
26. 曾惠燕:《高校学生的权利与义务》，中国社会科学出版社 2006 年版。
27. 龚钰淋:《行政法视野下的公立高校教师法律地位研究》，中国政法大学出版社 2013 年版。
28. 谭晓玉:《学生人身伤害事故研究》，中国人民公安大学出版社 2005 年版。
29. [美] 乔治·B. 沃尔德:《理论犯罪学》，方鹏译，中国政法大学出版社 2005 年版。
30. [美] 内尔达·H. 坎布朗-麦凯布等:《教育法学——教师与学生的权利》，江雪梅等译，中国人民大学出版社 2010 年版。
31. [美] 富勒:《法律的道德性》，郑戈译，商务印书馆 2005 年版。
32. [美] Betty. A. Reardon:《人权教育——权利与责任的学习》，蒋兴仪、简瑞容译，高等教育文化事业有限公司 2002 年版。
33. [美] 科塞:《社会冲突的功能》，孙立平译，华夏出版社 1989 年版。

(二) 期刊论文类

34. 万晨琳:“中国高校师生关系研究述评”,载《当代教育论坛》2009 年第 9 期。
35. 王秉琦等:“大学依法治校的中国特色”,载《国家行政学院学报》2015 年第 9 期。
36. 王国金:“试论法律意义上的新型师生关系”,载《黑龙江高教研究》2005 年第 8 期。
37. 王文华:“高等学校师生间教育合同法律关系分析”,载《辽宁教育行政学院学报》2010 年第 9 期。
38. 王小金:“教师与学生的法律关系探讨”,载师道:《教研》2010 年第 2 期。
39. 王伟:“论教师与学生在法律中的关系”,载《吉林省教育学院学报》2010 年第 6 期。
40. 王慧:“美国高校纠纷解决机制及相关的启示”,载《江苏高教》2014 年第 6 期。
41. 王敬波:“高等学校与学生的行政法律关系研究”,中国政法大学 2005 年博士学位论文。
42. 王会军:“中国特色社会主义法治理念研究”,东北师范大学 2014 年博士学位论文。
43. 王立峰:“高效法治研究”,吉林大学 2014 年博士学位论文。
44. 王立峰:“高校教师权利与义务的法哲学观照”,载《山西财经大学学报高等教育版》2006 年第 3 期。
45. 王海莹“我国现代大学章程建设研究”,西南大学 2012 年博士学位论文
46. 王双群、余仰涛:“法治教育与德治教育的内涵及意义”,载《理论月刊》2006 年第 7 期。
47. 文达:“师生法律关系若干问题探析”,载《法制与经济》2007 年第 10 期。
48. 马传松、徐军:“以法治思维和法治方式推进依法治校”,载《重庆工贸职业技术学院》2013 年第 4 期。

49. 马立武："美国大学教师和学生宪法权利保障的进展和存在问题高教探索"，载《高教探索》2006 年第 5 期。
50. 马婷婷、李保强："国内外教师责任研究审视与反思"，载《教育科学研究》2013 年第 5 期。
51. 尹晓敏："我国教师申诉制度研究"，载《清华大学教育研究》2005 年第 1 期。
52. 方晓敏："公立高校教学中教师与学生的法律关系"，华南师范大学 2007 年硕士学位论文。
53. 付晓："'师生冲突原因'调查分析"，载《教学与管理》2004 年第 34 期。
54. 左崇良、胡劲松："英美大学的法权治理"，载《比较教育研究》2015 年第 6 期。
55. 白臣："道德自觉论"，河北师范大学 2012 年博士学位论文。
56. 冯广林："美国少数人教育权法律保护研究"，中央民族大学 2012 年博士学位论文。
57. 边宇海："法治：治国理政基本方式的深刻变革"，上海社会科学院 2015 年博士学位论文。
58. 孙晓莹、梁宗华："美国教育法律中的学生权利及其保障研究"，载《沈阳师范大学学报》2006 年第 4 期。
59. 孙帅梅："高校学生纪律处分的法律研究"，复旦大学 2013 年博士学位论文。
60. 孙长智、孙曙光："依法治校与大学章程建设的理论与实践探讨"，载《现代教育科学》2015 年第 6 期。
61. 吕康宁："形式法治论"，苏州大学 2014 年博士学位论文。
62. 李仁燕："高校内部行政法律关系论"，中国政法大学 2007 年博士学位论文。
63. 李保强："从道德哲学看责任和公民责任教育"，载《齐鲁学刊》2007 年第 6 期。
64. 李保强、陈忠伟："教师责任范畴：内涵、外延及其架构"，载《教育科学研究》2013 年第 5 期。

65. 李林："台湾地区《友善校园营造计划》对法治化校园建设的影响"，载《教育导刊》2014 年第 3 期。
66. 李笑囡："高校法治文化培育研究"，载《延边党校学报》2014 年第 6 期。
67. 李书勤："社会学视阈下的高校师生冲突成因分析"，载《教育探索》2011 年第 10 期。
68. 李书勤："论高校师生冲突的实质与功能"，载《江苏高教》2011 年第 6 期。
69. 李伟："我国教育法律纠纷的特点与规律研究"，西南大学 2014 年硕士学位论文。
70. 李爱珍："依法治校背景下高校师生法律关系研究"，江西师范大学 2009 年硕士学位论文。
71. 李妹蓉："我国高校导师与研究生关系研究"，兰州大学 2010 年硕士学位论文。
72. 李斌辉："教师责任边界——高校教师专业发展的一个视角"，载《国家教育行政学院学报》2011 年第 3 期。
73. 江雪梅："美国教师管理学生的权利的内容及方式"，载《教学与管理》2008 年第 5 期。
74. 刘万梅："论师生间的法律关系"，载《教育研究》2006 年第 11 期。
75. 刘冬梅："论高校收费体制下的师生法律关系"，载《高教探索》2012 年第 6 期。
76. 刘敏："2000 年～2010 年法国高等教育改革"，载《大学（学术）》2001 年第 3 期。
77. 刘尧："大学治理：制度比校长更重要"，载《高等教育管理》2015 年第 1 期。
78. 刘海贵等："媒体违规行为的'规制阙如'辨析"，载《兰州大学学报》2014 年第 3 期。
79. 刘冬梅："高校教师的教学权利研究"，西南大学博士论文 2010 年第 3 期。
80. 辛鹏："论高校师生关系冲突问题及对策"，载《国家教育行政学院学报》2012 年第 7 期。
81. 朱同琴："美国高校纠纷解决机制特征探析"，载《高教探索》2012 年第 5 期。
82. 宋婷："建国以来高校法制教育研究"，南开大学 2013 博士学位论文。
83. 宋成剑："浅议师生关系是法律关系"，载《上海教育科研》2001 年第 9 期。
84. 尚绪芝："美国高校教师权利救济的途径"，载《教育评论》2014 年第 1 期。
85. 陈全英："法制环境下教师教育行为的几点思考"，载《宁波大学学报：教育科学版》2002 年第 2 期。
86. 陈金钊："对'法治思维和法治方式的诠释'"，载《国家检察官学院学报》2013 年第 2 期。
87. 陈金钊："法律关系及其逻辑模型的建构"，载《长江工学院学报》2006 年第 10 期。
88. 陈振中："重新审视师生冲突——一种社会学分析" 载《教育评论》2002 年第 2 期。
89. 陈婉珍："浅议师生之间的法律关系及其各自的责任与权利"，载《教育与现代化》2005 年第 3 期。
90. 吴灿新："思想道德教育效果偏低探源"，载《伦理学研究》2012 年第 4 期。
91. 杜志强："师生歹中突事件——基于教师权力策略的质性研究"，载《教学与管理》2009 年第 3 期。
92. 余雅风："从美国教育法制看公立 大学教师学术自由的原则与界限"，载《比较教育研究》2006 年第 7 期。
93. 张少华："美国高校教师申诉机制探索——密歇根大学迪尔伯恩分校个案研究"，载《比较教育研究》2007 年第 2 期。
94. 张中秋："法治及其与德治关系论"，载《南京大学学报》2002 年第 2 期。
95. 张国霖："教育法治化的内涵要义"，载《教育评论》2001 年第 3 期。
96. 张周光："论教师与学生的法律关系"，载《宁波教育学院学报》2002

年第2期。
97. 张高产:"大学课堂的现状与对策",载《高校教育研究》2009年第2期。
98. 季卫华、杨中伟:"建立教育仲裁制度的法律思考",载《教学与管理》2007年第7期。
99. 何晨玥、金一斌:"大学章程中关于学生权利的话语体系建",载《中国高教研究》2015年第9期。
100. 邵献平:"论高校师生冲突",载《中共济南市委党校学报》2009年第4期。
101. 邵晓枫:"百年来中国师生关系思想史研究",西南大学2008年博士学位论文。
102. 邱殿成:"论高校教师的学生观",山东师范大学2008年硕士学位论文。
103. 周小桃:"实践理性:法律信仰的哲学基础",载《云南行政学院学报》2015年第2期。
104. 周帼:"媒体监督司法的伦理审视",载《南京社会科学》2010年第4期。
105. 周叶中:"法治中国的内涵思考",载《法制与社会发展》2013年第5期。
106. 郑杰:"社会转型期法律视野中的师生关系",载《探索与争鸣》2004年第1期。
107. 郑杰:"法律视野中的师生关系",载《青少年犯罪问题》2004年第2期。
108. 罗志敏:"大学学术伦理及其规制研究",武汉大学2010年博士学位论文。
109. 郝静:"美国学者谈构建有效师生关系的特征",载《基础教育参考》2004年第5期。
110. 栾爽等:"关于培养权衡思维的思考",载《现代教育科学》2010年第1期。
111. 娄欣生、周艳球:"中英大学师生关系比较",载《国家教育行政学院学报》2005 年第 17 期。
112. 姚彤:“国外及中国港台地区教师职业道德规范的共性及启示”，载《天津市教科院学报》2009 年第 3 期。
113. 胡大伟、晋国群:“司法审查介入高校教育纠纷的合理限度”，载《江苏大学学报》2005 年第 4 期。
114. 祝钰:“美国高校教师权利维护经验及启示”，载《继续教育研究》2015 年第 9 期。
115. 杨守全:“美国教师冤屈申诉程序简介”，载《教育研究》2006 年第 4 期。
116. 聂延庆:“高校师生心理契约模型的构建与维护”，载《教育发展研究》2009 年第 7 期。
117. 姜明安:“运用法律思维和法律方法治国理政”，载《中国司法》2013 年第 1 期。
118. 赵玄:“章程视野下大学成员及其权利保障比较研究”，载《中国海洋大学学报》2015 年第 2 期。
119. 贺撒文:“高校师生矛盾冲突导致的违法犯罪问题研究”，中国政法大学 2009 年硕士学位论文。
120. 徐洁:“民主、平等、对话: 21 世纪师生关系的理性构想”，载《教育理论与实践》2000 年第 12 期。
121. 夏小华、申国勇:“论高校师生之间的法律关系”，载《和田师范专科学校学报》2006 年第 4 期。
122. 韩春晖:“论法治思维”，载《中国法学》2012 年第 3 期。
123. 韩兵:“美国公立高校学生纪律处分程序制度及其启示”，载《行政法学研究》2011 年第 3 期。
124. 蒋蕾:“中外大学章程制度体系建设比较研究”，载《高等教育管理》2015 年第 1 期。
125. 唐强:“法治高校内涵释义”，载《人民论坛学术前沿》2011 年第 8 期。
126. 顾相伟:“大学生道德教育与法制教育的关联研究”，载《现代教育管理》2012 年第 3 期。

127. 庹继光：“中美司法规制传媒审判报道的比较分析”，载《新闻大学》2009年第4期。
128. 倪道良：“构建高校和谐师生关系中的相关法律关系”，载《法制与社会》2009年第2期。
129. 殷啸虎：“法治思维内涵的四个维度”，载《毛泽东邓小平理论研究》2014年第1期。
130. 黄明东：“高校学生自主管理学校理论之构建”，载《教育研究与实验》2013年第3期。
131. 黄明东：“我国高校学生法制素养状况分析”，载《国家行政学院学报》2011年第3期。
132. 黄明东：“美国高校教师参加学校管理的制度保障探析”，载《中国高教研究》2014年第1期。
133. 黄明东：“高等学校发展的战略选择：保守与创新”，载《武汉大学学报》2014年第3期。
134. 黄明东、冯惠敏：“多学科视野中的高校师生关系分析”，载《高等理科教育》2010年第5期。
135. 黄谋琛：“现代自由裁量权的限制与运用”，载《民主与法治》2014年第12期。
136. 黄明东：“从我国法律和国际公约视角解读大学生受教育权”，载《河北法学》2011年第9期。
137. 程斯辉：“当代研究生责任探析”，载《学位与研究生教育》2014年第11期。
138. 湛中乐、赵玄：“我国软法规制的现状与出路”，载《南京社会科学》2015年第6期。
139. 蔡卫中：“公民意识养成视阈下的大学生法律教育问题研究”，山东大学2014年博士学位论文。
140. 濮岚澜：“高校师生关系：一般理论及应用分析”，载《清华大学教育研究》2001年第4期。

（三）报纸网络文章

141. 习近平：“关于中共中央关于全面推进依法治国若干重大问题的决定

的说明”，载《人民日报》2014 年 10 月 29 日。

142. 习近平：“青年要自觉践行社会主义核心价值观北京大学五四讲话”，载 http://news.xinhuanet.com/politics./2014-05/08/c_ 126477806.htm.

143. 李雅娟：“导师与研究生：师徒过招那些事”，载《中国青年报》2015 年 10 月 27 日。

144. 李步云：“依法治国是如何提出的”，载《新华社-瞭望东方周刊》2014 年 11 月 3 日。

145. 李晓峰：“加强法律文化建设繁荣先进军事文化”，载《法制日报》2012 年 11 月 1 日。

146. 肖旭：“纾缓道德焦虑，还靠道德自觉”，载 http:///www.qstheory.cn/lg/clzt/201202/t20120220_ 139729.htm.

147. 陈竹：“要分数异化大学师生关系”，载《中国青年报》2013 年 10 月 8 日。

148. 杨伟东：《推进法治中国建设》，载 http://news.xinhuanet.com/politics/2014-06/13.

149. 杨彩虹、王雯雯：“拒绝实习被开除，大二学生状告母校”，载《法制日报》2016 年 1 月 10 日。

150. 张景勇、李亚杰：“习近平出席培养干部座谈会”，载《人民日报海外版》2009 年 3 月 31 日。

151. 汪永清：“法治思维及其养成”，载 http://www.qstheory.cn/dukan/qs/2014-06/16/c_ 1111104501.8：05：29.

152. 胡锦涛：“在全国优秀教师代表座谈会上的讲话”，载《中国教育报》2007 年 8 月 31 日。

153. 胡锦涛：“在庆祝清华大学建校 100 周年大会上的讲话”，载《中国教育报》2011 年 4 月 25 日。

154. 姜斯宪：“变革中的大学章程”，载《光明日报》2014 年 8 月 4 日。

155. 姚彤：“国外及中国港台地区教师职业道德规范的共性及启示”，载《天津市教科院学报》2009 年第 3 期。

156. 骆郁廷：“自发与自觉：思想政治教育的重要范畴”，载《思想教育研究》2007 年第 5 期。

157. 柴野："德国没有新闻法但有管制"，载《光明日报》2012 年 7 月 13 日。
158. 柳小荷："高校维护学生权利没商量"，载《人民日报》2006 年 1 月 19 日。
159. "中共中央关于深化文化体制改革推动社会社会主义文化大发展大繁荣若干重大问题的决定"，载《人民日报》2011 年 10 月 26 日。
160. 教育部："教育部关于印发《全面推进依法治校实施纲要》的通知"，载 http://www. moe. gov. Cn/Publicfilesflousiness/htmlfiles/moe/s5933/201301/146831. html.

（四）政策和法律法规等

161.《中华人民共和国宪法》。
162.《中华人民共和国行政诉讼法》。
163.《中华人民共和国行政复议法》。
164.《中华人民共和国教育法》修正案。
165.《中华人民共和国教师法》。
166.《中华人民共和国高等教育法》修正案。
167.《中华人民共和国学位条例》。
168.《普通高等教育学历证书管理暂行规定》。
169.《教育行政处罚暂行实施办法》。
170.《普通高等学校毕业生就业工作暂行规定》。
171.《研究生学籍管理规定》。
172.《学生伤害事故处理办法》。
173.《高等学校招生全国统一考试管理处罚暂行规定》。
174.《普通高等学校学生管理规定》。
175.《全面推进依法治校实施纲要》教政法〔2012〕9 号。
176.《国家中长期教育改革和发展规划纲要（2010-2020 年）》。
177.《中国共产党第十八届中央委员会第四次全体会议公报》。
178.《公民权利和政治权利国际公约》

二、英文文献

1. Emery J. , "Hyslop-Margison, Alan M. Sears. Enhancing Teacher Performance:

The rule of Professional Autonomy ", *Interchange*, 2010, (02).

2. Fleck-Henderson, Ann. Melendez, Michael Paul, "Conversation and Conflict: Supporting Authentic Dialogue in the Classroom. Journal of Teaching", *Social Work*, 2009, (01).

3. Argon Turkan, "The Development and Implementation of a Scale to Assess the Causes of Conflict in the Classroom for University Students. Educational Sciences", *Theory &Practice* 2009 , (03).

4. Mark H Davis, Sal Capobinco , Linda A. Kraus. Measuring Conflict-Related Behaviors: Reliability and Validity Evidence Regarding the Conflict Dynamics Profile. Educational and Psychological Measurement, 2004l. 64 (no. 4).

5. Lander, Itzhak Repairing Discordant Student-Teacher Relationships: A Case Study Using Emotion-Focused Therapy, Children & Schools. 2009, 31 (04).

6. Carl R. , *Rogers. A way of being*, Boston, 1980. 263~268.

7. Rosenthal R, Jacobson L, *Pygmalion in the Classroom: Teacher's Expectation and Pupils Intellectual development*, New York: Holt, Rinehart &Winston, 1968.

8. E. Edmund Reutter, Jr. , Irving J. , *Sloan*, *Schools and the Law* (the fifth edition), Ocean Publications, Inc. , London, 1981.

9. Wubbels, T, Levy J, Brekelmans M. Paying attention to Educational Leadership, 1997.

10. Malcolm, T, (2003), *Researching Higher Education*, *Berkshire*, Open University Press: 87.

11. HildaBorko and Viekey May field, "Thc Roles of the Coo operating Teacher and University Supervision Learning to Teach", *Teaching & Teacher Education*, 199511 (5).

12. Rawlins W. K. , "Teaching as a mode of friendship", *International Communication Association*, 2000, 10 (1).

13. James E. Ysseldyke. Bob Algozzine. , *Introduction to the Special Education*, Boston: Houghton Mifflin Co. 1984.

14. Adler-Kassner, L. , Reynolds, T. , &delMas, R. , "Studying a basic writing program: Problems and possibilities", *Research&Teaching in Developmental*

Education, 16 (1), 1999.

15. The Family Educational Rights and Privacy Act. (FERPA).
16. Baldrige J. V. , *Power and Conflict in the University*, Wiley Academic Press, New York, 1971.
17. Edward C. Bolimier, "Teachers' Legal Rights, Restraints and Liabilities", *W. H. Anderson* Co. , Cincinnati, 1971.
18. Michael A. Olivas, *The Law and Higher Education*, Carolina Academic Press, Carolina, 1989.
19. Machael M. , La. Morte, *School Law*: *Cases and Concepts*, Allyn and Bacon, Inc. , Cambridge, 1990.
20. H. K. Huegins, J. R. Richards, *Law and Education*: *Contemporary Issues and Court Decision* (*revised edition*), Michie Company, London, 1985.
21. J. F. Gardner, *Education in search of the Spirit*; *Essays on American Education*, New York: Anthropology Press, 1995.
22. Mitchell, "The Relationship Between Teacher Behaviors and Student Talk in Promoting Quality Learning", *Science Classrooms. Research in Science Education*, 2010, 40 (2).
23. Dahrendorf, *Ralf*: *Class and class conflict in industrial society*, Stanford, California: Stanford University Press, 1959.
24. Kapiln, williamA. the Law of Higher e: Education: a Comprehensive Guideto Legal Implications of Administrative Decision Marking. San Francisco: Jossey Bass Publishers. 1995.
25. wards, HarryT. Higher education and the law, Cambridge: Institute for Educational Management, Harvard University, c1979.
26. PeterCappelli, Keith Chauvin, A test of an Effective Model of Grievance Activity, Industrial and Labor Relations Review, 1991, vol. 45, No. 1. (oct. 1991).
27. dgins, H. C. Lawandeducationcontemporaryissuesandcourtdecisions, Charlottesville, Va. : MichieCo. , c1985.
28. EnniferChase. Educational Legislation and Cases, Yahoo Contributor Network.

http://voices. yahoo. com/titlevii – professor – cohens – case – 6791970. html, 2010–09–15.

29. New Jerseyv. T. L. O. , 469U. S. 809; 105S. Ct. 68; 83 L. Ed. 2d19, 1984.
30. Encyclopedia of Everyday Law: Discipline andPunishment. Retrieved March 18, 2007, from http://law. enotes. com/ev–eryday–law–encyclopedia /discipline–and–punishment, 2010–06–02.
31. J. S. (2002) . Andy's Right to Privacy in Grading and the Falvo Versus Owasso Public Schools Case. Clearing House, 76 (2) . Washington.
32. andbookfou Faculty of Harvard University, http://www. fas. Harwardedu. / home/academic_ afairs/faculty_ handbook. pdf, 2008–3–22Nathan L. Essex (2005). School Law and the Public Schools (3rded.). Boston: Education, Inc.
34. Bertus DeViuiers. Justiciable Social Rights as a Critique of the Liberal Paradigm. Journal of Texan International Law, 1995, 60 (3).
35. European Committee on Fundamental Rights Problem. Report ON Human Rights. Strasbourg: 2003.
36. Perry A. Zirkel. National Trends in Education Litigation: Supreme Court Decisions Concerning students. The Journal of Law and Education. 1998.
37. SaraGustafsson. The Human Right to Education. Nordic Journal of International Law. 1999. (4).
38. Abra ham Fexner, *Universities: American, English, Germ*, New york: Oxford University Press, 1930: 132.
39. Alasdair M aelntyre. , *Aft er Virtues*, University of NotreDam e Press, 1984: 3.
40. Blood M R. , "Work values and Job satisfaction", *Journal of Applied Psychology*, 1969, (6): 456~459.
41. Christine Swanton, *Virtue Ethies*, Oxford University Press, 2003.
42. David Farnham (eds), *Managing Aeademie Staf in C hanging University System s: InternationalTrends and Comparisons*, SRHE and University Pr ss, 1999.

43. dw ard J. M o nahan, "The Fabrikantease at Coneordia University: Some lessons for the better management of universities and improved academic ethics", M inerv a, 1995, (2): 129~148.

44. G addis B. H elton-Fauth W & Sceot G, etal, "Develo Pm entoftw0 measure s ofe Imi ate for rseienti c organizations", *Aeeount Res*, 2003, (10): 253~288.

45. Jam es Q. W ison, "The academic ethic: I Partisanship, indulgent and the academic ethical ", *M inerva*, 1983, (6): 285.

附录一

关于高校师生法律关系现状调查问卷（教师卷）

尊敬的老师：

您好！这是一项旨在了解高校师生法律关系现状的问卷调查。您所提供的资料对了解高校师生法律关系现状，构建合理的高校师生法律关系有着重要的参考价值。衷心希望能得到您的大力支持。您所提供的资料，仅供学术研究之用，请放心填写，谢谢您的配合！

您的职称________工作岗位________教育程度________性别________

1. 您对目前高校师生法律关系状况（　　）

A. 非常了解　B. 比较了解　C. 不太了解　D. 不了解

2. 您对当前高校师法律生关系的总体评价是（　　）

A. 矛盾尖锐　B. 关系一般　C. 关系良好　D. 关系和谐

3. 您认为高校师生之间的法律关系应该是（　　）（可以多选）

A. 民事法律关系　　B. 行政法律关系

C. 宪法法律关系　　D. 教育法律关系

E. 刑事法律关系　　　　　　F. 兼具以上关系

G. 不清楚

4. 您认为当前高校师生法律关系的价值取向（　　）

A 以教师的权利为主导 B 以教师的义务为主导

C 教师的权利与义务相当 D 不清楚

5. 您认为高校教师应享有哪些权利?（　　）（可以多选）

A. 教育教学权　　　　　　B. 科学研究权

C. 指导评价权　　　　　　D. 按物质报酬权

E. 监督管理权　　　　　　F. 培训权

6. 您认为高校教师应履行哪些义务?（　　）（可以多选）

A. 遵守宪法、法律和职业道德，为人师表

B. 贯彻国家的教育方针，遵守规章制度，执行学校的教学计划，完成教育教学工作任务

C. 对学生进行宪法所确定的基本原则的教育和爱国主义、民族团结的教育，法制教育以及思想品德、文化、科学技术教育，组织、带领学生开展有益的社会活动

D. 关心、爱护全体学生，尊重学生人格，促进学生在品德、智力、体质等方面全面发展

E. 制止有害于学生的行为或者其他侵犯学生合法权益的行为，批评和抵制有害于学生健康成长的现象

F. 不断提高思想政治觉悟和教育教学业务水平

7. 您了解我国目前相关的教育法律法规吗?（　　）

A. 非常了解　B. 基本了解　C. 不了解　　D. 不关心

8. 您曾经和学生有过课堂冲突吗?（　　）

A. 从来没有　B. 极少　　　C. 较多

9. 您对目前大学生课堂出勤率和学习风气满意吗?（　　）

A. 非常满意　B. 比较满意　C. 不太满意　D. 很不满意

10. 您所在学校有针对大学生开设的法制教育课程吗？（　　）

A. 有　　B. 没有　　C. 不清楚　　D. 不关心

11. 您所在的学校有相关制度规定师生间的交流吗？（　　）

A. 有　　B. 没有　　C. 不清楚　　D. 不关心

12. 下述权利中，哪些权利比较容易受到学生侵害，请选出三项（　　）

A. 隐私权　　B. 财产权

C. 生命权　　D. 知识产权

E. 名誉权　　F. 健康权

G. 肖像权

13. 下述权利中，哪些权利比较容易受到侵害，请选出三项（　　）

A. 知情权　　B. 听证权

C. 陈述申辩权　　D. 申诉权

E. 参与权　　F. 诉讼权

14. 当您的合法权利受到侵害时，你所在的学校有没有申诉渠道？（　　）

A. 有　　B. 没有　　C. 不清楚　　D. 不关心

15. 您认为影响高校师生法律关系的因素有（　　）（可以多选）

A. 学生的法律素养不高，缺乏维权意识

B. 教师的法律意识淡薄“家长式”作风盛行

C. 学校的制度不健全，听证、申诉等权利救济渠道不畅通

D. 相关法律法规滞后、缺失，教师权利救济渠道不畅通

E. 其他

16. 您认为师生纠纷的解决方式有（　　）（可多选）您最倾向于哪种方式？（　　）

A. 和解　　B. 调解　　C. 仲裁　　D. 复议

E. 诉讼

17. 为保障教师完成教育教学任务，各级人民政府、教育行政部门、有关部门、学校和其他教育机构应当履行下列哪些职责？（　）（可以多选）

A. 提供符合国家安全标准的教育教学设施和设备

B. 提供必需的图书、资料及其他教育教学用品

C. 对教师在教育教学、科学研究中的创造性工作给以鼓励和帮助

D. 支持教师制止有害于学生的行为或者其他侵犯学生合法权益的行为

18. 您对完善师生法律关系有何建议？

衷心感谢您的参与，祝您万事如意！

2015年9月

关于高校师生法律关系现状调查问卷（学生卷）

亲爱的同学：

您好！这是一项旨在了解高校师生法律关系现状的问卷调查。您所提供的资料对完善高校师生法律关系有着重要的参考价值。衷心希望能得到您的大力支持。您所提供的资料，仅供学术研究之用，请放心填写，谢谢您的合作！

除题后有特别标注外，其他题目均为单选题。

您的性别为—— A. 男 B. 女

您的在读学历为—— A. 专科 B. 本科 C. 研究生

您所学专业为—— A. 文史哲专业 B. 理工专业 C. 其他专业

1. 您认为目前高校师生之间具有哪几个层面的关系？（　　）（多选）

A. 合作关系　　B. 情感关系

C. 道德关系　　D. 法律关系

E. 其他

2. 您认为高校师生之间法律关系具有（　　）性质？（多选）

A. 民事法律关系　　B. 行政法律关系

C. 宪法法律关系　　D. 教育法律关系

E. 刑事法律关系　　F. 不清楚

3. 您认为当前高校师生法律关系的价值取向（　　）

A. 以学生的权利为主导　　B. 以学生的义务为主导

C. 学生的权利与义务相当　　D. 不清楚

4. 您认为大学生应该享有哪些权利？（　　）（多选）

A. 学习权　　B. 获得公正评价权

C. 隐私权　　D. 财产权

E. 名誉权　　F. 婚育权

G. 人身权　　H. 获得相应服务的权利

I. 获得奖、助学金权利　　J. 民主参与权

K. 休息权　　L. 批评、建议、控告权

M. 言论、出版、集会、结社、游行、示威权

N. 知情权、听证权、陈述申辩权、申诉权、参与权、诉讼权等

5. 您认为大学生应履行哪些义务？（　　）（多选）

A. 遵守宪法、法律、法规　　B. 遵守学校管理制度

C. 努力学习，完成规定学业

D. 按规定缴纳学费及有关费用，履行获得贷学金及助学金的相应义务

E. 遵守学生行为规范，尊敬师长，养成良好的思想品德和行为习惯

F. 法律、法规规定的其他义务

6. 下述实体性权利中，比较容易受到侵害的三项权利是（　　）

A. 学习权　　B. 获得公正评价权

C. 隐私权　　D. 财产权

E. 名誉权　　F. 婚育权

G. 人身权　　H. 获得相应服务的权利

I. 获得奖、助学金权利　　　J. 民主参与权

K. 休息权　　　　　　　　　L. 批评、建议、控告权

M. 言论、出版、集会、结社、游行、示威权

7. 下述程序性权利中，比较容易受到侵害的三项权利是（　　）

A. 知情权 B. 听证权 C. 陈述申辩权 D. 申诉权 E. 参与权 F. 诉讼权

8. 大学生合法权益侵害主要来自（　　）

A. 教学科研人员，如任课教师、指导教师

B. 行政人员，如学生管理相关人员

C. 教学辅助人员，如图书管理员、实验室管理员、语音室管理员

D. 后勤人员，如餐饮住宿管理人员、保卫人员

9. 您身边有无学生权益受侵害的事件发生（　　）

A. 从来没有　B. 极少　　C. 较多　　D. 不清楚

10. 您认为目前大学生权利受到侵害的程度（　　）

A. 非常严重　B. 比较严重　C. 不太严重　D. 不严重

11. 您曾经和老师有过冲突吗？（　　）

A. 从来没有　B. 极少　　C. 较多

12. 您对目前大学老师的责任感以及师德的满意程度（　　）

A. 非常满意　B. 比较满意　C. 不太满意　D. 很不满意

13. 您所在的学校是否实行过听证制度？（　　）

A. 有　　B. 没有　　C. 不清楚　　D. 不关心

14. 当您的合法权利受到侵害时，您所在的学校有没有申诉渠道？（　　）

A. 有　　B. 没有　　C. 不清楚　　D. 不关心

15. 您所在学校开设专门的法制教育课程吗？（　　）

A. 有　　　　B. 没有　　　　C. 不清楚　　　D. 不关心

16. 您对当前高校师法律生关系的总体评价是（　　）

A. 矛盾尖锐　B. 一般　　　　C. 良好　　　　D. 和谐

17. 您认为影响高校师生法律关系的因素有哪些？（　　）（可以多选）

A. 学生的法律素养不高，缺乏维权意识

B. 教师的法律意识淡薄，“家长式”作风依然盛行

C. 学校规章制度不完善，听证、申诉等权利救济渠道不畅通

D. 相关法律法规滞后、缺失，学生权利救济渠道不畅通

E. 其他____________

18. 您认为师生纠纷的解决方式有（　　）（可以多选）

A. 和解　　　B. 调解　　　　C. 仲裁　　　　D. 复议

E. 诉讼

19. 您认为大学生法治教育最好的途径是（　　）（可以多选）

A. 授课　　　B. 讲座　　　　C. 社团活动　　D. 社会实践

E. 其他

20. 对于完善师生法律关系您有何建议和看法？

问卷到此结束，谢谢您的合作！

2015 年 9 月

附录二

《高校师生法律关系现状调查问卷》（学生） 汇总表

一、基本情况

为了解高校师生法律关系现状，笔者设计了此份调查问卷。共发放学生问卷1205份，回收1205份，有效问卷1205份，回收率100%，问卷有效率100%。调查时间是2015年9月到2016年1月，覆盖985、211、普通本科、高职高专四个层面高校，涉及学生有专科、本科、硕士、博士。

二、被调查对象的自然情况

1. 性别分布

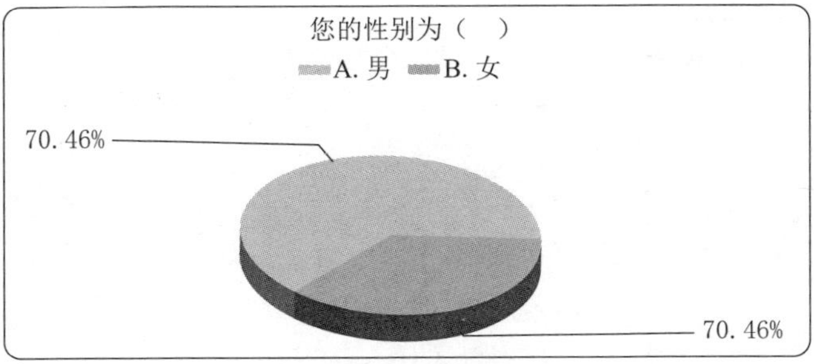

2. 学历分布

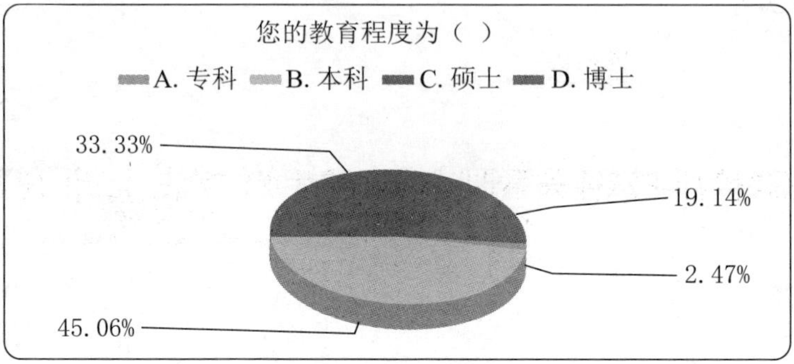
您的教育程度为（ ）
A. 专科 B. 本科 C. 硕士 D. 博士
33.33%
19.14%
2.47%
45.06%

3. 专业分布

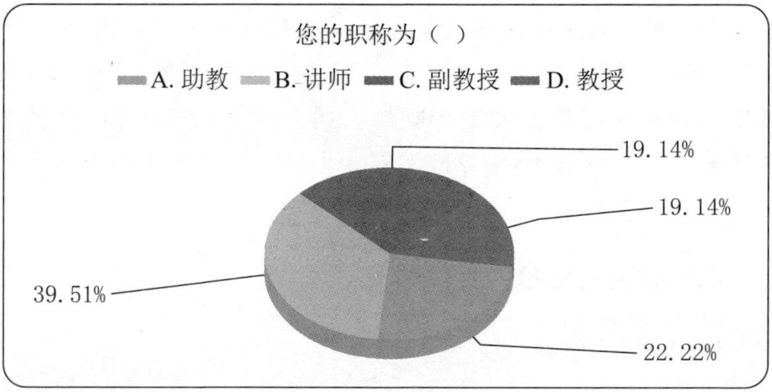
您的职称为（ ）
A. 助教 B. 讲师 C. 副教授 D. 教授
19.14%
19.14%
39.51%
22.22%

4. 学校分布

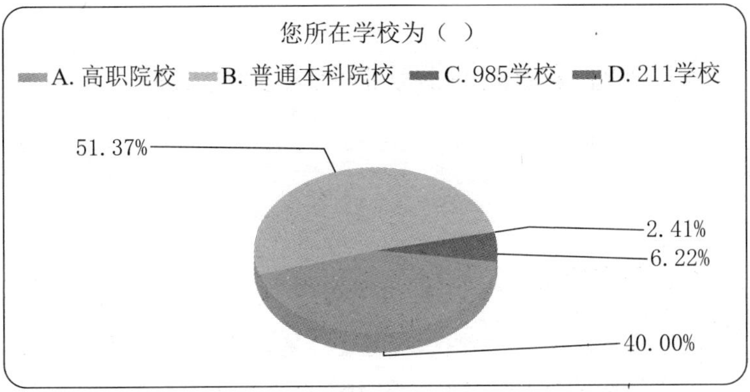

《高校师生法律关系现状调查问卷》(教师)汇总表

一、基本情况

为了解高校师生法律关系现状，笔者设计了教师卷调查问卷。网络调查问卷165份，回收165份，有效问卷165份，回收率100%，问卷有效率100%。调查时间是2015年9月到2016年1月，覆盖985、211、普通本科、高职高专四个层面高校教师。

二、被调查对象的自然情况

1. 性别分布

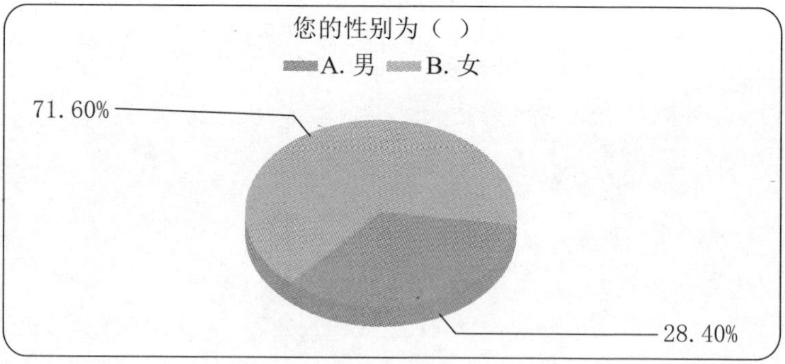

2. 学历分布

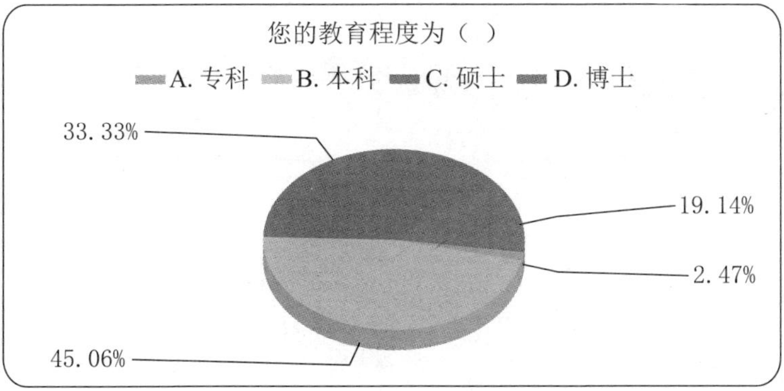
您的教育程度为（ ）
A. 专科
B. 本科
C. 硕士
D. 博士
33. 33%
19. 14%
2. 47%
45. 06%

3. 职称分布

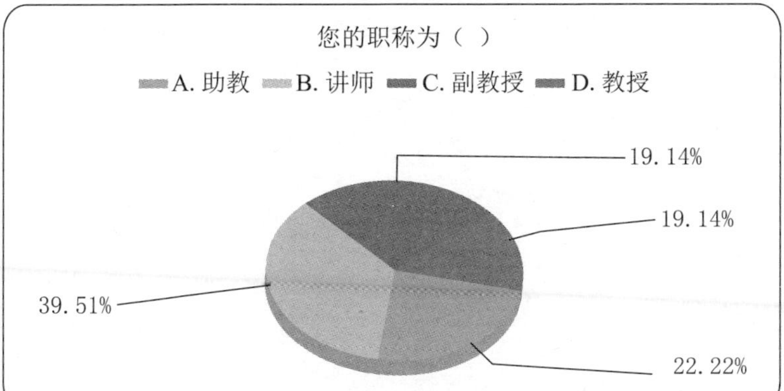
您的职称为（ ）
A. 助教
B. 讲师
C. 副教授
D. 教授
19. 14%
19. 14%
39. 51%
22. 22%

4. 岗位分布

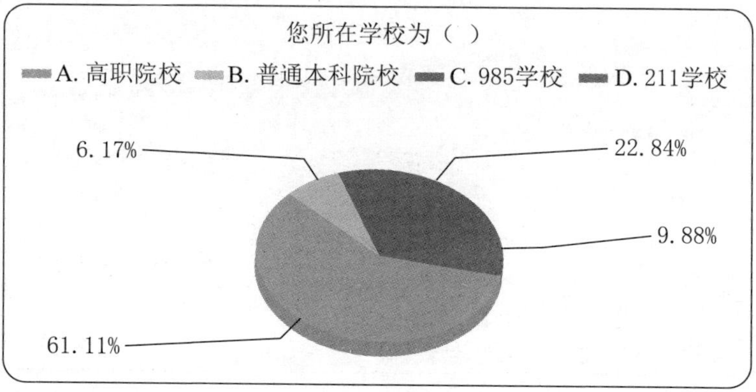

后　记

年过半百，该知天命了，但学者的梦想仍痴心不改。我有幸进入武大博士课程班学习，追求了多年的梦想终于找到了归宿。作为一个非科班出身的普通高校教师，我能顺利完成博士课程学习，并独立撰写完十几万字的论文，在很大程度上得益于我的导师黄明东教授。导师严谨的治学态度、宽厚的学术功底和善待人的品质深深地感染着我、影响着我、鼓舞着我。从论文的选题到开题、写作、成稿，从篇章布局到细节写作，其中倾注了导师很多心血。这些将永远激励我前行，对我以后的为学和为人都将产生久远的影响。

深深感谢李保强老师和苏凡英老师，两位老师在我学习期间给予了很大的帮助和指导，两位老师的和蔼、亲切和对学生的耐心开导让我记忆犹新。

衷心感谢在开题和答辩时对我的论文提出宝贵意见的冯惠敏老师、邱均平老师、蒲蕊老师、刘亚敏老师、程斯辉老师、肖昊老师、黄建军老师。从论文标题到篇章结构、选题的意义、论文的创新性、逻辑思路、研究方法、理论研究基础，以及参考文献的格式、概念的界定，各位老师都提出了宝贵建议，为我后期写作起到了很好的指导作用，在此表示衷心感谢！

我还要特别感谢我的同事潘克礼老师、陈秀老师、刁玉柱老师、薄存旭老师、栾兆云老师，在我论文写作期间，他们给予了我很多关爱和帮助。

我还要感谢2012级的博士班各位同窗好友，大家一起上课、讨论、谈笑的生活让我的这段人生旅程充满了愉悦。也感谢师弟师妹们为我论文的答辩给予的各种帮助！

最后，感谢在我漫长的求学道路上一直默默支持我并为我做出牺牲的亲人。感谢丈夫的理解和支持，感谢女儿在论文写作过程中帮我查阅资料、购买图书，统计问卷。感谢所有为我提供帮助的人，谢谢了！

姚建涛

2017年3月于武汉大学